中国道路发展新理念系列丛书

数碳经济

中国式现代化·绿色发展之路

人民论坛 编

中国科学技术出版社

·北京·

图书在版编目（CIP）数据

数碳经济：中国式现代化·绿色发展之路/人民论坛编.—北京：中国科学技术出版社，2023.1
（中国道路发展新理念系列丛书）
ISBN 978-7-5046-9870-4

Ⅰ.①数… Ⅱ.①人… Ⅲ.①中国经济—绿色经济—经济发展—文集②中国经济—信息经济—经济发展—文集 Ⅳ.① F124.5-53 ② F492-49

中国版本图书馆 CIP 数据核字（2022）第 205897 号

总 策 划	秦德继 周少敏		
策划编辑	申永刚　杜凡如　齐孝天	责任编辑	杜凡如
封面设计	仙境设计	版式设计	蚂蚁设计
责任校对	吕传新	责任印制	李晓霖

出　　版	中国科学技术出版社
发　　行	中国科学技术出版社有限公司发行部
地　　址	北京市海淀区中关村南大街 16 号
邮　　编	100081
发行电话	010-62173865
传　　真	010-62173081
网　　址	http://www.cspbooks.com.cn

开　　本	710mm×1000mm　1/16
字　　数	338 千字
印　　张	23.25
版　　次	2023 年 1 月第 1 版
印　　次	2023 年 1 月第 1 次印刷
印　　刷	北京盛通印刷股份有限公司
书　　号	ISBN 978-7-5046-9870-4/F·1077
定　　价	89.00 元

（凡购买本社图书，如有缺页、倒页、脱页者，本社发行部负责调换）

本书编纂组

编纂组成员：

彭国华　杨　轲　魏爱云　王　慧　韩冰曦
马冰莹　周素丽　董惠敏　潘丽莉　常　妍
张　晓　魏　飞　肖晗题　罗　婷　李　懿
李丹妮　张　贝　程静静　陈璐颖　银冰瑶
韩　拓　贾　娜　谷　漩　邓楚韵　周小梨
赵橙泾　谢　帅　李一丹　于洪清　郑涵予
靳　佳　孙　垚　孙　渴　马宁远

鸣谢专家：（以姓氏笔画为序）

于　泽　王　旦　王业斌　王永中　卢　纯
朱　坦　乔　岳　庄贵阳　刘　伟　杜祥琬
李十中　李三希　李卫东　李晓华　杨仁发
张　顺　张云飞　张中祥　张建刚　陈江生
周绍东　房　宁　胡怀国　胡继晔　钟茂初
贺建风　栾　群　高　帆　黄　浩　曹和平
龚六堂　常庆欣　梁平汉　程大中　程絮森
谢家平

丛书序

人民论坛编纂组

习近平总书记在党的二十大报告中指出："改革开放和社会主义现代化建设深入推进，书写了经济快速发展和社会长期稳定两大奇迹新篇章，我国发展具备了更为坚实的物质基础、更为完善的制度保证，实现中华民族伟大复兴进入了不可逆转的历史进程。"伟大复兴历史进程何以不可逆转？中国特色社会主义道路何以越走越宽广？以中国式现代化全面推进中华民族伟大复兴的信心何以愈加坚定？除中国共产党的坚强领导、人民群众的力量源泉、深厚的文化底蕴等重要因素以外，对我国经济社会发展的理论逻辑、历史逻辑、现实逻辑的深刻认识和准确把握以及将科学的发展理念贯彻落实到经济社会发展可知可感的各个领域，也为实现中华民族伟大复兴提供更具体、更细致、更深入、更扎实的支撑。中国道路发展新理念系列丛书从科技创新、中国智造、数碳经济、乡村振兴四个方面切入，对创新发展、高质量发展、绿色发展、协调发展进行了系统研究与阐释。

推进科技创新，走好创新发展之路。党的二十大报告强调要"坚持创新在我国现代化建设全局中的核心地位"。抓创新就是抓发展，谋创新就是谋未来。不创新就要落后，创新慢了也要落后。从历史维度看，创新是大国迈向强国的"压舱石"。经过改革开放四十余年的持续投入和积累，我国已成为仅次于美国的世界第二大研发经费投入国。但中国科技创新水平与世界科技先进水平相比有所不足，与国际竞争及建成社会主义现代化强国的要求相比，仍存在一定的差距。基于创新的高水平自立自强是畅通国内大循环、确保中国在国际大循环优势地位的

"动力源"，我国经济社会发展和民生改善比过去任何时候都更加需要科技解决方案，都更加需要增强创新这个"第一动力"。科技创新成为推进我国国家治理体系与治理能力现代化的原动力，成为在综合国力竞争中赢得主动的决定性因素，也为中华民族伟大复兴、中国梦的早日实现提供新助力。

推进中国智造，走好高质量发展之路。高质量发展是全面建设社会主义现代化国家的首要任务。推动经济高质量发展，重点在于推动产业结构转型升级，其中推动制造业转型升级是重中之重。改革开放四十余年来，中国制造业在总量和增速方面已然领跑全球，奠定了高质量发展的雄厚基础，但制造业的质量与发达国家相比尚有不足，尤其是发达国家的数字化进程与制造业转型的叠加优势不可小觑。制造业智能化是新一轮产业变革的核心内容，是我国制造业转型升级的主攻方向，也是建设制造强国的必由之路。从总体上看，我国智能制造发展正从初期的理念普及、试点示范阶段，迈向深入实施、全面推广阶段。制造业智能化带来了全新的制造生产方式、全新的生产组织方式、全新的技术基础和商业模式，这需要我国制造业在变革组织结构、突破物理边界以及对资本与劳动要素进行新的组合、构思和生产新的产品等方面破局制胜。

推进数碳经济，走好绿色发展之路。绿色发展是以效率、和谐、持续为目标的经济增长和社会发展方式。自工业革命以来，大国崛起的代价是经济迅猛发展必然带来的环境污染。继创造举世瞩目的经济增长奇迹后，新时代的中国作出了新的选择，即始终坚持将生态文明建设作为"国之大者"，以碳达峰、碳中和目标压力倒逼经济和能源结构调整，更在巩固农业经济初级整合式生产、工业经济精细化复杂批量生产技术和成果的基础上，向智能化、智慧化的数字经济进军。据工信部最新统计，我国数字经济规模超450000亿元，稳居世界第二，年均复合增长率达13.6%。在实现"十四五"时期发展目标和2035年远景目标的征程中，数字经济将会进一步渗透到国民经济的各个领域之中，推动产业数字化转型，提高全要素生产率，并在碳达峰、碳中和政策指引下与绿色经济协同融合发展，成为新时代经济社会发展新动能。

推进乡村振兴,走好协调发展之路。习近平总书记强调:"全面建设社会主义现代化国家,最艰巨最繁重的任务仍然在农村。"农业强不强、农村美不美、农民富不富,决定着社会主义现代化的质量。共同富裕是社会主义的本质要求,协调发展的价值取向契合全体人民共同富裕的本质要求,是促进区域、城乡共同富裕的必由之路。改革开放以来,中国实现了"国富"和"部分先富";党的十八大以来,以习近平同志为核心的党中央致力于实现"共富"。脱贫攻坚解决了绝对贫困问题,乡村振兴正在逐步解决相对贫困问题。"十四五"时期,我国"三农"工作进入全面推进乡村振兴、加快农业农村现代化的新发展阶段。在巩固拓展脱贫攻坚成果的基础上全面推进乡村振兴,正是为了不断增强发展的协调性、均衡性,在一个拥有14亿多人口的最大发展中国家实现共同富裕。

沿着中国式现代化道路,我们用几十年时间,走完了发达国家几百年走过的发展历程,已经拥有开启新征程、实现新的更高目标的雄厚物质基础,但面临的内外部风险也空前上升,需要在总结过去、把握现状基础上增强对强国时代未来发展的前瞻和规划。本系列丛书集结了100多位权威专家的重磅文章以及国家社会科学基金、国家杰出青年科学基金等重大项目课题成果,从战略、政策、理论、实践等层面对强国时代如何创新发展、高质量发展、绿色发展、协调发展进行系统分析与阐释,书中不乏精辟的分析、深度的解读、犀利的论断、科学的对策,相信能为广大读者提供思想启迪,助力中华民族在新征程中铸就新辉煌。

目 录

第一章　中国经济高质量发展宏观战略

经济全球化的历史进程及中国机遇 / 陈江生 …………………… 003
探寻中国创造经济发展奇迹的"密码" / 高帆 …………………… 011
经济发展视阈下的"国之大者" / 常庆欣 ………………………… 023
深化对经济工作规律和重大问题的认识 / 于泽 ………………… 032
应对经济风险挑战必须遵循客观经济规律 / 刘伟 ……………… 041
始终坚持将生态文明建设作为"国之大者" / 张云飞 ………… 049

第二章　产业经济高质量发展战略格局

关于中国经济社会新发展格局的思考 / 房宁 …………………… 059
新形势下如何更好处理实体经济与虚拟经济关系 / 胡怀国 …… 071
畅通国内经济大循环打造未来发展新优势 / 张建刚 …………… 077
新发展格局下的循环经济发展研究 / 朱坦 ……………………… 083
加快推进生产性服务业高质量发展 / 程大中 …………………… 093
以高质量绿色发展助力国内"大循环"主体格局 / 谢家平 …… 111
以绿色发展理念推动向海经济高质量发展 / 王业斌　王旦 …… 122
以完善国家经济治理体系为新发展格局夯实基础 / 周绍东 …… 128

第三章　深化"双碳"改革　缔造生态未来

碳达峰、碳中和目标下的中国与世界 / 张中祥 ………………… 139

碳达峰、碳中和目标与中国的新能源革命 / 王永中 ········ 158
开启我国能源体系重大变革和清洁可再生能源创新发展
　　新时代 / 卢纯 ·· 172
试论碳达峰与碳中和 / 杜祥琬 ································ 196
我国实现"双碳"目标面临的挑战及对策 / 庄贵阳 ········ 206
"双碳"目标推进过程中的主要风险及防范对策 / 钟茂初 ···· 215
推动新能源革命促进实现碳中和目标 / 李十中 ············ 221
碳中和目标引领下的消费责任与政策建议 / 庄贵阳 ······· 237

第四章　推动数字经济　赋能改善民生

"十四五"时期数字经济发展的挑战和机遇 / 胡继晔 ······ 251
"十四五"时期数字经济发展趋势、问题与政策建议 / 李晓华 ··· 257
数字经济促进高质量发展的内在逻辑 / 乔岳 ·············· 265
我国数字经济发展的主要特点和突出优势 / 李三希 ······· 277
推进数字经济新发展面临的主要问题及对策 / 杨仁发 ····· 285
"政府＋平台"双主体实现数字经济有效监管 / 李卫东 ··· 292

第五章　数产融合发展　打造经济优势

迈向数字经济新时代的路径选择 / 曹和平 ················· 299
推动数产深度融合　助力经济高质量发展 / 贺建风 ······· 307
研发、应用、治理三位一体打造数字经济新优势 / 栾群 ··· 315
数据要素视角下的科技成果转化与数字经济产业发展 / 梁平汉 ··· 322
数字经济带来的就业挑战与应对措施 / 黄浩 ··············· 328
数字经济就业的特征、影响及应对策略 / 龚六堂 ·········· 334
数字经济转型中的就业群体分化及多维治理 / 张顺 ······· 344
疫情防控常态化下的数字经济治理机遇与挑战 / 程絮森 ··· 352

第一章
中国经济高质量发展宏观战略

新时代中国经济已由高速增长阶段转向高质量发展阶段。在国际经济格局发生深刻转变的背景下实现高质量发展,意味着我国经济不仅需要从要素驱动类型转向创新驱动类型,而且需要更加强调发展成果在代内、代际之间的相对均衡分享。这要求我们牢牢把握"国之大者",深化对经济工作规律和重大问题的认识。

经济全球化的历史进程及中国机遇

陈江生

中共中央党校（国家行政学院）教授、博士生导师

经济全球化是各国相互联系、相互依存不断加深的过程，是人类社会发展的必由之路。只有深入理解经济全球化的历史逻辑和发展趋势，才能更好地理解经济全球化历史进程背后的必然性，把握参与和引领经济全球化的主动权。

▶ 经济全球化的历史进程

生产力是人类社会发展的最终决定性力量，生产力的发展是经济全球化的根本动力。习近平总书记深刻指出，"历史地看，经济全球化是社会生产力发展的客观要求和科技进步的必然结果，不是哪些人、哪些国家人为造出来的"。当生产力发展到这样的程度——人们有能力在全球范围内进行商品生产和交换，寻求生产要素的优化配置，逐步拓展市场时，经济全球化便不可遏制地出现了；而且，随着科技的进步、人们在全世界优化资源

配置能力的增强，经济全球化不断发展。不同的生产力发展水平决定了不同的世界市场发展状况，经济全球化的历史大致可以划分为三个阶段。

第一阶段是殖民扩张和世界市场形成阶段。西方国家凭借巧取豪夺、强权占领、殖民扩张，到第一次世界大战前基本完成了对世界的瓜分，世界大部分地区都被卷入了资本主义世界体系。14世纪意大利佛罗伦萨等城市出现了存在雇佣关系的工场手工业，资本主义开始萌芽，推动了商品经济的发展。早期资本家、冒险家既渴望得到欧洲之外的特产（如中国的丝绸、瓷器、茶叶等），又希望将欧洲的商品销售到中国、印度等东方国家，经过迪亚士、哥伦布、达·伽马、麦哲伦的探索，到达东方及环球航行的新航路开辟了出来。新航路的开辟，彻底宣告了世界各地隔绝状态的终结，世界开始连成一个整体，从欧洲到亚洲、美洲和非洲等地的交通往来日益密切。新航路开辟的过程也是殖民国家对殖民地征服掠夺的过程。美洲大片的庄园被开辟出来，导致了"三角贸易"的兴起与繁荣；欧洲商品源源不断地输往非洲，交换的却是近亿的黑奴；美洲的金银和工业原料等整船地运往欧洲，促进了欧洲资本主义经济的发展。

1765年，英国织布工人哈格里夫斯发明了"珍妮机"，人类历史上的第一次科技革命开始了。1785年，瓦特改良的蒸汽机应用于纺织部门，人类进入蒸汽时代。随后，蒸汽动力运用于交通运输部门，火车、汽船相继问世，生产效率获得飞速提高。资本主义国家的工业品销往国外，亚非拉地区成为它的工业原料供应基地和商品倾销市场，世界经济联系日益密切。19世纪70年代，以电力的广泛应用为标志的第二次科技革命开始，电报、电话、汽车、飞机等相继问世，并投入使用，促进了资本主义经济的发展，垄断组织开始形成，资本主义国家进入垄断阶段。1869年苏伊士运河正式通航并被英法控制，1914年巴拿马运河正式通航并被美国控制，这大大缩短了世界各地的航程，从时间、空间上将世界经济活动更加紧密地联结在一起。

第二阶段是两个平行世界市场阶段。生产力在世界范围内推动资本主义发展的同时，也把它不断推向自我否定。第一次世界大战的一个重要结果就是社会主义制度在苏联确立。与崭新社会制度确立相对应的是崭新生产方式的产生。这种崭新的生产方式不仅在苏联而且在全世界彰显了它的生命力。于是，一个新的世界市场出现了。第二次世界大战结束后，随着一批社会主义国家诞生、殖民地半殖民地国家纷纷独立、世界形成社会主义和资本主义两大阵营，这个新的世界市场已经成为能够和资本主义世界市场平行的存在。这两个平行的世界市场并不是完全互相封闭的，而是在以原子能、电子计算机、航天、微电子、生物工程等技术突破为标志的第三次科技革命的推动下，既进行激烈的相互竞争也进行一定程度的合作。在内部，它们在各自体系内加深合作，推进各种形式的一体化发展；在外部，资本在全球范围内进行新一轮的扩张，推动经济全球化走向体系化和制度化。总体来看，世界各国的经济合作进一步加深，世界各地的联系更加便捷。

第三阶段是经济全球化阶段。随着冷战结束，两大阵营对立的局面不复存在，两个平行世界市场亦不复存在，各国相互依存大幅加强，经济全球化快速发展。东欧剧变和苏联解体后，世界呈现"一超多强"格局。世界局势得到缓和，各国都制定了适合本国发展的政策，利用第三次科技革命带来的便利条件，大力发展高新技术产业，以便在政治、经济、军事、文化等领域获得竞争优势。第三次科技革命推动社会生产力空前发展，使得经济全球化程度进一步加深。

进入21世纪，经济全球化"向前的动力、向后的阻力"均有了新发展。一方面，以信息革命为先导，新一轮科技革命和产业变革奏响了世界互联互通的新乐曲，各种新技术、新制度把世界更加紧密地联系在一起，全球利益共享和责任共担进一步深化。另一方面，逆全球化思潮暗流涌动，美国提出"美国优先"的口号，在国际事务中推行单边主义，经济全球化发展遭遇巨大阻力。

▶ 经济全球化必然随着生产力的发展继续向前发展

经济全球化发展会遇到如此之大的阻力，与这样一个事实紧密相关：

尽管旧的生产关系不可能阻止新的生产力的发展，但旧的生产关系在退出历史舞台之前，一定会竭尽全力地阻碍新的生产力的发展。随着经济全球化的发展，世界各国及各国内部各利益集团之间的力量对比发生了巨大变化，但旧的财富和权力分配格局仍未被打破。旧格局、旧体制通过留存的力量阻碍与新科技革命和产业变革相适应的新一轮经济全球化的发展，对新一轮经济全球化形成巨大挑战。

首先，经济全球化会加剧国际"两极分化"，形成经济全球化的第一重自我否定。发达资本主义国家凭借早发优势积累了雄厚的经济、政治、科技、军事力量，掌握着国际经贸组织的主导权以及国际经济规则的制定权，并用这种权力为它在全球化发展中牟利，限制发展中国家的发展。其结果是经济全球化越发展，世界经济发展越不平衡，一些技术经济条件比较差的发展中国家被边缘化。据统计，2018年，西方人均国内生产总值最高国家的人均国内生产总值甚至是世界上人均国内生产总值最低国家的300倍。显然，那些被边缘化国家的人民及他们的同情者一定会形成反经济全球化的思想。

其次，经济全球化会放大经济危机，形成经济全球化的第二重自我否定。随着经济全球化的不断发展，世界各国之间的经济贸易往来日益频繁，彼此之间的依存度逐渐升高，"一荣俱荣、一损俱损"的趋势越来越明显。当代经济全球化主要受资本主义生产关系的支配，这就使资本主义基本矛盾随着经济全球化而扩展到世界范围。当资本主义基本矛盾发展到一定程度时，世界经济危机就会爆发。此外，经济全球化很大程度上是市场经济的全球化。市场经济在全球扩展的同时，也把自身存在的自发性、盲目性扩展到全世界，进而加剧世界经济的无序和风险，诱发世界经济危机的爆发。可见，经济全球化在实现各国商品、资本、技术、劳务等资源在全世界范围内流动、提高资源配置效率的同时，也会把个别国家的经济风险扩散到其他国家。如果经济全球化按照现有模式进一步发展，爆发全球性危机的风险将越来越大，经济全球化受到的批判也会越来越激烈。

最后，经济全球化会放大社会动荡，形成经济全球化的第三重自我否定。一则经济全球化使财富分配更具有全球性，从而导致财富分配的不公也更具有全球性，原来一国范围内的社会阶级矛盾扩大到了全世界。可以说，当前和过往模式的经济全球化越发展，阶级矛盾就越深入，卷入的人就越多，影响的地域就越广阔，如果出现社会动荡，规模也就越大。这就使经济全球化大概率会受到希望缓和阶级矛盾的人们的反对。二则经济全球化使各国国内因素与国际因素的联系与互动增强，国际问题诱发国内动荡、国内问题引发国际动荡的概率增大。原本只会在局部或一定国家内发生的动荡，很可能会通过要素的流动扩大到全世界。那些被牵连而引发动荡的国家很可能将自身损失归罪于经济全球化。

尽管如此，我们要看到，经济全球化是与新的生产力发展联系在一起的。当前，随着社会发展与时代进步，以人工智能、量子信息、移动通信、物联网、区块链为代表的新一代信息技术加速突破和应用，推动经济全球化深入发展，使各国的联系更加紧密。例如，不断涌现的在线直播、短视频、移动游戏、在线教育等新型信息服务模式都具有全球消费的特征。实体经济与信息技术深度融合，实物产品的数字化、网络化、智能化水平不断提高，借助信息网络、大数据、云计算、人工智能等信息技术，可以在世界的任何一个角落为实物产品的使用者提供信息技术支持。信息沟通突破地域限制，从量变走向质变。仅就信息沟通而言，人类甚至将从同住"地球村"跃进到"一家人"的程度，信息技术为人类交往、经济全球化提供了更加便利的工具。

进入21世纪，生命科学的新发现、生物技术的新突破、生物技术产业的新发展极大地改变了人类的生存状况及社会发展的进程。例如，日益成熟的转基因技术、克隆技术以及正在加速发展的基因组学技术和蛋白质组学技术、生物信息技术、生物芯片技术、干细胞组织工程等关键技术，推动了生物技术产业的快速发展，深刻改变着人类的医疗卫生、农业、人口和食品状况。这不仅将给予人类个体更长的生命，扩大全球交往的机会和意愿；还将带来观念的改变，最大限度地从个体的角度降低冲突的发生、财富的损失，使世界更加和平与稳定，使生产要素的全球流动更加安全。

融合机器人、数字化、新材料的先进制造技术正在加速推进制造业向智能化、服务化、绿色化转型，正在加速发展的以清洁高效可持续为目标的能源技术将引领全球能源变革，空间和海洋技术正在拓展人类生存发展的新疆域。这也意味着经济全球化的空间正在不断地被拓展。另外，新一轮科技革命和产业变革正在积聚力量，催生大量新产业、新业态、新模式，将给全球发展和人类生产生活带来翻天覆地的变化。这一切都意味着，经济全球化必然随着新的生产力的发展而发展。

▶ 中国的发展要顺应经济全球化发展的大势

"经济全球化是历史潮流。长江、尼罗河、亚马孙河、多瑙河昼夜不息、奔腾向前，尽管会出现一些回头浪，尽管会遇到很多险滩暗礁，但大江大河奔腾向前的势头是谁也阻挡不了的。"因此，中国的发展必须顺应经济全球化的大逻辑、大趋势，紧紧抓住经济全球化的历史性机遇。

第一，携手打赢全球疫情防控阻击战，站上新一轮经济全球化的起点。疫情防控期间，中国主动同有关国家和国际组织开展合作，保质保量向国际社会提供急需的防疫物资，以实际行动践行人类命运共同体理念，有力证明了团结合作是国际社会战胜疫情最有力的武器，优化全球公共卫生治理机制是捍卫公共卫生安全最好的方法。打赢全球疫情防控阻击战，应强化世界卫生组织等多边机制作用，将抗疫国际合作中形成的经验做法切实转化为立根本、管长远的制度体系，筑牢全球公共卫生安全的铜墙铁壁；加强国际宏观经济政策协调，维护全球产业链、供应链稳定畅通，推动世界经济复苏。

第二，坚持互利共赢、共同发展，推动构建开放型世界经济新格局。建设开放型世界经济新格局，是推动经济全球化健康发展、建设一个更加美好世界的必由之路。为此，需要坚持互利共赢、共同发展，优化全球产业链布局，保障全球供应链安全，建立健全贸易摩擦解决机制，加快贸易投资自由化、便利化磋商；倡导多边自由贸易机制，扩大自由贸易"朋友圈"，主动分享发展经验，增进民生福祉。

第三，适应世界大变局，完善全球治理体系。进入 21 世纪以来，新兴市场国家和发展中国家群体性崛起。随着国际力量对比消长变化和全球性挑战日益增多，加强全球治理、推动全球治理体系变革是大势所趋。当下，全球治理体系变革不是推倒重来，采用冷战、零和博弈的旧思维，而是要在维护以联合国为核心的国际体系和以国际法为基础的国际秩序的前提下，积极补充、改革、完善现有国际秩序，推动世界贸易组织等多边机制的改革，促进全球治理体系朝着更加公正合理的方向发展，为新一轮经济全球化深入发展储备更强大的体制机制红利。

第四，促进文明对话和绿色发展，蓄积经济全球化发展新动能。坚持相互尊重、平等相待，坚持美人之美、美美与共，坚持开放包容、互学互鉴，推动文明交流超越文明隔阂、文明互鉴超越文明冲突、文明共存超越文明优越。加快全球绿色发展，加强生态环境、生物多样性和应对气候变化合作，共同呵护好地球家园，同筑生态文明之基，同走绿色发展之路。通过文明对话和绿色发展，为经济全球化发展拓展新的空间和机遇，使经济全球化基础更牢、程度更深、更可持续。

顺应经济全球化的大势还应深刻认识经济全球化的负面因素。第一，要统筹好开放与安全。既要打开窗户，扩大开放，也要装好纱窗，更好地维护经济安全。在新发展阶段，必须在经济全球化的背景下谋划国内发展，充分利用两个市场、两种资源，以全面扩大开放促进市场化改革、促进高质量发展，以更强的产业竞争力、经济实力、综合国力来保障经济安全，以更加安全的经济体制参与更高水平的经济全球化。要顺应大国经济发展规律，切实把扩大内需作为经济发展的根本立足点，加快构建新发展格局，统筹好开放与改革发展，找到开放与安全的黄金结合点。

第二，要有效防范化解风险。要坚持底线思维，坚决守住底线和红线，坚决贯彻党中央决策部署，稳住外贸外资基本盘，稳住全球产业链、供应链，把风险防范落到实处。要把握好扩大开放的力度、进度和深度，积极应对传统和非传统安全风险，更好维护国家经济安全。

第三，要提升参与和引领经济全球化的能力。要提升规则制定能力，多边、区域与双边并举，积极参与新一轮全球规则制定，反对保护主义，维护自由贸易和多边主义。要提升安全保障能力，运用国际通行规则，健全产业安全机制，完善经济安全风险预警，健全外资安全审查、产业损害预警、贸易救济等机制，维护我国发展利益。要提升人才保障能力，积极培育经济、法律、管理、谈判等方面的国际化人才，增加我国在国际组织的代表性。

经济全球化作为世界历史的一部分，无论人们如何批判，无论它的发展过程会出现什么样的曲折，都是不可能否定的。因此，我们所能做的就是深刻理解经济全球化的历史进程、发展趋势及其背后的必然性，以"勇敢者"的态度在经济全球化进程中趋利避害，掌握发展主动权，实现中华民族伟大复兴的中国梦。

参考文献

[1] 习近平. 开放合作　命运与共——在第二届中国国际进口博览会开幕式上的主旨演讲[J]. 中华人民共和国国务院公报, 2019(32):6-8.

[2] 人民日报评论员. 经济全球化是不可逆转的历史大势[N]. 人民日报, 2018-11-07(001).

探寻中国创造经济发展奇迹的"密码"

高　帆

复旦大学经济学院教授、博士生导师

1921年中国共产党的成立对中国发展史和世界发展史都具有重大影响，回望百年奋斗历程，中国人民在中国共产党领导下取得了举世瞩目的辉煌成就，书写了波澜壮阔的历史画卷。党的十九届六中全会公报（以下简称《公报》）明确指出，"党和人民百年奋斗，书写了中华民族几千年历史上最恢宏的史诗"。在我们党领导人民取得的一系列伟大成就中，中国的经济发展成就不仅异常突出、举世瞩目，而且对其他领域的成就具有基础性、支撑性作用。特别是党的十八大以来，中国特色社会主义进入新时代，在以习近平同志为核心的党中央坚强领导下，在习近平新时代中国特色社会主义思想指引下，我国经济社会发展实现历史性跨越，取得决定性成就。正如《公报》所指出的"在经济建设上，我国经济发展平衡性、协调性、可持续性明显增强，国家经济实力、科技实力、综合国力跃上新台阶，我国经济迈上更高质量、更有效率、更加公平、更可持续、更为安全的发展之路"。改革开放以来，我国经济总体上保持了高速增长态势，呈现出向主要发达经济体快速追赶的态势，并且我国已成为对世界经济具有显著影响力、感召力、塑造力的大国，无论是基于中国历史的时序比较，还是基于不同国家的横向比较，新中国成立以来的中国经济发展都堪称"奇迹"，中国经济发展取得举世罕见的成就，这是人类发展史上一个确凿无疑的特征事实。作为人口规模占据世界第一位的国家，中国创造的经济发展奇迹具有超越国家层面的世界意义，中国经济发展问题也因此成为在全球引起广泛关注的研究议题。特别是人们需要追问：中国的经济发展奇迹是怎样取得的？中国经济绩效的产生"密码"和理论含义是什么？中国经济发展的规律对其他国家以及中国经济高质量发展意味着什么？等等。针对这些问题，本文试图在界定中国经济发展奇迹内涵的基础上，评述已有针对中国经济发展奇迹的解释理论，进而从中国本土化的经济制度特征（特别是强调经济制度体系中不同部分之间的组合）出发，探究中国创造经济发展奇迹的制度逻辑，探寻中国经济发展奇迹的"密码"。

▶ 中国经济发展奇迹的内涵再审视

理解中国经济发展奇迹，需要先对这种奇迹的内涵进行界定。已有研究通常基于经济增长速度来理解中国经济成就，这虽然是捕捉中国经济发展绩效的一个重要方面，但是，经济发展不同于经济增长，它不仅体现为以国内生产总值增长为代表的规模扩展，而且体现为以发展成果分享等为表现的结构优化。就此而言，中国经济发展奇迹并不是只表现为高速增长，它是一个由增长的高速度、增长的稳定性、发展成果的分享性以及人口的超大规模等因素相互组合的系统概念，具有超越增长速度的丰富内涵。

具体而言：中国经济发展奇迹首先表现为中国经济呈现出高速增长态势，具有相对于其他经济体的显著增长优势。根据世界银行提供的数据，1961—2020年中国国内生产总值的年均增长率为8.07%，超过同期的世界和其他主要经济体增长水平：世界3.37%、美国2.93%、日本3.61%、英国2.19%、法国1.82%、德国1.82%（德国数据为1971—2020年）、韩国

7.23%以及巴西3.85%、印度5.01%、巴基斯坦5.04%。如果将考察时段确定为1978—2020年，那么中国相对于世界和其他主要经济体的增长优势就更为突出，具体数据如下：中国9.28%、世界2.79%、美国2.58%、日本2.07%、英国1.96%、法国1.66%、德国1.64%、韩国6.11%、巴西2.40%、印度5.54%、巴基斯坦4.78%。即使剔除人口因素，中国人均国内生产总值的增长也是举世瞩目。其次，除增长速度的跨国比较优势之外，中国经济增长总体上波动较小，相对于世界和其他主要经济体具有突出的稳定发展特征，世界银行的数据显示：1978—2020年，中国国内生产总值增长率的变异系数为0.3106，而世界和其他主要经济体分别为：世界0.5598、美国0.7944、日本1.1156、英国1.3447、法国1.2283、德国1.3012、韩国0.6697、巴西1.4183、印度0.5863以及巴基斯坦0.4571。同期中国人均国内生产总值增长率的变异系数为0.3378，相对于世界1.1335、美国1.2185、日本1.1712、英国1.7578、法国1.7257、德国1.4500、韩国0.7369、巴西3.6926、印度0.8717以及巴基斯坦0.9538更小，发展更均衡。导源于高速且稳定的增长，中国经济呈现出向世界以及其他主要经济体极为快速的"追赶"态势，根据世界银行的数据：按照2010年不变价美元计算，1960年、1978年和2020年中国国内生产总值总量分别为1280.49亿美元、2936.31亿美元和117850.04亿美元，其在世界国内生产总值的比重分别为1.13%、1.12%和14.39%。按照2010年不变价美元计算，1960年、1978年和2020年中国人均国内生产总值分别为191.96美元、307.09美元和8405.18美元，其在世界人均国内生产总值的比重分别为5.14%、5.01%和79.59%。显然，中国经济增长的高速度和稳定性世所罕见，中国已实现从低收入国家到中等偏上收入国家的历史性跨越，已成为世界第二大经济体、第一大货物贸易国、第一大外汇储备国，对世界经济增长贡献率连续多年超过30%，令世界为之惊叹。

中国经济发展不仅是一个规模持续高速增长的过程，而且是一个经济结构优化、让百姓共享发展成果的过程，这意味着从发展的包容性维度来看，中国经济也具有相对于其他国家的显著优势。根据世界银行数据，

1960—2020年中国城市化率从16.20%增至61.43%，年均增长0.74个百分点。1978—2020年中国城市化率年均增长甚至达到了1.01个百分点，这一增速远超同期世界0.41个百分点、巴西0.55个百分点、印度0.29个百分点、巴基斯坦0.23个百分点、南非0.44个百分点。1960年、1978年和2019年中国居民预期寿命逐年增长，从43.73岁增至65.86岁，又增至76.91岁，同期全球人均预期寿命逐年增长，从52.58岁增至62.19岁，又增至72.74岁。中国居民预期寿命呈现出从大幅度落后于世界平均水平，到快速追赶并显著超越世界平均水平的转变。按照每人每年2300元（2010年不变价）的国内标准，1978年我国农村贫困人口数量和贫困发生率分别为77039万人和97.5%，2020年底我国已全面消除绝对贫困。根据世界银行的数据，按照每人每天支出水平1.9美元、3.2美元和5.5美元（2011年购买力平价计算）的国际贫困线，1990—2015年中国对世界减贫总量的贡献度分别达到63.81%、94.17%和465.60%。笔者认为，中国在较短时期内实现了数以亿计人口的大规模脱贫，这在人类发展史上是奇迹般的成就，并对世界的整体减贫事业作出了无法取代的卓越贡献。更值得强调的是，中国经济的高速增长、平稳推进和结构优化发生在世界人口最多的国家，这使中国经济增长的成就具有异乎寻常的分量。世界银行的数据显示，2020年中国人口总数为14.02亿，其在世界人口总数（77.53亿）的比重为18.08%，同期印度人口总数为13.80亿，其余主要经济体的人口总数分别为美国3.29亿、欧元区3.43亿、日本1.26亿、巴西2.13亿、俄罗斯1.44亿、南非0.59亿、巴基斯坦2.21亿。总之，中华人民共和国成立以来，中国经济发展成就包括但不局限于高速增长，它是发生在世界人口第一大国的具有突出稳定性的持续高速增长，且这种增长伴随着经济结构优化和发展成果分享程度加深而不断增强。特定国家在某些时段通过要素密集投入或政府干预实现高增长是容易的，但中国将增长的高速度、增长的稳定性、发展成果的分享性以及人口的超大规模组合起来，这是举世瞩目并极为罕见的，这些因素的组合叠加使中国经济发展的"奇迹"特征格外突出，它在全球范围内的经济影响力也更为显著。

▶ 针对中国经济发展奇迹"密码"的学术探究

百年中国经济发展成就令世界瞩目，这是世界发展史上的奇迹。由此延伸开来，已有文献从不同视角对这种奇迹的形成原因进行了探究。文献关注到中国的高速增长主要发生在改革开放之后，学者朱海就指出中国奇迹是"市场过程"本身的产物，学者陈太明则强调固定资产投资和对外贸易的持续高速增长是改革开放促进中国经济高速增长的重要渠道。区别于从市场化改革和对外开放阐释中国经济发展奇迹的思路，有文献强调城乡二元结构转化对经济发展的关键作用，学者陈宗胜、任重、周云波认为中国经济增长的本质是成功的二元经济转换，学者都阳、蔡昉、屈小博、程杰认为农村向城市的劳动力流动在促进中国城镇化的同时，对经济发展也产生了深远影响。还有文献关注到发展战略对经济发展的意义，学者林毅夫、蔡昉、李周强调中国在改革开放之后取得的经济增长奇迹本质上导源于发展战略转变，即从此前的重工业优先发展战略转向能够充分反映禀赋条件的比较优势战略。与上述研究相区别，有文献强调了经济制度对改革开放之后中国经济增长的作用，学者刘守英、汪广龙认为改革开放后政治制度和经济制度的阶段性互动调适，保障了中国经济从"体制转轨"到"高速增长"的跃迁，学者汪三贵、王雨磊和苏杨也从制度视角出发探究了我国减贫奇迹的成因。

已有研究文献从不同维度来探寻中国经济发展的"密码"，这对人们深入理解中国经济发展的内在逻辑富有启发意义。然而，现有文献还不能完全回应中国经济奇迹的全部内容。例如：现有文献侧重将中国经济奇迹及成因的研究时段界定为1978年改革开放之后，这种分析思路的时段处理值得谨慎对待。中国的经济发展是一个具有历史演进性的连续过程，自1921年以来，中国的新民主主义革命和社会主义现代化建设是在中国共产党的领导下进行的，1949年以来，中国在不同时段的经济发展均是社会主义现代化建设整个过程的组成部分。在探究中国经济发展奇迹时有必要将改革开放及其前后视为一个完整的、连续的社会变迁过程。现有文献通常将解释焦点放在中国经济高速增长上。然而，中国经济发展奇迹是一个包含高速增长但超越高速增长的系统概念，理解中国经济奇迹必须能够对高速增长以及增长之外的其他特征给予相对完整的阐释。就增长速度而言，现有文献涉及对中国经济高速增长的不同阐释，例如：市场化改革、二元结构转化、发展战略调整以及独特的"政府—市场"关系等，但除了阐释这些因素的作用，还应揭示这些因素在中国究竟是怎样发生的，中国为何能在保持秩序平稳的条件下发生这些制度变迁或结构转化。另外，部分解释的说服力和逻辑内洽性也需要审慎对待，例如：将中国的高速经济增长与市场化改革链接，这是一个极为重要的观察视角。20世纪70年代之后，多个国家发生了从计划经济体制向市场经济体制的转轨，但转轨带来的经济绩效却存在显著差异。为何中国的市场化改革伴随着经济奇迹发生，但这种体制转轨与经济发展奇迹之间的逻辑关系在其他国家却并不明显？概言之，现有文献针对中国经济发展奇迹的阐释是丰富且重要的，但也存在着值得完善和拓展的空间，有必要从新的维度出发来研究中国经济发展问题，以此逻辑分析中国经济发展奇迹的多个方面和独特故事。

▶▶ 中国经济制度为阐释中国经济发展奇迹提供了一个切入点

人们的经济行为是在特定制度环境下进行的，经济制度对经济发展结果具有关键作用。经济制度对经济发展的重要性，不仅体现在微观层面界定了经济参与者的行为边界，为企业和居民的经济活动提供了预期，而且体现在宏观层面承载着经济发展的价值取向、目标追求、战略选择和实施方式。由此出发，中国经济发展成就的背后必定有独特的制度逻辑，经济制度为阐释中国经济发展奇迹提供了一个切入点。《公报》凸显了制度因素对中国经济社会发展的重大作用，明确强调党的十八大以来在全面深化改革开放方面，"中国特色社会主义制度更加成熟更加定型，国家治理体系和治理能力现代化水平不断提高"。党的十九届四中全会从根本制度、基本制度、重要制度等维度阐释了中国国家治理体系的制度框架，以此作为参照和依据，新中国成立以来中国在经济领域形成了一个由"根本制度、基本制度、重要制度"组成的制度体系，这个体系能够在经济的长期战略导向和短期实施方案之间形成统一，在经济制度的"稳定性"和"灵活性"之间达成平衡，在经济高速增长和社会秩序稳定之间实现协调，三个层次制度的相互组合、动态变迁是导致中国经济发展奇迹的主要原因。

具体地说：在经济领域，中国始终坚持党对经济工作的集中统一领导，始终坚持和完善中国特色社会主义制度，这既是中国实现社会主义现代化建设既定目标的根本保证，也是对中国经济发展具有长期、全局功能的制度安排。对此，学者金碚曾提出观点，"中国经济的一个基本特质是以党领政（共产党领导政府）和以党导经（共产党指导经济）"。中国共产党对经济工作的全面领导主要体现为：在理念层面，明确经济发展目标是以人民为中心，将社会主义本质归结为解放和发展生产力、最终实现共同富裕；在战略层面，依据发展理念或战略目标来确定所有制、分配制度和经济运行体制，将生产关系的调整视为实现以人民为中心这个核心理念的载体；在策略层面，依据中国不同阶段的具体国情和禀赋条件，探索并实施在特定阶段推进现代化建设的具体方式，组织和动员全国人民参与到经济发展进程中，通过不同时期发展结果的前后衔接来达成战略目标。显而易见，中国共产党是具有坚定理念的马克思主义使命型政党，同时也具有与使命高度匹配的强大行动能力。从历史角度看，1921年之后，中国共产党带领中国人民取得了抗日战争和解放战争的伟大胜利，建立了中华人民共和国，这为中国快速推进工业化、实现经济高速发展奠定了社会制度基础，我们党在解放区实施的土地制度等经济制度也为新中国成立后的经济发展提供了经验。新中国成立之后，我国在中国共产党的领导下开启了社会主义现代化建设的征程，1956年底完成的对农业、手工业和资本主义工商业的社会主义改造，使我国实现了将生产资料私有制转变为社会主义公有制，从而奠定了社会主义现代化建设的经济制度基础。此后，我国依靠计划经济体制实施了重工业优先发展战略，使我国在20世纪70年代末期形成了独立的、相对完整的工业体系，这在当时外部条件严峻的背景下保障了国家的政权安全和经济自主权，也为改革开放之后我国经济的高速增长提供了重要产业基础。1978年之后，我国通过实施经济体制改革和积极融入全球经济，充分发挥市场、竞争、价格等机制在资源配置中的作用，企业和居民的积极性得到前所未有的释放，改革开放是一个微观主体经济自主权扩展、资源配置效率提高的过程，其结果是使城乡二元结构持续转化，使我国经济总量保持了持续高速增长态势。在经济高速增长的前提下，我国积极调整发展理念以更加凸显共同富裕的深远意义，通过财政政策、收入政策、产业政策以及精准扶贫等不断增强经济发展的包容性。总之，坚持加强党对经济工作的集中统一领导，是中国特色社会主义制度的一大优势，是做好经济工作的根本保证，这些使我国经济发展具有高远的发展理念和价值取向（即解放和发展生产力，最终实现共同富裕）以及坚强的组织保障和行动能力（即在不同阶段，党对经济工作的全面领导确保经济发展以战略目标为主线持续推进），从而为我国的现代化建设和经济发展提供了"稳定器"。

除根本制度之外，我国的经济制度还包含了基本制度和重要制度。基本制度主要是指生产资料所有制、分配制度和经济运行机制。新中国成立以来，特别是三大改造完成之后，我国经济领域形成的基本制度具有相对稳定特征，即在所有制中强调公有制为主体、多种所有制经济共同发展，在分配制度中强调按劳分配为主，在经济运行机制中强调社会主义市场经济体制，这些制度源于根本制度，服务于社会主义现代化建设。不惟如此，经济领域的基本制度在保持稳定性的同时，在不同时段还具有动态变迁的特征。改革开放之前，实行的经济制度有利于推动我国在短期内建立起独立完整的工业体系。改革开放之后，伴随着理论认识的深化和社会实践的推进，我国经济制度不断完善，在经济领域逐步形成了公有制为主体、多种所有制经济共同发展，按劳分配为主体、多种分配方式并存，社会主义市场经济体制等社会主义基本经济制度。这些基本制度具有很强的结构化特征，即它们既保持了内核的稳定性，同时也体现出外延的扩展性。公有制为主体、按劳分配为主体使我国经济在所有制领域体现出社会主义性质，多种所有制经济共同发展为各类市场主体充分发展提供了制度保障，多种分配方式并存为各类要素参与经济发展提供了显著激励，发挥市场的资源配置功能则有利于提高要素流动性和配置效率。改革开放以来，我国经济的高速增长就是在市场主体多元化、经济主体活力释放和资源配置效率提高的情形下稳步实现的。

此外，我国经济基本制度依靠一系列的重要制度来落实，重要制度是基本制度的实施载体和具体体现。这些重要制度包括与生产要素相关的土地制度、户籍制度、金融制度等，与市场运行相关的产权制度、企业制度、交易制度等，以及与政府经济职能发挥相关的财政制度、收入分配制度、社会保障供给制度等。在时序意义上，这些重要制度在不同时段往往表现出相异的演变特征。改革开放之后，我国在经济体制转型背景下从多个方面推进了户籍制度改革，这包括：通过实行家庭联产承包责任制和发展乡镇企业，使农村劳动力可以进入农村中的非农产业，即赋予了农村劳动力在农村内部不同产业进行流动的权利；通过发展外资经济、民营经济和个体经济，使农村劳动力可以进入城市中的非农产业，即赋予了农村劳动力在城乡之间不同产业进行再配置的权利；增加城镇外来务工人员的社会保障供给以推进市民化进程，消除城市内部户籍人口和外来人口面临的制度差异；构筑包括农村人口在内的广覆盖社会保障体系，通过实施精准扶贫战略来消除农村绝对贫困，以此推进城乡基本公共服务均等化，上述变化既是一个城乡劳动力再配置从而提高要素配置效率的过程，也是一个发展成果在城乡间不断分享的包容式增长过程。总之，我国经济领域的重要制度伴随着时间推移而动态转变，这与根本制度的稳定性和基本制度的相对稳定性并不相同。

概言之，新中国成立以来，我国在中国共产党的领导下推进社会主义现代化建设，并在经济领域形成了"根本制度、基本制度、重要制度"相组合的制度体系。根本制度是制度体系中最稳定、最内核的部分，它确保了我国经济发展以解放和发展生产力、实现共同富裕为最终指向，确保了我国在不同时段的经济发展具有前后相继、一以贯之的特征，确保了我国经济在发生波动时能够通过基本制度、重要制度调整回归到稳定状态，确保了我国能够整合超大规模人口的力量并充分凸显发展成果的分享性。基本制度是围绕所有制、分配制度和经济运行制度的规则，这些内容具有稳定性，但由于基本制度的内涵在扩展，结构在变化，因此基本制度具有部分调整的相对稳定性特征。重要制度包含了围绕生产要素、市场机制以及政府职能等方面的规则，它们呈现出对我国禀赋条件和阶段目标的适应性，因此重要制度通常具有动态调整的显著特征。我国经济领域形成的制度体系不仅能够通过基本制度、重要制度的动态调整完成某个阶段的发展目标，激发微观主体的活力进而实现经济高速增长，而且能够通过根本制度的稳定性、基本制度的相对稳定性来确保不同时段的经济发展服务于战略目标，促使社会成员相对充分地分享经济发展的成果。这种制度体系具有的"稳定性—灵活性"统一特征充分解释了我国经济发展的诸多成就，是我国创造经济发展奇迹的内在逻辑。

▶▶ 我国经济制度体系引申的启示

中国特色社会主义制度是一个严密完整的科学制度体系，起四梁八柱作用的是根本制度、基本制度、重要制度，从这种制度组合视角理解中国经济发展奇迹的形成机制，对我国立足本土化特征推动理论创新和实践发展具有重要价值。中国在经济领域形成的制度体系不同于一些国家固守的"公有制＋按劳分配＋计划经济体制"，也不同于一些国家实行的私有制和自由市场经济体制，中国是在坚持党对经济工作全面领导、社会主义制度背景下通过对基本制度和重要制度的调整来推动经济发展的，这使中国经济制度具有独特性，中国经济发展也形成了契合本土化特征的"中国故事"。中国经济制度产生的经济发展奇迹，意味着这种制度组合是有效的。在经济领域，中国的制度自信和理论自信具有坚实基础和丰富内容。而且，中国经济的制度组合及其发展绩效也启示其他国家：应该基于本国的战略目标和国情条件来选择适宜的经济制度，不应直接照搬照抄理论著作或其他国家的发展路径。正如《公报》所指出的"党的百年奋斗深刻影响了世界历史进程,党领导人民成功走出中国式现代化道路,创造了人类文明新形态,拓展了发展中国家走向现代化的途径"。

此外,"政府—市场"之间的关系长期以来被视为经济理论研究的核心命题,也是特定国家推动经济发展的重要因素。然而,中国经济制度体现出的是:始终坚持党对经济工作的集中统一领导,始终坚持和完善中国特色社会主义制度,对"政府—市场"关系具有引领作用,"政府—市场"关系以推动社会主义现代化建设为价值指向,政府和市场不是替代关系,而是相辅相成、相互增强的关系。正是在根本制度的指引下,中国才能实现公有制与市场经济的兼容,也才能实现有效市场和有为政府的结合,中国的发展实践在很大程度上突破了"政府—市场"两分的传统框架,这对创新和拓展经济理论具有经验启示和推动作用。

现阶段我国已在全面建成小康社会的基础上开启了全面建设社会主义现代化国家新征程,要在国际经济格局发生深刻转变的背景下实现高质量发展,这意味着我国经济不仅需要从要素驱动类型转向创新驱动类型,而且需要更加强调发展成果在代内、代际之间的相对均衡分享。这对我国经济制度的组合形态和动态调适提出了新要求,我国必须继续凸显根本制度的"稳定器""压舱石"作用,始终坚持党对经济工作全面领导和社会主义制度,这是我国在新时代背景下实现社会主义现代化强国目标的根本保障和关键所在。同时对基本制度、重要制度进行适应性调整,特别是应加快推进要素市场化改革,进一步增强微观主体在要素社会化配置中的自主权,同时加快完善政府的经济职能,将强化中央政府顶层设计和鼓励地方政府进行经济探索结合起来,通过转移支付、社会保障体系供给等解决城乡相对贫困问题,将生态环境保护视为实现代际共同富裕的重要内容,以此为我国实现社会主义现代化强国目标奠定坚实的制度基础。

参考文献

[1] 高帆.城乡二元结构转化视域下的中国减贫"奇迹"[J].学术月刊,2020,52(09):54-66.

[2] 朱海就.放权与中国奇迹：对"地方政府竞争"论的批评[J].学术界,2016(12):117-129+323-324.

[3] 陈太明.改革开放与中国经济增长奇迹——基于合成控制法的研究[J].经济理论与经济管理,2021,41(06):22-36.

[4] 陈宗胜,任重,周云波.中国经济发展奇迹的本质和特征研究——基于改革开放30年的路径演化分析[J].财经研究,2009,35(05):4-16.

[5] 都阳,蔡昉,屈小博,等.延续中国奇迹：从户籍制度改革中收获红利[J].经济研究,2014,49(08):4-13+78.

[6] 林毅夫,蔡昉,李周.《中国的奇迹：发展战略与经济改革（增订版）》[M].上海：上海人民出版社,2014.

[7] 刘守英,汪广龙.中国奇迹的政治经济逻辑[J].学术月刊,2021,53(01):48-62.

[8] 汪三贵.中国40年大规模减贫：推动力量与制度基础[J].中国人民大学学报,2018,32(06):1-11.

[9] 王雨磊,苏杨.中国的脱贫奇迹何以造就？——中国扶贫的精准行政模式及其国家治理体制基础[J].管理世界,2020,36(04):195-209.

[10] 金碚.中国经济70年发展新观察[J].社会科学战线,2019(06):1-11.

经济发展视阈下的"国之大者"

常庆欣

中国人民大学马克思主义学院教授，北京市习近平新时代中国特色社会主义思想研究中心特约研究员

2020年以来，习近平总书记在多个重要场合提出"对'国之大者'要心中有数""让人民生活幸福是'国之大者'""心怀'国之大者'，把握大势，敢于担当，善于作为"等内容。牢牢把握"国之大者"，就是要站稳政治立场，把准政治方向，坚持从大局看问题、从长远看问题、从战略上看问题。

具体到经济领域，"国之大者"意味着坚持习近平新时代中国特色社会主义经济思想的正确指导，始终坚持以人民为中心、把人民幸福作为衡量经济社会发展的根本目标，在经济工作实践中抓好"一分部署，九分落实"，以切实可行的行动、举措保证各项政策真正取得实效。

▶ 以习近平新时代中国特色社会主义经济思想为指导，是我们理解和践行"国之大者"的一大重要遵循

党的十九届六中全会指出："党确立习近平同志党中央的核心、全党的核心地位，确立习近平新时代中国特色社会主义思想的指导地位，反映了全党全军全国各族人民共同心愿，对新时代党和国家事业发展、对推进中华民族伟大复兴历史进程具有决定性意义。"在习近平新时代中国特色社会主义经济思想的指引下，党领导经济工作的水平不断提高，经济治理方式发生重大转变，推动我国经济社会发展取得了历史性成就、发生了历史性变革。进入高质量发展阶段，以习近平新时代中国特色社会主义经济思想为指导，是我们理解和践行"国之大者"的一大重要遵循，也是党和国家立足新阶段、开启新征程的思想依据。

进入新时代，以习近平同志为核心的党中央不断创新党领导经济社会发展的观念、体制、方式方法，使党的领导更加适应实践、时代、人民的要求。面对我国经济增长速度换挡的情况，习近平总书记指出，"不是经济发展速度高一点，形势就'好得很'，也不是经济发展速度下来一点，形势就'糟得很'。经济发展速度有升有降是正常的"，更加强调通过"提高质量和效益来推动经济持续健康发展"。以习近平同志为核心的党中央"以加快转变经济发展方式为主线，按照稳中求进工作总基调，及时加强和改善宏观调控，把稳增长放在更加重要的位置"，不断提高宏观经济治理能力，推动我国经济治理方式发生深刻变革。为推动我国经济长期平稳运行，党中央针对经济社会发展的深层次问题，提出供给侧结构性改革的重大决策，与货币政策、财政政策有效协同，推动经济结构优化升级，提升经济增长稳定性。在各项改革措施协调配合、共同发力下，党的十九大报告作出了"我国经济已由高速增长阶段转向高质量发展阶段"的重大判断，这就更需要坚持稳中求进工作总基调，通过筑牢筑稳发展根基取得经济社会更高质量进展。为此，以习近平同志为核心的党中央在 2018 年提出了"稳就业、稳金融、稳外贸、稳外资、稳

投资、稳预期"的"六稳"工作，2020年提出了"保居民就业、保基本民生、保市场主体、保粮食能源安全、保产业链供应链稳定、保基层运转"的"六保"任务。在党中央的科学领导下，我国经济治理更加系统化、宏观经济稳定性提高，为中国经济长期向好的趋势增强了发展韧性和内生动力。

进入新发展阶段，以习近平同志为核心的党中央提出了包括创新、协调、绿色、开放、共享的新发展理念。"十四五"规划明确要求全党把新发展理念贯穿发展全过程和各领域，将它作为实现新时期经济社会高质量发展目标必须贯彻的指导思想和必须遵循的原则。同时，面对国际经济循环格局发生深度调整，党中央也对中国经济未来发展进行了新的系统性布局，明确提出要构建以国内大循环为主体、国内国际双循环相互促进的新发展格局。构建新发展格局作为应对新发展阶段机遇和挑战、贯彻新发展理念的战略选择，是深入挖掘和发挥我国国内发展潜力、推动世界经济发展的重要举措。强调通过继续深化供给侧结构性改革，持续释放我国内需潜力，从而"具备强大的国内经济循环体系和稳固的基本盘，并以此形成对全球要素资源的强大吸引力、在激烈国际竞争中的强大竞争力、在全球资源配置中的强大推动力"，达成经济总供给和总需求在更高水平上的动态平衡，实现高水平的自立自强。

新发展阶段确定了我国发展的历史方位，新发展理念明确了我国现代化建设的指导原则，新发展格局指明了我国经济现代化的路径选择。"三新"系统回答了当前经济形势"怎么看"、未来经济工作"怎么干"的问题，是习近平新时代中国特色社会主义经济思想的重要理论内容。聚焦经济高质量发展的主题，需要坚持强化"三新"的引领作用，推动我国经济发展迈向新台阶，为提升人民生活质量提供坚实保障。

▶ 实现共同富裕的发展目标，是经济视阈下"国之大者"的根本指向

自成立以来，中国共产党就始终把为中国人民谋幸福、为中华民族谋复兴作为自己的初心和使命。让人民生活幸福是"国之大者"。纵观党的百年奋斗历程，党中央引领、谋划经济社会发展的过程，实际上就是以实现共同富裕为根本目标，团结带领人民不断提高人民生活水平、使人民共享高质量发展成果的过程。深刻把握以人民为中心这一"国之大者"的原则，是站在"两个一百年"奋斗目标的历史交汇点上继续推动我国现代化事业向前发展的核心立场。

新民主主义革命时期，中国共产党团结带领人民实现民族独立、人民解放，创造了新民主主义革命的伟大成就，为实现共同富裕奠定了政治前提。在这一过程中，我们党将救亡图存的政治斗争与以土地革命为重点的经济斗争结合，发展必要的经济以保障革命供给与劳动群众的生活需要，"耕者有其田"的革命理想成为争取共同富裕的时代写照。新中国成立后，党在社会主义革命和建设中更加注重共同富裕。从建立农业生产互助组到农民合作社，农民发展生产、抵抗自然灾害的能力不断增强，党中央明确强调要"实现合作化"，"使全体农村人民共同富裕起来"；独立的、比较完整的工业体系和国民经济体系也逐步建立，从根本上解决了工业化"从无到有"的问题，为实现共同富裕奠定了产业基础，加速了全体人民实现共同富裕的进程。

党的十一届三中全会以后，以"能推动社会主义社会生产力发展，使人民生活逐步好起来"为出发点，党中央将"共同富裕"上升到社会主义本质层面，指出社会主义的本质是解放生产力，发展生产力，消灭剥削，消除两极分化，最终达到共同富裕，并围绕这一认识制定了各项经济方针与政策，对如何实现共同富裕展开了多方面探索。一是建立社会主义市场经济体制，提高人民生活水平。党的十二大、十三大对有计划的商品经济进行了确认，肯定了市场作为调节国民经济主要手段的重要作用，党的

第一章　中国经济高质量发展宏观战略

十四大明确指出我国经济体制改革的目标是"建立社会主义市场经济体制，以利于进一步解放和发展生产力"。党的十六大正式宣告我国社会主义市场经济体制初步建立，提出了全面建设小康社会的目标。二是初步揭示共同富裕的实现路径，对先富带动后富进行理论阐释。邓小平同志指出，"一部分地区有条件先发展起来，一部分地区发展慢点，先发展起来的地区带动后发展的地区，最终达到共同富裕"，这符合快速提高我国生产力水平的需要，有利于缩短中国人民实现共同富裕的进程。三是不断完善分配制度、调节人民收入水平，重视社会公平。既坚持市场经济条件下的公平分配原则，实行分配与贡献等量原则，又注重完善社会保障体系和公共服务体系。

中国特色社会主义进入新时代，在经济社会高质量发展中推动共同富裕取得实质性进展成为重要任务。面对新的时代条件与发展任务，习近平总书记明确提出要"着力践行以人民为中心的发展思想"，"把增进人民福祉、促进人的全面发展、朝着共同富裕方向稳步前进作为经济发展的出发点和落脚点……部署经济工作、制定经济政策、推动经济发展都要牢牢坚持这个根本立场"。为此，以习近平同志为核心的党中央展开了一系列新的时代探索，不仅将共同富裕目标与新发展理念结合，赋予了共同富裕新的时代特征，而且在实践中打赢脱贫攻坚战，圆满完成全面建成小康社会的历史任务，全面建设更加成熟更加定型的制度体系，为满足人民美好生活需要提供了重要保障。

将实现共同富裕目标与新发展理念结合，赋予共同富裕以新的理论意义。树立新发展理念，首先要解决为什么人、由谁享有这个根本问题。在明确这一根本立场的基础上，习近平总书记进一步指出，共享发展作为新发展理念的重要组成部分，实质上就是"坚持以人民为中心的发展思想，体现的是逐步实现共同富裕的要求"。真正在实践中落实好共享发展理念，就"要做好从顶层设计到'最后一公里'落地的工作"。由此，党的十八大正式提出要"全面建成小康社会"，把逐步实现全体人民共同富裕摆在更加重要的位置上，围绕实现共同富裕目标展开了一系列的实践探索。

在经济实践中切实解决贫困问题，以全面建成小康社会为重点扎实推动共同富裕的实现。从"决定性阶段"到"决胜期"，以习近平同志为核心的党中央制定了以"精准扶贫"为引领的扶贫政策、形成了"超常规扶贫、有策略脱贫"的工作思路，组织推进人类历史上规模空前、力度最大、惠及人口最多的脱贫攻坚战，推动我国脱贫工作出实招、下实功、见实效，"脱贫攻坚战的全面胜利，标志着我们党在团结带领人民创造美好生活、实现共同富裕的道路上迈出了坚实的一大步"。习近平总书记庄严宣告："经过全党全国各族人民持续奋斗，我们实现了第一个百年奋斗目标，在中华大地上全面建成了小康社会，历史性地解决了绝对贫困问题，正在意气风发向着全面建成社会主义现代化强国的第二个百年奋斗目标迈进。"在此基础上，"十四五"规划、2021年中央一号文件进一步强调要实现巩固拓展脱贫攻坚成果同乡村振兴有效衔接，并指出要将其作为一项重要目标任务和重点工作来推进。

构建更加成熟更加定型的制度体系，实现"把'蛋糕'做大"和"把不断做大的'蛋糕'分好"的有机结合，为真正落实共同富裕提供机制保障。一方面，高质量发展要求通过完善市场体系、优化政府职能来改善初次分配格局，发展经济，将"蛋糕"做大，打好共同富裕的基础。另一方面，高质量发展强调构建合理再分配格局，进一步把"蛋糕分好"，真正实现全民共享。习近平总书记指出："要加大再分配力度，强化互助共济功能，把更多人纳入社会保障体系，为广大人民群众提供更可靠更充分的保障，不断满足人民群众多层次多样化需求。"在"对共同富裕的长期性、艰巨性、复杂性有充分估计"的条件下，党中央提出构建初次分配、再分配、三次分配协调配套的基础性制度安排。"三次分配"通过成员主动、自愿地募集、捐赠和资助等慈善公益方式，能够更好调节社会资源和社会财富、缩小社会差距，也有利于在全社会范围内形成合理分配格局，使共同富裕理念更加深入人心。

党的十九届六中全会指出："坚持发展为了人民、发展依靠人民、发展成果由人民共享，坚定不移走全体人民共同富裕道路，就一定能够领导人民夺取中国特色社会主义新的更大胜利。"实现共同富裕的发展目标,是经济视阈下"国之大者"的根本指向,在"两个一百年"奋斗目标的历史交汇点上,必须矢志不移坚守人民立场、不断增进人民福祉,把以人民为中心的发展思想贯彻在经济社会发展的各个环节。

▶ 以鲜明的问题意识厚植经济发展优势,用强烈的风险意识筑牢推动经济社会高质量发展的安全保障

习近平总书记指出:"一分部署,九分落实。各地区各部门各方面对国之大者要心中有数,强化责任担当,不折不扣抓好中共中央决策部署和政策措施落实。"要做到对"国之大者"了然于胸,就要强化工作落实、锤炼实干作风,从"讲政治"的高度把党中央的决策落实到具体经济工作的方方面面,以鲜明的问题意识厚植经济发展优势,用强烈的风险意识筑牢经济社会高质量发展的安全保障,从而真正领会好"党中央在关心什么、强调什么",切实把握好"什么是党和国家最重要的利益、什么是最需要坚定维护的立场",把"两个确立""两个维护"落到行动上,而不是"只停留在口号上"。

心怀"国之大者",必须站在政治的高度努力提高做经济工作的能力,不断增强落实党中央大政方针和决策部署的主动性。政治方向是党生存发展第一位的问题,"始终在政治立场、政治方向、政治原则、政治道路上同党中央保持高度一致",要求各级领导干部将党中央确定的"路线图"细化为贯彻落实的"施工图",自觉将党中央的决策部署落实到位。一方面,要"善于把地区和部门的工作融入党和国家事业大棋局,做到既为一域争光、更为全局添彩"。地方党委和政府领导干部需要在党中央决策部署的框架下准确把握本地区在服务和融入新发展格局中的经济条件、比较优势与实际需要,因地制宜把大政方针转化为顶用管用实用的政策,走出一条符合本地实际的高质量发展之路。另一方面,要加强部门间

经济政策的协同配合，努力取得最大政策效应。党中央作出的决策部署往往关乎全局，需要各部门协调配合，形成全国一盘棋、共同抓落实的良好局面。

"国之大者"理念的贯彻落实，要聚焦现实问题精准发力、围绕重点提高经济发展水平。习近平总书记强调，"党的十八大以来，党和国家事业取得历史性成就、发生历史性变革，其中一条很重要的经验就是坚持问题导向，把解决实际问题作为打开工作局面的突破口"。例如，加快推动经济社会发展全面绿色转型已经形成高度共识，而我国能源体系高度依赖煤炭等化石能源，生产和生活体系向绿色低碳转型的压力都很大，实现2030年前碳达峰、2060年前碳中和的目标任务极其艰巨。对此，中共中央和国务院先后印发《关于完整准确全面贯彻新发展理念做好碳达峰碳中和工作的意见》和《2030年前碳达峰行动方案》，对节能减排问题进行系统规划、提供方向指导，碳达峰碳中和"1+N"后续政策体系的研究、制定与正式出台也提上日程，为解决好我国生态建设难题、如期实现"双碳"目标提供具体量化标准，我国向2035年现代化建设目标迈出坚实步伐。

确保"国之大者"落地生根，必须增强风险意识，把国家安全作为头等大事。习近平总书记指出："统筹发展和安全，增强忧患意识，做到居安思危，是我们党治国理政的一个重大原则。"党的十八大以来，面对复杂多变的国际环境与艰巨繁重的改革任务，以习近平同志为核心的党中央坚持底线思维，增强忧患意识，有效防范、化解各种风险，保持了经济社会长期健康发展。金融是现代经济的核心，金融安全是国家安全的重要组成部分，防止发生系统性金融风险是金融工作的永恒主题。对此，习近平总书记提出了维护金融安全六项任务，并深刻指出："要把主动防范化解系统性金融风险放在更加重要的位置，科学防范，早识别、早预警、早发现、早处置，着力防范化解重点领域风险，着力完善金融安全防线和风险应急处置机制。"进入新发展阶段，我国发展既面临重大历史机遇，也面临不少风险挑战，安全的内涵和外延比历史上任何时候都要丰富，时空领域比历史上任何时候都要宽广。我们要心怀"国之大者"，统筹中华民族伟大复兴战略全局和世界百年未有之大变局,实现高质量发展和高水平安全的良性互动。

参考文献

[1]习近平.习近平谈治国理政(第三卷)[M].北京:外文出版社,2020.

深化对经济工作规律和重大问题的认识

于 泽

中国人民大学中国经济改革与发展研究院常务副院长，经济学院经济系主任、教授

尽管2021年我国面对复杂多变的国内外环境，但是经济发展仍取得了巨大成就。经济增速在全球主要经济体中居于前列，就业得以改善，居民收入提高较快，结构调整稳步推进，质量效益持续提升，实现了"十四五"良好开局。2021年12月8日至10日召开的中央经济工作会议在总结当前经济发展成绩的基础上，精准指出了我国经济发展面临需求收缩、供给冲击和预期转弱三重压力，并作出了一系列"稳增长"的政策部署。由于体制性、结构性问题的存在和国际环境的快速变化，我国当前稳增长难度加大。如何稳住经济增长又不带来新的结构性问题是一个巨大的挑战。此次中央经济工作会议对我国经济工作规律和发展中的重大问题进行了深入分析和总结，这些规律性的认识能够帮助有效化解深层次矛盾，真正实现"稳中求进"。

▶ 稳字当头、稳中求进

2021年宏观经济运行的一条主线是新冠肺炎疫情暴发后总体复苏进程的延续。在复苏不同阶段动能的延续和变化中，由于面临国际国内多重冲击，造成延续动力不足，中国经济发展面临需求收缩、供给冲击和预期转弱三重压力。

"明年经济工作要稳字当头、稳中求进"。面对需求收缩、供给冲击和预期转弱三重压力以及外部环境更趋复杂严峻和不确定，中央经济工作会议明确指出2022年经济工作的方向。稳增长是实现现代化和回应以人民为中心的现实需要。面对现代化新征程，只有保持一定的经济增长速度，才能从容应对新挑战，充分保障人民群众的就业和生活，跨越中等收入陷阱，在2035年基本实现社会主义现代化。稳增长还是召开党的二十大的有力保障。要保持平稳健康的经济环境、国泰民安的社会环境、风清气正的政治环境，才能为党的二十大的胜利召开创造良好氛围。稳增长更是国际竞争的需要。百年变局和世纪疫情叠加，国际竞争环境日益复杂，只有稳定经济增长，才能在国际竞争中获得优势。

首先，在稳增长中，我们要树立信心。我国经济韧性强，长期向好的基本面不会改变。面对疫情冲击，在党中央坚强领导下，我国能够取得举世瞩目的成绩，进一步显示出了我国国内雄厚的物质资源基础、人力资源基础、产业链韧性、国内市场优势，特别是进一步彰显了我国的制度优势。基本面因素构成了我国经济基本盘，虽然当前形势下我国经济会面临一些压力，但是不会出现无序下滑。

其次，稳增长的关键原则是要坚定不移做好自己的事情。稳住中国经济基本盘、把握好自身发展方向，是应对国际风云变幻的有效方式。面对经济下行压力，更需要从自身出发，不断做强经济基础，增强科技创新能力，同时坚持多边主义，主动对标高标准国际经贸规则，以高水平开放促进深层次改革、推动高质量发展。"打铁还需自身硬"，化解经济发展中的困难，需要从自身优势出发，用好国内国外两个市场、两种资源，实现更加强劲可持续的发展，最终做大做强国内经济。

最后，稳增长要打好政策组合拳。中央经济工作会议指出：宏观政策要稳健有效；微观政策要持续激发市场主体活力；结构政策要着力畅通国民经济循环；科技政策要扎实落地；改革开放政策要激活发展动力；区域政策要增强发展的平衡性协调性；社会政策要兜住兜牢民生底线。

党中央集中统一领导、中国经济基本面和有效的政策组合拳必将构成中国经济的强劲动力，能够有效稳住经济增速。但是，我们也要认识到，我国当前面临经济下行压力的深层次原因之一在于疫情后经济复苏的动力不足，尤其是由于欧美供需缺口，我国出口大幅度上升很好地支撑了疫后经济复苏，但是新动能还不充分。这是因为我国经济存在的体制性、结构性问题所致。只有真正解决这些深层次问题，中国经济才能走出深度依赖原有动能延续的格局，转向科技创新等新动能。要解决这些体制性、结构性问题，关键在于对经济工作规律和重大问题的认识，只有深刻认识规律、把握规律，才能解决制约中国经济发展的核心问题，才不会陷于被动式稳增长，从而行稳致远，实现高质量发展。

▶ 深化对经济工作规律的认识保障经济稳定增长

我国当前稳增长的难度远远不是过去可比的，"十四五"时期我国经济发展环境愈发复杂。长期发展中积累了一些问题，创新能力不适应高质量发展要求、农业基础还不稳固、城乡区域发展和收入分配差距较大等不平衡不充分问题凸显。新冠肺炎疫情暴发，加速推进了世界格局的转换，国际国内挑战和风险加大。在新的环境下稳增长，要确保稳定正确的方向，在稳中求进，不能简单为求稳而妨碍未来前进。这就要求在稳增长中，必须把握好经济工作规律，以便劈波斩浪。

必须坚持党中央集中统一领导，沉着应对重大挑战，步调一致向前进。经济结构性问题凸显以及需求收缩、供给冲击和预期转弱齐聚使得中国经济发展面对多重压力。如果各利益主体都仅从自身出发，采取符合单个主体的合理行动，结果很可能产生"合成谬误"①，叠加产生更大的问题，最终导致局面更加复杂。这就类似在发生重大危险的时候，如果人们各行其是，往往容易导致"踩踏"等群体性事件。越是面对重大挑战，越是需要党中央集中统一领导，从全国大局和现代化建设目标出发考量各种政策。只有坚持党中央集中统一领导，才能保证政策协调配合有序，才能跳脱出局部"小算盘"。为此，首先要深入学习和领会党中央的精神，全面认识我国经济大局，看到地方工作在大局中的切入点。其次要将中央的政策精神与本地实际结合，而不是僵化理解，"一刀切"执行，更不能阳奉阴违，空喊口号，不作为不担当。最后要积极深入经济工作一线，调查研究，创造性解决地方经济发展中的实际问题。

必须坚持高质量发展，坚持以经济建设为中心是党的基本路线的要求，推动经济实现质的稳步提升和量的合理增长。我国仍处于并将长期处于社会主义初级阶段，这要求我们必须坚持党的基本路线，以经济建设为中心，坚持四项基本原则，坚持改革开放，下好中国发展这盘大棋。并不能因为看到经济总量持续高增长，就认为我国已经不再处于社会主义初级阶段。不平衡不充分问题还将长期存在，人民日益增长的美好生活需要还亟须满足。新发展阶段是社会主义初级阶段中的一个阶段，仍要坚持以经济建设为中心。要明确的是，以经济建设为中心和以人民为中心并不矛盾。经济建设是为了满足人民日益增长的美好生活需要，是为了解决发展不平衡不充分问题。只有经济发展了，人民才有获得感。更要明确的是，以经济建设为中心，不是盲目追求高速度。解决经济结构性问题和化解多重压力，需要一定的速度，更需要聚焦高质量发展，保证发展质量，这样才能塑造中国经济高质量发展的持久动力。如果只是简单为了稳增长而采用政策放水方式拖延问题，那么长期拖延后，小问题变成大问题，总量问题变成结构性问题，将会给中国经济发展带来更大的负担。

必须坚持稳中求进，调整政策和推动改革要把握好时、度、效，坚持

---

① 由萨缪尔森提出的一种谬误，对局部来说是对的东西，仅仅由于它对局部而言是对的，便说它对总体而言也必然是对的。——编者注

先立后破、稳扎稳打。随着经济发展，必然存在着新旧动能转换，结构失衡等问题。经济发展就是从失衡到平衡，再到失衡和平衡的螺旋式上升过程。在这样一个动态平衡过程中，调整政策和推动改革要把握好时、度、效，坚持雪中送炭，而不是火上浇油。在市场经济中，自发的经济调整往往会采取"创造性毁灭"的方式。例如，当某项新技术产生时，往往会带来大量人员失业、固定资产贬值、旧行业消失等问题，严重的甚至可能在短时间内产生较大的经济下行。在多种经济压力并存的情况下，我们需要稳字当头。更好发挥政府作用就要先立后破，通过发展推动调整，而不能简单打破原有格局，产生动能转换的真空期，造成更严重的经济问题。

必须加强统筹协调，坚持系统观念。经济发展不平衡和多重经济压力要求在解决问题、出台政策的时候需要抓住主要矛盾，坚持系统思维。面对中国经济复杂的局面，要具备"木桶思维"，补短板，稳住底线，保障安全，也要积极锻造长板，打造"撒手锏"。各部委和各地方在出台稳增长政策的时候，需要在党中央集中统一领导下，保有大局意识，充分考虑协同效应，打好政策组合拳，而不能相互掣肘。

深化对重大理论和实践问题的认识引领前进方向

深刻认识新发展环境下的重大理论和实践问题，一方面可以统一思想，更好地稳定市场主体预期，另一方面可以把握好重大问题，更好地跨越中等收入陷阱，走好中国式现代化道路。

要正确认识和把握实现共同富裕的战略目标和实践途径。共同富裕是中国特色社会主义的根本原则。理解共同富裕要从社会主义本质出发，要从社会主义初级阶段的实际情况出发。当前我国中等收入群体占总人口比重不高，与发达国家相比仍有较大差距，而实现共同富裕，关键是扩大中等收入群体。在我国高收入群体占比很低的情况下，实现这个目标关键在于促进低收入群体进入中等收入群体。而实现共同富裕的关键还是要以发展实现"富裕",首要任务是提高人民群众的收入。这种发展必须是高质量的包容式发展,在发展的基础上,通过收入分配等政策进一步分好"蛋糕",逐步实现共同富裕。

要正确认识和把握资本的特性和行为规律。市场经济必然存在资本。社会主义市场经济作为中国经济发展中的伟大创造,不是消灭资本,而是通过约束和正向激励,将资本纳入推动中国发展的进程中。对资本的理解,马克思主义政治经济学分析了资本运动的一般规律,习近平新时代中国特色社会主义思想进一步分析了各种经济新情况。我们要在习近平新时代中国特色社会主义思想指导下正确认识和把握资本的特性和规律。资本在利润的推动下,有无限扩张的内在动力,这带来了科技进步和生产发展。同时,以货币为单纯的追逐目标,资本也逐步将一切泛商品化,以消费主义塑造各种"伪精致",以垄断等手段进行各种掠夺,试图将一切社会秩序纳入货币逻辑。社会主义市场经济要借助资本的创新动力,也要约束资本的掠夺性。这要求我国经济发展以人民为中心,坚持和完善社会主义基本经济制度。当前,社会上有很多对资本的争论,甚至有极端观点认为,对金融、互联网平台、教育培训行业和房地产的治理就是要限制民营经济、消灭资本。"两个毫不动摇"明确驳斥了这种观点。为资本设置"红绿灯",明确了资本的"有为"和"不可为",这有助于化解社会上对资本的各种争论,尤其为民营企业吃下了定心丸。民营企业是中国经济重要的活力源泉,在"两个毫不动摇"的基础上,我国将通过"红绿灯"进一步激发民营企业活力。

要正确认识和把握初级产品供给保障。面对各项重大挑战,底线是保障经济安全。我国高质量发展需要在发展和安全中实现更高水平的动态平衡,经济安全的基础是保障各类初级产品供给。2021年以来,能源、粮食等商品价格在全球都出现了较大涨幅,给很多国家带来了重大冲击。这背后有全球变暖和各种极端天气的影响,有能源转型带来的投资不足,有供应链冲击导致的供给不畅等多种原因。面对复杂的成因,我国需要整合资源,在国际上构建能源资源多元供给,打通国际国内物流网,在国内践行节约、绿色发展理念,推动国内资源勘探、加工生产和高效利用,筑牢粮食安全底线。

要正确认识和把握防范化解重大风险。随着经济关系中的联系日益复杂，风险具有很大的隐蔽性和放大性。例如在2008年国际金融危机中，仅仅是雷曼兄弟的倒闭就引起了全球流动性枯竭。面对复杂局面，我们不能因为怕风险就不发展，甚至完全"躺平"，而是要时刻绷紧防范化解重大风险这根神经。一方面，各主体要牢牢把握自身发展底线，以制度建设和能力建设为基础，预防新增风险；另一方面，对于存量风险，要精准施策，不能盲目"一刀切"。

要正确认识和把握碳达峰碳中和。全球变暖是人类共同面对的重大问题，也是宏观经济发展面临的重大风险。碳达峰和碳中和是中国发展的必由之路。通过调整经济结构、产业结构和能源结构，我国可以实现碳达峰，但是只有在绿色技术的支持下，才能够真正实现碳中和。这要求我们一方面要积极推进结构调整，另一方面要大力推行绿色技术。在能源结构调整中，控制煤炭消耗是无法规避的选择。2020年，煤炭、石油、天然气作为能源燃烧产生的二氧化碳，占我国二氧化碳排放总量的92%。其中，煤炭作为能源燃烧产生的二氧化碳占比超过七成。面对实现碳达峰、碳中和时间紧任务重的现状，更要沉下心积极稳妥推进，不能将长期问题短期化，寄希望毕其功于一役，盲目压减煤炭等化石能源。"一刀切"和"运动式"的减排，只会导致中国经济面对更大的成本冲击。未来，需要在发展中实现碳达峰和碳中和，要实现发展红利和绿色红利的"双重红利"。这就要求在党中央集中统一领导下协调有序推进"双碳"工作，创造条件尽早实现能耗"双控"向碳排放总量和强度"双控"转变，加快形成减污降碳的激励约束机制，防止"双碳"工作简单层层分解。

▶ 稳增长关键在落实

深化认识将会助力实践。当前的中国经济面临着疫情带来的周期性冲击、经济结构调整和产业转型升级、国际异常复杂的竞争环境等严峻挑战，这对经济工作提出了更高的要求。深化对经济工作规律和重大问题的认识，将有助于更好地管理经济，有利于各地区各部门真正落实好"稳增长"这一核心任务。

在深化认识的基础上，更需要主动发力，落实在行动上。"一分部署，九分落实。"稳增长需要深化认识，更要落实。中央经济工作会议明确要求，各地区各部门要担负起稳定宏观经济的责任，各方面要积极推出有利于经济稳定的政策，政策发力适当靠前。会议强调，各级党委和政府、各级领导干部要落实到行动上，体现到贯彻落实党的路线方针政策的实际行动上，体现到推动高质量发展的实际行动上，体现到为党分忧、为国尽责、为民奉献的实际行动上。

提升各地区各部门责任感，加快构建正向激励机制，推动中央部署落在实处。近年来一些领导干部以会议落实会议，以口号落实精神，甚至出现"躺平"等极端现象，非常不利于工作的推进。要实现经济稳中求进，关键在于各地区各部门积极推动相关政策有效落地。只有政策直达市场主体，激活市场活力，才能将中央的部署化为经济发展的动能。这就要求各地区各部门一定要提升工作的责任感，不忘初心，牢记以人民为中心，积极推动工作。同时，要加快构建正向激励机制，让广大领导干部更有积极性，更有创造性，更有开拓精神，肯干实干，促进经济平稳高质量发展。

参考文献

［1］中央经济工作会议在北京举行[N].人民日报,2021-12-11(001).

［2］中共中央文献研究室.习近平关于社会主义经济建设论述摘编[M].北京：中央文献出版社,2017.

［3］习近平.论把握新发展阶段、贯彻新发展理念、构建新发展格局[M].北京：中央文献出版社,2021.

［4］习近平.习近平谈治国理政（第二卷）[M].北京：外文出版社,2017.

［5］习近平.习近平谈治国理政（第三卷）[M].北京：外文出版社,2020.

［6］习近平.习近平重要讲话单行本（2020年合订本）[M]北京：人民出版社,2021.

应对经济风险挑战必须遵循客观经济规律

刘 伟

中国人民大学校长

党的十八大以来，尤其是党的十九大以来，以习近平同志为核心的党中央不断总结经济实践经验，从中探索规律性认识，特别是在每年召开的中央经济工作会议上，不断深入对经济规律的阐释，带有深刻的实践性和创新性。

2021年中央经济工作会议，面对极其复杂的国内国际经济社会发展矛盾变化，面对罕见的风险挑战，总结我国经济发展实践，进一步深化并概括对客观经济规律的认识，指出应对风险挑战，需要做到四个方面的"必须"，即"必须坚持党中央集中统一领导，沉着应对重大挑战，步调一致向前进。必须坚持高质量发展，坚持以经济建设为中心是党的基本路线的要求，全党都要聚精会神贯彻执行，推动经济实现质的稳步提升和量的合理增长。必须坚持稳中求进，调整政策和推动改革要把握好时度效，坚持先立后破、稳扎稳打。必须加强统筹协调，坚持系统观念"。"四个必须"的凝练既是基于我国经济实践经验教训的深刻总结，也是马克思主义基本方法和原理的具体运用，是习近平新时代中国特色社会主义经济思想的重要体现和发展。

▶ 必须坚持党中央集中统一领导，沉着应对重大挑战，步调一致向前进

加强党对经济工作的领导是我们必须始终坚持的根本原则，尤其是党的十八大以来，更加突出强调这一原则，在党的十八大以来的历年中央经济工作会议上总结和部署经济工作时都特别重申这一原则。习近平总书记强调："中国共产党领导是中国特色社会主义最本质的特征，是中国特色社会主义制度的最大优势。"越是面对风险挑战，越是需要强调党中央集中统一领导，越是需要步调一致。

我们党百年奋斗历程表明，中国共产党人的初心和使命，就是为中国人民谋幸福，为中华民族谋复兴。为实现中华民族伟大复兴，我们党付出巨大牺牲和艰苦卓绝的努力，创造了新民主主义革命的伟大成就、社会主义革命和建设的伟大成就、改革开放和社会主义现代化建设的伟大成就、新时代中国特色社会主义的伟大成就。没有共产党就没有新中国，没有共产党就没有社会主义中国，没有共产党就没有中国特色社会主义事业。在实现第二个百年奋斗目标的征程上，只有在党的集中统一领导下，才能团结一致克服一切困难。

马克思主义中国化的演进历程表明，我们党始终坚持把马克思主义基本原理同中国具体实际相结合。中国共产党的伟大历史实践是在科学理论指引下的实践，在运用马克思主义指导伟大实践的同时，不断推进马克思主义中国化，创立了毛泽东思想、邓小平理论，形成了"三个代表"重要思想、科学发展观，创立了习近平新时代中国特色社会主义思想，指导党和人民事业不断开创新局面。党的十八大以来，以习近平同志为核心的党中央团结带领全党全国各族人民开创了中国特色社会主义新时代，推动中华民族伟大复兴进入了不可逆转的历史进程。党的十九届六中全会通过的《中共中央关于党的百年奋斗重大成就和历史经验的决议》指出："党确立习近平同志党中央的核心、全党的核心地位，确立习近平新时代中国特色社会主义思想的指导地位，反映了全党全军全国各族人民共同心愿，对新

时代党和国家事业发展、对推进中华民族伟大复兴历史进程具有决定性意义。"两个确立"体现了我们党在指导思想上的与时俱进，必将为实现中华民族伟大复兴提供更为强大的思想指引。

必须明确，在推动经济发展和开展经济工作中，特别是面对各种发展风险和挑战的压力，加强党中央集中统一领导，是经济健康运行和均衡发展的内在要求，而不是外在于经济活动过程的一般前提和假设条件。党中央集中统一领导是中国特色社会主义经济增长和发展的强大内在动力和根本制度优势，是社会发展过程中政治与经济的有机统一，是经济基础与上层建筑相互协调的重要体现。当然，坚持党的领导，必须不断改善党的领导，让党的领导更加适应实践、时代、人民的要求。

▶ 必须坚持高质量发展，坚持以经济建设为中心是党的基本路线的要求，全党都要聚精会神贯彻执行，推动经济实现质的稳步提升和量的合理增长

我国仍处于并将长期处于社会主义初级阶段的基本国情没有变，我国是世界最大发展中国家的国际地位没有变。因此，我们必须牢牢把握社会主义初级阶段这个基本国情，牢牢立足社会主义初级阶段这个最大实际，牢牢坚持党的基本路线，以经济建设为中心，坚持发展是第一要务。习近平总书记指出："解放和发展社会生产力，增强社会主义国家的综合国力，是社会主义的本质要求和根本任务。只有牢牢扭住经济建设这个中心，毫不动摇坚持发展是硬道理、发展应该是科学发展和高质量发展的战略思想，推动经济社会持续健康发展，才能全面增强我国经济实力、科技实力、国防实力、综合国力，才能为坚持和发展中国特色社会主义、实现中华民族伟大复兴奠定雄厚物质基础。"科学准确地判断历史方位，遵循社会经济发展不同历史阶段的客观经济规律，推动社会经济发展，是马克思主义辩证唯物史观的基本方法，是马克思主义政治经济学的基本观点，是科学社会

主义理论和实践探索的基本结论。

习近平新时代中国特色社会主义思想实现了马克思主义中国化新的飞跃，首先是基于马克思主义辩证唯物史观的基本方法，从分析生产力与生产关系、经济基础与上层建筑矛盾运动的历史特点出发，运用马克思主义政治经济学基本原理分析社会经济运动和发展的客观规律，阐释社会主要矛盾的深刻演变，把握经济社会发展目标函数和约束函数发生的历史性系统变化，进而作出中国特色社会主义进入新时代这一历史方位的判断。在此基础上，进一步概括了中国特色社会主义发展阶段的基本纲领，即实现建成社会主义现代化强国目标，实现中华民族伟大复兴。

就社会经济发展而言，在实现中国特色社会主义基本纲领之前，在仍然作为经济发展水平相对落后的发展中国家阶段，中国特色社会主义就仍然是初级阶段的社会主义。就共产主义实现历史进程而言，只要社会主义实践还未成为普遍或较为普遍的国际现象，甚至还未达到马克思主义经典作家所设想的在世界上经济社会相对领先的若干或更多国家同时发生社会主义革命的状态，社会主义革命和建设在实现共产主义的历史进程中便只能是处于初级阶段历史状态。中国特色社会主义必将逐渐走向世界，但也需要长期历史发展过程。社会主义初级阶段的历史事实，要求我们必须长期坚持党在社会主义初级阶段的基本路线，而坚持以经济建设为中心是党的基本路线的要求，应当聚精会神贯彻执行，这是总结正反两方面经验教训得出的宝贵经验和科学结论。因此，要立足社会主义初级阶段基本国情，毫不动摇坚持以经济建设为中心，一心一意谋发展，咬定青山不放松，把我们自己的事办好。

实现现代化是政治、经济、文化、社会等各方面协调推进的进程，各方面发展之间存在深刻的内在联系。社会经济发展是实现现代化的基础所在，特别是对经济发展水平落后的发展中国家而言，实现现代化最为重要的首先在于推动经济发展。中国特色社会主义所要实现的中国式现代化，开创着人类文明新形态，提出"五位一体"总体布局、"四个全面"战略布局，将创造人类社会现代化的新的历史。按照马克思主义辩证唯物史观，其内在逻辑仍需以经济发展为基础，其实现进程仍需坚持以经济建设为中心。

进入新时代，尤其需要转变发展方式，坚持高质量发展，从以扩大要素投入量为主拉动经济高速增长，转变为以要素效率和全要素生产率提升为主带动经济高质量发展。必须牢记发展是第一要务，而发展的基础和核心在于经济发展，关键在于怎样发展和为什么发展。如果说坚持党中央集中统一领导是以人民为中心的发展思想的根本要求，进而从根本上回答为什么发展，那么根本转变发展方式就是回答怎样发展。

进入新时代，就是要贯彻新发展理念，推动高质量发展。贯彻新发展理念，以创新、协调、绿色、开放、共享作为战略性、纲领性、引领性的指引，切实有效解决新时代发展面临的动力问题、不平衡问题、人与自然和谐问题、内外联动问题、社会公平正义问题。为将新发展理念贯彻于经济发展实践，需要构建新发展格局，构建以国内大循环为主体，国内国际双循环相互促进的新发展格局，这是根据我国发展阶段、环境、条件变化，特别是基于我国比较优势变化，审时度势作出的重大决策。把握新发展阶段，贯彻新发展理念，构建新发展格局，是坚持党的基本路线，聚精会神坚持以经济建设为中心的新时代体现，不能有丝毫懈怠。

▶ 必须坚持稳中求进，调整政策和推动改革要把握好时度效，坚持先立后破、稳扎稳打

稳中求进是工作的总基调，尤其是面对前所未有的风险与挑战，经济工作尤需强调稳字当头、稳中求进。宏观经济政策要稳健有效，以促进宏观经济大盘稳定，保持经济运行在合理区间。

"稳"首先是经济增长要稳，防止经济大起大落，当前尤其要采取逆周期跨周期调控，顶住经济下行压力，努力实现"六稳"，切实落实"六保"。

在经济增长目标上，包括经济增长、通货膨胀、失业率等宏观经济指标，既要考虑相互间的联系，又要考虑与长期发展目标的有机衔接。从我

国近几年的经验看，2018年国内生产总值增长6.6%，2019年国内生产总值增长6.1%，2020年国内生产总值增长2.3%，2021年国内生产总值增长8.1%。2020年和2021年平均数值约为5.2%，低于2018年和2019年两年平均水平，呈现趋势性放缓。稳增长首先需要遏制放缓趋势，这需要更加有力和有效的宏观经济政策，从而为稳定宏观经济创造增长基础。消费者价格指数CPI近年来政策目标和实际状态大都在3%以下，如果未来继续保持这一水准，显然经济增长会遇到更大困难，特别是供给冲击对实际产出和名义价格产生的双重影响。在国际大宗商品价格上涨，国际产业供应链瓶颈效应，国内政策性因素等三方面因素叠加冲击下，上游初级产品成本上扬，有可能引致通货膨胀压力上升。但政策目标必须瞄准遏制停滞性通货膨胀（滞胀），努力缓解经济增长趋势性下行和价格水平周期性上升的双重压力。此外，就业也面临较大压力，2022年仅全国高校毕业生人数就创纪录地超过1000万人。因此"六稳""六保"首要的是瞄定就业目标，2022年更应突出这一目标。

在宏观政策上，要稳健有效，继续实施积极的财政政策、稳健的货币政策。积极的财政政策重在提升效率，在收入政策上，继续精准实施减税降费，减轻制造业实体经济和市场主体的税赋，提高其市场竞争力；在支出政策上，继续实施财政赤字政策，并增强财政支出政策的执行力度和提高财政支出政策的执行效率。稳健的货币政策重在灵活适度，在总量上保持流动性合理充裕，在结构上引导金融部门更好地服务实体经济，更精准有力地支持小微企业、科技创新、绿色发展。特别需要强调的是，财政政策在收入与支出政策上，货币政策在总量和结构政策上，以及财政政策与货币政策之间必须保持协调，包括政策方向、力度及政策节奏变化等方面的有机结合。

"进"重要的在于全面深化改革开放，加快构建新发展格局，进而畅通国民经济循环，打通国民经济生产和再生产各个环节。

构建新发展格局，需要以建设现代化经济体系为战略目标，从而为贯彻新发展理念实现高质量发展创造途径；需要以创新为战略支撑，从而为根本转变发展方式，推动高质量发展提供新动能；需要以扩大内需为战略基点，从而为以国内大循环为主体奠定立足点；需要以深化供给侧结构性改革为战略方向，从而明确构建现代经济体系的战略主线；需要以培育新的增长极为战略突破，从而推动实施重大区域发展战略，增强区域发展平衡性和协调性；需要以高水平制度型开放为战略前提，从而使开放成为推动高质量发展的必由之路。

稳中求进作为工作总基调，是治国理政的重要原则。"稳"字当头，就需要首先稳定宏观经济大盘，保持经济运行在合理区间，做好"六稳""六保"，保持社会大局稳定。进而，为"进"，特别是为全面深化改革构建新发展格局创造必要的宏观经济条件，在复杂的经济矛盾运动中为构建新发展格局提供宝贵的时间"窗口"。而"进"，通过构建新发展格局，贯彻新发展理念，根本转变发展方式，推动高质量发展，实现长期可持续稳定发展。"稳"也好，"改"也好，是辩证统一、互为条件的。一静一动，静要有定力，动要有秩序，关键是把握好这两者之间的度。

▶ 必须加强统筹协调，坚持系统观念

一方面，是各方面的经济政策要统筹，努力实现七大政策的协调。在继续实施积极的财政政策、稳健的货币政策的宏观经济政策的同时，在微观政策上，要持续激发市场主体活力，完善市场竞争的经济秩序、法治秩序、道德秩序，保证公平竞争，为各类市场主体发展营造良好市场环境，强化契约精神，治理恶意逃废债的市场败德行为。在结构政策上，要着力畅通国民经济循环，深化供给侧结构性改革，打通国民经济生产和再生产的堵点，有效应对"供给冲击"，提升企业和产业竞争力及效率，推动产业升级，打破产业结构性瓶颈约束，包括促进房地产业良性循环和健康发展。在科技政策上，要扎实落地，有效推动科技体制改革方案实施，落实基础研究规划，强化国家科技战略力量，突出企业市场创新主体地位。在

改革开放政策上，要激活发展动力，深化要素市场改革，推进国有企业尤其是自然垄断领域国有企业改革，扩大高水平制度型开放，落实外资企业国民待遇，推动"一带一路"高质量发展。在区域政策上，要增强发展的平衡性和协调性，使区域重大战略和区域协调战略有机衔接、相互促进，全面推进乡村振兴，提升城镇化建设质量。在社会政策上，要兜牢兜住民生底线，统筹推进经济发展和民生保障工作，尤其要解决好高校毕业生就业问题，在基本公共服务、养老保险、社会保障政策等各方面协调推进。上述七个方面的政策协调对于现阶段经济发展的系统统筹具有极为重要的意义。

另一方面，是各方面的发展要统筹协调。这包括统筹两个大局，利用国内国际两种资源两个市场的同时，协调国际国内两方面的风险防范和危机化解。统筹发展和安全，及时有效防范和化解经济社会发展中的各类风险和不确定性冲击。统筹疫情防控和经济社会发展，把人民生命安全和身体健康放在突出位置，取得经济社会发展的新成就。统筹需求管理与供给侧结构性改革，从两方面的统一上有效遏制需求紧缩、供给冲击形成的叠加效应。统筹总量增长与结构变革，在经济短期增长和长期发展的新老动能有序有效稳定转换过程中，推动经济高质量发展。统筹经济发展与环境保护，尤其是在碳达峰和碳中和目标实现过程中，既要坚定不移推进，又不能毕其功于一役，深入推动能源革命并以此约束和引导经济结构转型等。

参考文献

［1］中央经济工作会议在北京举行[N].人民日报,2021-12-11(001).

［2］习近平.论把握新发展阶段、贯彻新发展理念、构建新发展格局[M].北京：中央文献出版社,2021.

始终坚持将生态文明建设作为"国之大者"
——论党的十八大以来我国生态文明建设的重要成就与宝贵经验

张云飞

中国人民大学国家发展与战略研究院研究员、马克思主义学院教授

党的十九届六中全会在总结党的十八大以来工作成就和工作经验时指出:"在生态文明建设上,党中央以前所未有的力度抓生态文明建设,美丽中国建设迈出重大步伐,我国生态环境保护发生历史性、转折性、全局性变化。"坚持从政治的高度推进生态文明建设,坚持将生态文明建设作为"国之大者"来推动,是我们党在生态文明建设领域取得的重要成就、积累的重要经验。

▶ 生态文明建设指导思想的创新

中国特色社会主义和中国式现代化是中国共产党领导下的伟大创新事

业。中国共产党的领导是中国特色社会主义最本质的特征和最显著的优势。党的十八大以来，在创造性地回答新时代坚持和发展什么样的中国特色社会主义、怎样坚持和发展中国特色社会主义，建设什么样的社会主义现代化强国、怎样建设社会主义现代化强国，建设什么样的长期执政的马克思主义政党、怎样建设长期执政的马克思主义政党等重大时代课题的过程中，习近平总书记也科学回答了为什么建设生态文明、建设什么样的生态文明、怎样建设生态文明的问题，明确了社会主义生态文明建设的重要政治地位。

生态文明建设丰富和发展了中国特色社会主义的科学内涵。党的十八大以来，我们党坚持把马克思主义基本原理同中国具体实际相结合、同中华优秀传统文化相结合，坚持和完善了中国特色社会主义道路。中国特色社会主义道路是实现社会主义现代化、创造人民美好生活的必由之路。中国特色社会主义坚持发展的重点论和发展的全面论的有机统一，既坚持将经济建设作为全部工作的中心，又全面推进物质文明、政治文明、精神文明、社会文明、生态文明建设，力求实现社会的全面进步和人的全面发展；既坚持将生态文明建设融入其他各项文明建设中，又坚持将生态文明建设作为其他各项文明建设的可持续前提和条件。习近平总书记指出："生态文明建设做好了，对中国特色社会主义是加分项，反之就会成为别有用心的势力攻击我们的借口。"显然，生态文明建设是中国特色社会主义事业的重要组成部分，同时丰富和发展了中国特色社会主义的科学内涵。

建设人与自然和谐共生的现代化为中国式现代化提供了可持续保证。在中国特色社会主义进入新时代的基础上，我们进一步完善了中国式现代化新道路。只有在社会主义现代化的基础上，我们才能实现中华民族的伟大复兴。习近平总书记指出："我国建设社会主义现代化具有许多重要特征，其中之一就是我国现代化是人与自然和谐共生的现代化，注重同步推进物质文明建设和生态文明建设。"建设人与自然和谐共生的现代化，不仅要将生态现代化看作是与经济现代化、政治现代化、文化现代化、社会现代化并列的现代化新领域，而且要将人与自然和谐共生作为整个现代化的理念、原则、方向，实现生态化和现代化的兼容和共赢；不仅要将提高自然界的生态产品的产出能力和生态服务的服务能力作为现代化建设的重要任务，而且要将生产人工生态产品作为现代化建设的重要任务，将加强生态环境保护作为服务型政府公共服务的重要职能。基于这样的科学认知和生态自觉，党的十八大将"中国共产党领导人民建设社会主义生态文明"鲜明地写入了《中国共产党章程》的总纲部分，党的十九大将"增强绿水青山就是金山银山的意识"和"实行最严格的生态环境保护制度"补充到了党章的"中国共产党领导人民建设社会主义生态文明"的内容当中。显然，建设人与自然和谐共生的现代化是中国式现代化的重要追求和重要特征，同时丰富和完善了中国式现代化的内涵和要求，为中国式现代化提供了可持续保证。

在创造性回答为什么建设生态文明、建设什么样的生态文明、怎样建设生态文明等问题的基础上，习近平总书记科学阐明了坚持生态兴则文明兴、人与自然和谐共生、绿水青山就是金山银山、良好生态环境是最普惠的民生福祉、山水林田湖草是生命共同体、用最严格制度最严密法治保护生态环境、建设美丽中国、共谋全球生态文明建设等原则，系统形成了习近平生态文明思想。习近平生态文明思想是习近平新时代中国特色社会主义思想的重要内容和突出贡献，是我国社会主义生态文明建设的根本遵循，是推动生态文明建设成为"国之大者"的科学思想武器。

▶ 生态文明建设战略地位的提升

党的十七大将建设生态文明确立为实现全面建设小康社会奋斗目标的新要求，党的十八大将生态文明建设纳入了中国特色社会主义总体布局中，确立了社会主义生态文明建设的重要战略地位。党的十八大以来，我们党进一步明确了"五个一"①的生态文明建设战略定位。

生态文明建设是"五位一体"的中国特色社会主义总体布局中的重要一位。"五位一体"总体布局是我们党对社会全面发展和全面进步规律的科学认知和系统把握，是建设中国特色社会主义的系统路线图。在总体布局中，物质文明、政治文明、精神文明、社会文明、生态文明是一个不可分割的有机整体。生态文明既是总体布局的构成要素，又是总体布局的物质支撑。只有坚持"五个文明"的全面提升，才能避免西方式现代化造成的"单向度的人"的弊端，实现社会的全面进步和人的全面发展。

坚持人与自然和谐共生是新时代坚持和发展中国特色社会主义基本方略中的一条重要方略。基本方略是党的基本理论的实践形态和实践要求。党的十九大将"坚持人与自然和谐共生"确立为新时代坚持和发展中国特色社会主义的十四条基本方略之一。可持续发展是既满足当代人的需要又不对后代人满足其需要的能力造成危害的发展。而要延续这种能力，就必须坚持人与自然和谐共生。坚持人与自然和谐共生，就是要将人与自然看作是一个生命共同体，实现二者的良性互动和协同进化。坚持人与自然和谐共生的基本方略整合和超越了可持续发展，是生态文明建设的现实选择。

绿色发展是以创新、协调、绿色、开放、共享为主要内容的新发展理念中的一个重要发展理念。在深刻总结国内外发展经验的基础上，党的十八届五中全会创造性地提出了创新发展、协调发展、绿色发展、开放发展、共享发展为主要内容的新发展理念。其中，绿色发展注重的是解决人与自然和谐共生问题，强调人与自然的良性互动，要求维持和保护人与自然的有机联系。绿色发展是实现人与自然和谐共生的现实途径。在狭义上，绿色发展就是要实现清洁发展。在广义上，绿色发展就是要实现清洁发展、

---

① "五个一"，习近平总书记科学概括生态文明建设战略地位。在"五位一体"总体布局中，生态文明建设是其中一位；在新时代坚持和发展中国特色社会主义的基本方略中，坚持人与自然和谐共生是其中一条；在新发展理念中，绿色是其中一项；在三大攻坚战中，污染防治是其中一战；在到本世纪中叶建成社会主义现代化强国目标中，美丽中国是其中一个。——编者注

低碳发展、循环发展。在现实中，与生态的产业化相对应，绿色发展的重点是实现产业的生态化。

污染防治是防范化解重大风险、精准脱贫、污染防治三大攻坚战中的一大重要攻坚战。生态环境是我们生产和生活的基本场域，环境污染是影响可持续发展的重大问题。党的十九大提出坚决打好防范化解重大风险、精准脱贫、污染防治的攻坚战的系统要求。通过发起污染防治攻坚战人民战总体战，我们有效遏制住了环境污染的态势，极大地改善了我国生态环境质量，不仅推动我国生态环境保护发生了历史性、转折性、全局性的变化，而且为如期全面建成小康社会提供了可持续支撑，使全面建成小康社会得到了人民的认可，经受住了历史的检验。

建设美丽中国是建设富强民主文明和谐美丽的社会主义现代化强国的奋斗目标中的一大重要目标。从社会主义初级阶段的基本国情出发，我们党提出和完善了党的基本路线，即坚持以经济建设为中心，坚持四项基本原则，坚持改革开放，在21世纪中叶将我国建设成为一个富强民主文明和谐美丽的社会主义现代化强国。这一路线表明，中国式现代化是全面的现代化。我们要通过协调推进经济、政治、文化、社会、生态等领域的现代化，使中华民族以经济富强、政治民主、文化繁荣、社会和谐、生态良好的形象屹立于世界东方，实现中华民族的伟大复兴。生态文明建设是实现中华民族伟大复兴中国梦的重要内容，美丽中国是建设社会主义现代化强国的重要目标和追求。在贫穷的情况下不能实现复兴，在污染的情况下同样不能建成现代化强国。习近平总书记在党的十九大报告中指出："建设生态文明是中华民族永续发展的千年大计。"一年树谷，十年树木，百年树人，千年树"和"。这里的"和"就是人与自然和谐共生之和。由此可见生态文明建设的非凡战略地位。

在新时代推进中国特色社会主义伟大事业的过程中，总体布局是系统蓝图，基本方略是实践形态，发展理念是理念导引，攻坚战役是现实任务，发展目标是理想追求。这样，"五个一"就构成一个结构明晰、层层递进、良性互动的有机整体，体现了我们党对生态文明建设规律的科学认知，体现了生态文明建设在中国特色社会主义事业中的重要战略地位，体现了党对生态文明建设的科学部署和系统要求。

生态文明建设现实路径的拓展

生态文明建设是"四个全面"战略布局的重要内容。"四个全面"是我们党的系统化的治国理政的主体智慧，明确和拓展了生态文明建设的系统路径。

通过全面建成小康社会和全面建设社会主义现代化国家推进生态文明建设。随着脱贫攻坚战取得全面胜利，我们完成了全面建成小康社会的历史任务，开启了全面建设社会主义现代化国家的新征程。建设人与自然和谐共生的现代化是全面建设社会主义现代化国家的重要内容和重要特征。按照"绿水青山就是金山银山"理念，我们应坚持将绿色发展看作是涉及空间格局、产业结构、生产方式、生活方式等一系列领域的全面的绿色化变革过程，力求将我们的现代化建设成为生态化的现代化。这样，就为生态文明建设奠定了坚实的社会基础。

通过全面深化改革推进生态文明建设，改革是发展的动力。我们的改革是全面的改革，包括生态文明体制的改革。其一，坚持用最严格的制度保护生态环境。按照源头严防、过程严管、后果严惩的原则，建立和完善了生态环境保护制度、资源高效利用制度、生态保护和修复制度，严明了生态环境保护责任制度。其二，按照"山水林田湖草是生命共同体"的理念，坚持统一行使全民所有自然资源资产所有者职责，坚持统一行使监管城乡各类污染排放和行政执法职责，坚持统一行使所有国土空间用途管制和生态保护修复职责，从整体上完善了生态文明制度体制。其三，推动生态环境保护制度的垂直改革，建立和完善了大江大河全流域的管理机构。这样，就为生态文明建设提供了强有力的制度支撑和体制保障。

通过全面依法治国推进生态文明建设。法律法规是实现国家治理体系

第一章 中国经济高质量发展宏观战略

和治理能力现代化的重要内容和重要方式，我们坚持用最严密的法治保护生态环境。成功实现生态文明"入宪"，用国家根本大法确立了生态文明的法律地位。在此基础上，相继推出了环境保护税法、生物安全法、长江保护法等生态文明建设领域新法律，修订了环境保护法、野生动物保护法等生态文明建设领域已有法律，完善了生态文明领域法治体系。同时，健全和完善了生态文明领域的执法机制，加强了生态文明领域的公益诉讼，设立和完善了生态文明领域的专门法庭，提高了全社会的生态文明法治意识和守法水平。这样，就为生态文明建设提供了强有力的法治保障。

通过全面从严治党推进生态文明建设。在加强党对生态文明建设领导的同时，不断提高党领导生态文明建设的能力和水平，将之作为全面从严治党的重要内容。党的十八大和十九大从中国特色社会主义事业全局的高度对生态文明建设作出了战略部署，党的十八届三中全会提出了深化生态文明体制改革，加快生态文明制度建设的任务，党的十八届四中全会部署了完善生态文明领域法治建设的任务，党的十八届五中全会提出了绿色发展的科学理念，党的十九届三中全会提出了推动生态文明建设领域行政体制改革的任务，党的十九届四中全会明确了进一步坚持和完善生态文明制度体系的要求，党的十九届五中全会作出了进一步推动绿色发展、促进人与自然和谐共生的部署。与此同时，以习近平同志为核心的党中央出台了一系列生态文明建设领域顶层设计文件，包括《中共中央 国务院关于加快推进生态文明建设的意见》《中共中央 国务院关于全面加强生态环境保护 坚决打好污染防治攻坚战的意见》《中共中央 国务院关于完整准确全面贯彻新发展理念做好碳达峰碳中和工作的意见》《中共中央 国务院关于深入打好污染防治攻坚战的意见》等。此外，还通过实行生态环境保护党政同责、一岗双责的制度，执行生态文明建设目标评价考核制度，建立和完善中央生态环境保护督察制度，建立了一支生态环境保护铁军。这样，就强化了党对生态文明建设的领导，推动了生态文明建设的发展。

习近平总书记指出："保护好青海生态环境，是'国之大者'。"生态文明建设一直是以习近平同志为核心的党中央高度关注的"国之大者"。正是由于上升到了"国之大者"的政治高度，我国生态环境保护才发生了历史性、转折性、全局性的变化。这是党的十八大以来我们取得的巨大成就和积累的宝贵经验，弥足珍贵。

参考文献

［1］习近平. 在庆祝中国共产党成立100周年大会上的讲话[N]. 人民日报, 2021-7-2(001).

［2］中共中央关于党的百年奋斗重大成就和历史经验的决议[N]. 人民日报, 2021-11-17(001).

第二章
产业经济高质量发展战略格局

经济高质量发展，重点在推动产业结构转型升级。实现产业高质量发展，不仅体现为产业产值平稳上升，而且要实现生产效率的持续提高，这离不开国家治理体系、社会体系、文化体系、生态体系与经济体系的交互与耦合。要加快完善推动产业高质量发展的体制机制，发展壮大战略性新兴产业集群。

关于中国经济社会新发展格局的思考
——兼论开发"瑷珲—腾冲线"的战略意义

房　宁

中国社会科学院政治学研究所原党委书记、原所长、研究员，四川大学讲席教授

当今世界正面临百年未有之大变局，21世纪新兴大国力量迅速发展，欧美国家经济"新常态"与政治"新民粹"引发社会动荡和政治冲击，加之新冠肺炎疫情全球大流行，世界经济政治多极化体系渐趋成势，世界格局发生着历史性重大变化和变革，而当前国内外形势也正发生着深刻变化。中国特色社会主义进入新时代，在全面建成小康社会的基础上，正在努力全面建成社会主义现代化强国和实现中华民族伟大复兴。在全面建成社会主义现代化强国和实现中华民族伟大复兴的关键阶段，中国正面临着新的战略机遇和巨大的风险挑战。

在当前形势下，长期以来推进中国经济快速发展的"市场和资源两头在外的国际大循环动能明显减弱"，而"我国经济已经在向以国内大循环为主体转变"。面对世界经济发生新变化及其对我国经济产生的新影响，党中

央提出了构建新发展格局的新思路，即"加快形成以国内大循环为主体、国内国际双循环相互促进的新发展格局"。构建新发展格局是推动中国经济高质量发展的战略选择，是"十四五"时期经济社会发展的重大课题。这一思路表明，改革开放以来形成的经济发展内外"双循环"格局，正在逐步转向以国内大循环为主体的战略方向。实现经济社会发展新的战略性转变，须从中国基本国情出发，审时度势，扬长避短，积极探索，最终构建起适应新时代需要的新发展格局。

中国面临国际经济政治形势的深刻变化

中国自1978年实行改革开放以后，制定了跨世纪经济发展战略，加入产业资本全球化进程之中，尤其是2001年加入世界贸易组织以后，获得经济快速发展契机。中国经济凭借自身改革开放和外部经济全球化之利，抓住战略机遇期，获得了长达30余年的高速发展，从一个贫困落后的农业国一跃成为"世界工厂"，开辟了"中国制造（Made in China）"时代。2010年中国成为世界第二大经济体，2020年中国经济总量占世界第一美国经济总量的70%以上。

从国际形势与格局看，2008年是国际经济政治形势的重要转折之年。这一年国际金融危机爆发，最终演变为全球性经济大衰退，结束了长达半个世纪的世界性经济发展长周期。这一波经济长周期发展由产业资本全球化带动，用马克思主义经济学理论解释，就是产业资本的国际循环与周转，它使"资本流遍世界，利润流向西方"，客观上促成了全球经济特别是资本主义经济体的巨大发展，构建了世界经济新的产业链、供应链和价值链体系。然而，2008年国际金融危机再一次将生产社会化与生产资料私有制之间的结构性、周期性矛盾充分暴露出来。第二次世界大战结束后以来的经济全球化趋势出现逆转，世界经济发展进入了新的结构调整期。

自2008年国际金融危机以来，产业资本全球化出现了新动向，国际经济环境明显趋紧。我国自20世纪90年代以来经济快速发展的外部环境也发生变化，中国与外部经济体特别是以美国为首的西方发达经济体的关系从以互利为主逐渐演化为以竞争为主。这一转变也是从2008年开始的。逆全球化趋势的出现促使主要国家之间的战略博弈更加明显深刻，以美国为首的西方国家对遏制中国发展逐渐形成共识并开始采取协调性行动，中国面临的外部环境开始由"有利宽松"转向了"制约压制"。国际环境的重大变化对中国构成了新挑战，带来了新矛盾，中国经济发展面临着较大不确定性。特别是人类历史上罕见的新冠肺炎疫情全球大流行，造成了全球性的经济社会危机，世界形势更加动荡，增加了中国对外经济、社会、文化交往的困难。可以预见，未来一个时期中国的外部及周边环境面临的复杂局面仍将持续。

未来15年是中国现代化的关键考验期

改革开放以来，中国经济出现跨越式大发展，经济持续30余年高速发展，中国的工业化、城镇化、现代化发展实现了"起飞"。根据国家统计局公布的数据，全国工业增加值从1978年的1621.4亿元，增长到2020年的313071.1亿元，而随着大中小城市数量的不断增多，人口普查城镇化率也从1982年的20.91%提升至2020年的63.89%。历经持续30余年经济的高速发展，中国已经初步实现了国家的工业化，具有中国特色的新型城镇化道路也已起步。从世界各国经济发展经验来看，在工业化"起飞"阶段完成后，依照普遍规律将进入平缓发展的"平台期"，即经济发展从高速增长转入中低速增长时期。

2012年以来，中国经济增长出现持续减速，标志着中国工业化、城镇化进程从高速增长阶段转入中低速增长阶段。在当前中国经济发展取得历史性进步的同时，以往追求速度和规模扩张的发展模式也面临诸多问题，经济社会发展的结构性矛盾日渐突出，在发展的平衡性、协调度和可持续性方面存在较大不确定性，其主要表现是国民消费在国内生产总值中的占比相对较低。根据国家统计局公布的数据，2013年至2019年我国最终消费支出对经济增长的平均贡献率为60%左右，这一数据与发达经济体70%、80%的水平相比，还有较大提升空间。中国经济增长主要依靠投资和对外出口，而消费占比较低，说明中国经济存在成长结构性的短板。此外，中国科技创新能力不足，这是制约中国经济可持续发展和品质提升的突出问题。这些都意味着中国经济从数量增长向品质升级的转型远未完成，中国在国际经济分工体系以及全球产业链、供应链和价值链体系中仍处于中低端位置。

从制度层面看，中国的体制优势在于集中力量办大事。中国体制的优势将力量集中于一处，充分调动资源用于某些特定发展领域，形成"利出一孔"的政策效应，有利于提高发展的集约性和效率。集中力量办大事的"举国体制"是一种强化体制，这种体制有优势也有短板。根据熵的理论，任何一种资源的开发都是对其他资源的覆盖。在强化和集中使用资源的过程中，意味着必然忽视甚至舍弃其他方面，任何体制都不可能集中力量解决全部问题。在经济发展的早期，强化体制可以很快取得一些成效。工业化早期具有粗放型、模仿型、追随型的形态特征，此时举国体制具有明显优势。但是在高质量发展阶段，尤其是在以创新驱动为发展动力的状态下追求内涵式增长时，举国体制就需要改进与升级。在30余年经济高速发展之后，我国众多技术领域仍然处于明显的落后状态，在一定程度上反映出中国体制下科技创新能力不足的短板和缺陷，因此，党的十九届四中全会提出，要"构建社会主义市场经济条件下关键核心技术攻关新型举国体制"。

从世界工业化、现代化历史经验看，工业化、现代化从数量增长到品质升级的转型时期是一个关键时期，它决定着一个国家现代化的最终成败。这一时期又是社会矛盾的多发期，是现代化进程中的高风险期。党的十九大报告提出"行百里者半九十"的战略判断，正是针对处于工业化、现代化关键时期，中国面临的矛盾和风险。中国如能在未来15年至30年间度过工业化、现代化的高风险期，即可最终跻身于世界先进行列，实现民族复兴、国家富强、社会进步。当前，中国经济社会发展遭遇到了复杂和困难的局面，必须进行新的探索，形成新的思路与战略，构建新发展格局，就是要带动经济社会实现全面可持续发展，最终跨越现代化的最后艰难阶段。

通过对亚洲国家现代化进程的比较研究发现，随着工业化的推进，诸多亚洲国家的社会结构随之发生重大转变，而当国家城市化率超过65%时，国家会完成社会转型。根据亚洲经验，一方面，凡是那些城市化率超过了65%的国家和地区最终都跨过了现代化最后阶段的高风险期，成功实现了现代化；另一方面，当那些城市化率低于60%的国家遇到政治动荡时，它们就陷入了剧烈的社会冲突，严重者则致使已有工业化成果损失殆尽，甚至沦为"失败国家"。因此，65%的城市化率成为我们观察发展中国家工业化、现代化进程的重要测试指标。

我国正处于实现工业化、现代化关键时期。依照国际经验，我国能否最终成功实现"两个一百年"奋斗目标，最终实现中华民族伟大复兴，实现65%以上的城市化率是重要测试指标。对于我国城市化率问题要结合本国情况进行认真研判。我国仍保有计划经济时代形成的户籍制度，这是研判中国城市化率时的重要特殊国情。2020年，我国常住人口城镇化率达63.89%，户籍人口城镇化率达到45.4%。中国口径的城市化率或城镇化率与国际通行的标准不同。我们认为，在中国应使用"同等国民待遇的城市化率"概念，以获得衡量城市化率问题在学术上的一致口径。党的十九大报告提出到2035年基本实现社会主义现代化，而2035年这个时间节点的含义之一，就是届时中国的同等国民待遇的城市化率应达到65%。因此，未来15年的发展至关重要。

▶ 当前中国经济社会发展不平衡和不充分问题

改革开放以来的40多年中，中国东南沿海及这一地区的大城市已经实现了工业化、城镇化，这可以视为中国工业化、城镇化发展的"第一波"。通过研究发现，中国的工业化、城镇化和现代化进程存在所谓"共时态"

和"历时态"问题,即中国的工业化、城镇化和现代化的发展进程及水平在一定的历史区间和区域内呈现出一定的共同性和差异性。

2017年春,笔者的研究团队沿贯穿南北的京杭大运河进行了一次长距离徒步考察。在总里程三千余华里[①]的实地考察中的一个重要发现,就是当代中国经济社会发展中存在"共时态"和"历时态"问题。我们发现,对中国的共时态认知实际上在很大程度上仅存在于人们的观念形态中。而事实是中国不同地区的经济社会发展状态和水平呈现出明显差异,即中国经济社会发展进程存在时间上的差异性。京杭大运河上的南运河、鲁运河迤逦千里,沿线以种植业为主的乡村地区俨然还是20世纪90年代初的风貌。出天津市沿大运河一路走到江苏省淮安市,沿途所见村镇基本没有食宿条件与相应设施,村里无餐厅,乡镇无旅店,餐饮、住宿要到县城才能解决。这在一定程度上意味着中国以种植业为主的农村地区的商品率和货币化程度还比较低,也意味着中国仍然存在广大的半自然经济区域。然而,渡过长江到达杭嘉湖平原等地后,我们可以用"2035年的中国"来形容其发展水平,这里预示着中国其他地区发展的未来。中国各区域发展呈现出很强的历时态特性,犹如一条"时光隧道"显示出中国各区域经济社会发展居于不同发展阶段之上。

发展不均衡性是认识当代中国国情的重要方面。改革开放以来,中国"第一波"工业化、城镇化进程,既带来了中国经济的巨大进步和社会面貌的历史性改变,同时也在一定程度上造成和加剧了中国经济社会发展固有的不平衡格局以及不同地区间的差距。党的十九大报告指出,"我国社会主要矛盾已经转化为人民日益增长的美好生活需要和不平衡不充分的发展之间的矛盾。……更加突出的问题是发展不平衡不充分,这已经成为满足人民日益增长的美好生活需要的主要制约因素"。实际上,中国经济社会发展的"不充分"是就整体而言的,中国东南沿海及各大中心城市已经达到相当发达的程度,这些地区大多数经济、社会发展指标已经接近发达国家

---

① 1华里=500米。——编者注

水平。而中西部地区的社会发展水平还处于相对滞后状态。根据第七次全国人口普查公报中关于京津冀地区、长江经济带和长三角地区的人口情况，这三地的常住人口城镇化率已经分别达到 68.61%、63.22%、70.85%，而西部地区的常住人口城镇化率为 57.27%。这种经济发展的地区差异性意味着中国经济社会发展的"不充分"在很大程度上恰恰是由"不平衡"造成和加剧的。

长期以来，发展不平衡、不协调是中国经济社会发展面临的重大问题。邓小平同志早在 1988 年《中央要有权威》一文中提出"两个大局"的构想，即"沿海地区要加快对外开放，使这个拥有两亿人口的广大地带较快地先发展起来，从而带动内地更好地发展，这是一个事关大局的问题。内地要顾全这个大局。反过来，发展到一定的时候，又要求沿海拿出更多力量来帮助内地发展，这也是个大局。那时沿海也要服从这个大局"。"两个大局"构想就是通过缩小地区之间的发展差距，推动实现经济社会协调发展。进入 21 世纪以来，中国为解决工业化、现代化进程中发展不平衡问题作出了许多努力，最主要措施是促进区域协调发展的"振兴东北老工业基地战略""中部地区崛起战略"和"西部大开发战略"。这些措施对改善当地经济社会状况起到了一定推动作用。

经过多年努力，虽然东北地区、西部地区自身有所发展和提升，但这些地区与东南沿海地区的差距却仍在扩大。2019 年，东部、中部、西部和东北地区生产总值分别为 509800 亿元、217500 亿元、204900 亿元和 50100 亿元，其中东部地区广东一省的地区生产总值就约等于西部云南、广西、内蒙古、贵州、新疆、甘肃、宁夏、青海 8 省（自治区）的总和。[1] 这说明中国区域发展依然存在着巨大差异。当然从另一方面看，这也说明中西部和东北地区仍存在很大提升空间。在当前国内外形势下构建新发展格局，应认真深入地探讨和总结"振兴东北老工业基地战略"和"西部大开发战略"取得的成绩以及积累的经验教训。

---

[1] 数据来源：根据国家统计局 2019 分省年度数据汇总。

开发"瑷珲—腾冲线":构建新发展格局的突破口和战略重点

中国经济社会发展不平衡自近代以来一直存在并被关注。1935年,经济地理学家胡焕庸先生在《地理学报》发表的《中国人口之分布》一文中提出了著名的"瑷珲—腾冲线"[①]概念,他利用自然环境而非政治区域为单位,科学测算出了当时中国的人口密度,首次揭示了中国人口的空间分布规律。中国东西部之间的人口地域分布差异很大,以黑龙江省瑷珲(1956年改称爱珲,1983年并入黑河市)和云南省腾冲为两点画一条直线,在中国地图上大致呈45度斜线,以此为界,将全国分为东南和西北两部,这条空间上的虚拟界线就是著名的"瑷珲—腾冲线"。

经济区域发展不均衡和资源分布不均衡是中国国情的显著特征之一。总体来看,"瑷珲—腾冲线"划分了东南部地区与西北部地区两大差异地带,这是一条集中反映中国经济社会发展不平衡状态的经济地理分界线,更是中国工业化和现代化进程历时态的分层线。"瑷珲—腾冲线"标示这种不均衡性的基本国情,即中国内部的地理、气候、资源、人口、经济、社会、文化以及民族的分界线刻画出了中国经济社会发展基础条件和基本国情,并对国家经济发展产生深远影响。国情以土地、人口和自然资源及其分布为最基本内容,"瑷珲—腾冲线"堪称反映当代中国国情的"基本国情线"。

中国自然资源、经济资源和人口资源分布不均衡,是中国自古以来的一个规律性现象。新中国成立以来,特别是改革开放以来,中国经济、政治、社会和文化发生历史性巨大变化,从一个农业国发展成为迅速崛起的工业化国家,但是"瑷珲—腾冲线"所反映的人口分布规律却依然没有改变(表2-1)。人口分布的差异产生出以人的活动为核心的数据差异,反映出不同地区社会经济发展程度的差异,例如区域用电数据、运输物流数据、

[①] 也称"胡焕庸线",即中国地理学家胡焕庸在1935年提出的划分我国人口密度的对比线,后因地名变迁,后改称"爱辉—腾冲线""黑河—腾冲线"。——编者注

滴滴出行数据、腾讯 QQ 同时在线数据、夜间灯光数据均可标记中国这条人文地理分界线。

表 2-1 "瑷珲—腾冲线"两侧人口全国占比变化

年份 / 年	东南侧人口占比 /%	西北侧人口占比 /%
1935	96	4
1953	91.53	8.47
1964	90.85	9.15
1982	89.54	10.46
1990	89.56	10.44
2000	89.27	10.73
2010	89.24	10.76
2017	88.88	11.12

注：1935 年数据来自胡焕庸先生统计，其余年份的统计数据来自尹德挺、袁尚的《新中国 70 年来人口分布变迁研究——基于"胡焕庸线"的空间定量分析》一文。

作为支撑我国工业化、城镇化"第一波"经济社会发展物质基础的自然资源与社会资源，长期以来在"瑷珲—腾冲线"东西两侧形成时空分布的倒置与错配。"瑷珲—腾冲线"以东的陆地面积占全国的 38.12%，以西的陆地面积占全国的 61.88%；"瑷珲—腾冲线"以东人口约占全国人口的 90% 左右，以西人口则仅占约 10% 左右。丰富的自然资源成为支撑我国经济社会发展的有利条件，中国居世界之首及世界前列的水能和煤炭资源分布极不均衡，集中分布在人口稀少、经济欠发达的中西部地区，绝大部分分布在"瑷珲—腾冲线"沿线或以西地区，远离东部地区中经济发达、资源集中消费的地区。尤其对于中国国民经济以及未来发展极为重要的水能资源的 70% 分布在西南三省市和西藏自治区，而煤炭资源总体呈现出北多南少、西多东少的特点，煤炭产区主要集中于内蒙古、山西、陕西、新疆、贵州、山东、安徽、河南等 8 个省（自治区），分布极不平衡。

与此形成鲜明反差的是，我国的人口资源和消费市场主要集中于东部或沿海地区，即主要集中于"瑷珲—腾冲线"以东地区。新中国成立以来特别是改革开放以来，经济社会快速发展，人力资源和消费市场迅速成为中国拥有的两大经济社会资源。中国拥有包含14亿多人口的全球最大且最具潜力的统一市场，还有包含4亿人的全球最大中等收入群体，人均国内生产总值已突破1万美元。但中国的经济功能区主要集中于东部地区，形成了京津冀地区、长三角地区、珠江三角洲等世界级城市群。发达国家经验表明，消费是拉动经济增长的主要动力，我国国内需求潜力在不断释放，国内需求对经济增长的贡献率也在不断增长。2019年我国社会消费品零售总额已达到408017.2亿元，消费市场和消费能力空前扩大，东部地区创造的生产总值和消费总额分别占全国的一半（表2-2），西部地区的却分别仅占20%左右。

表 2-2　2019年中国总人口、国内（地区）生产总值、社会消费品零售总额等指标所占比例

单位：%

指标	东部地区	中部地区	西部地区	东北地区
总人口（年末）	38.6	26.5	27.2	7.7
国内（地区）生产总值	51.9	22.2	20.8	5.1
社会消费品零售总额	50.5	24.0	20.7	4.8

注：参见国家统计局编的《中国统计年鉴2020》。此处东部地区是指北京、天津、河北、上海、江苏、浙江、福建、山东、广东和海南10省（市）；中部地区是指山西、安徽、江西、河南、湖北和湖南6省；西部地区是指内蒙古、广西、重庆、四川、贵州、云南、西藏、陕西、甘肃、青海、宁夏和新疆12省（区、市）；东北地区是指辽宁、吉林和黑龙江3省。

与丰厚的自然资源和广阔的土地相比，"瑷珲—腾冲线"沿线区域经济社会发展仍比较落后。2019年"瑷珲—腾冲线"沿线26市（州、盟）的生产总值为4849.97亿元，仅占国内生产总值的4.77%；沿线26市（州、盟）的2019年公共预算收入为4050.76亿元，仅占当年全国公共预算收入的2.13%。

"瑷珲—腾冲线"两侧的人口与资源配置的失衡，造成了中国经济布局的严重不均衡性，是中国不平衡不充分发展的基础性原因。胡焕庸先生曾在20世纪80年代就构想出交集理论、网络节点理论、连横合纵理论等有助于区域协同发展的分析理论。正因为如此，从另一角度看，迎接百年未

有之大变局挑战，构建新发展格局正是要突破这一瓶颈，实现东南沿海经济发达地带向"瑷珲—腾冲线"沿线区域地渗透和扩展，在"瑷珲—腾冲线"一带形成中国工业化、现代化的"第二波"，并以此为基地进一步向西部推进和延伸，进而构建出中国工业化、城镇化发展的新格局。

"瑷珲—腾冲线"沿线区域具备了延续我国改革开放以来工业化、城镇化快速发展的基础性条件和资源，具备形成中国工业化、城镇化"第二波"的基础性、潜在条件。邓小平同志在20世纪90年代针对解决沿海与内地贫富差距问题时，指出"不发达地区又大都是拥有丰富资源的地区，发展潜力是很大的"。"瑷珲—腾冲线"北起我国东北边境的黑龙江省黑河市，朝西南45度方向跨越全国版图至西南边境云南省腾冲市，绵延近3700公里，沿线经过黑龙江、内蒙古、河北、山西、陕西、甘肃、四川和云南8省（自治区）的26个地级市（州、盟），土地面积93.62万平方公里，占陆地总面积的9.72%；沿线区域拥有耕地约1959.32万公顷，占全国耕地面积的14.52%；沿线人口近7000万，占全国人口的4.99%。[①]"瑷珲—腾冲线"沿线及以西拥有大量的自然资源，我国的水能、煤炭及森林资源集中于此。

"瑷珲—腾冲线"沿线区域蕴藏着巨大的自然资源、经济资源，蕴含着巨大的发展潜力。从自然地理空间的角度来说，相对于我国东南沿海工业化、城镇化区域，"瑷珲—腾冲线"沿线区域是未来我国工业化"第二波"和现代化发展的"新边疆""前沿阵地"。"瑷珲—腾冲线"沿线区域既有必要又有条件成为我国构建新发展格局的重点区域。

综上所述，全面贯彻新发展理念、构建新发展格局，需要直面发展"不平衡"以及由"不平衡"引发并加剧的"不充分"两大问题。"瑷珲—腾冲线"反映出了中国经济社会发展不平衡以及自然资源与社会资源倒置和错配的基本国情，是中国的一条"基本国情线"。"瑷珲—腾冲线"两侧人口与资源配置的倒置与错配，是制约中国经济社会未来发展的瓶颈。"双循环"战略是以国内大循环为主体促进国际循环，而国内大循环战略的实施，

---

① 数据来源：根据全国及"瑷珲—腾冲线"沿线26个地级市（州、盟）2019年国民经济和社会发展统计公报、第三次全国农业普查主要数据公报汇总。

需要关注和重视"瑷珲—腾冲线"沿线区域的战略地位。当前中国经济社会发展和国家基本发展战略策略的选择与制定，离不开"瑷珲—腾冲线"所反映的基本条件与国情。从这一意义上而言，"瑷珲—腾冲线"沿线区域是中国未来工业化"第二波"和现代化发展的"新边疆"和"前沿阵地"。

四川大学国际关系学院助理研究员张权、华北科技学院副教授丰俊功对本文亦有贡献。

参考文献

[1] 房宁,丰俊功."百年未有之大变局"与"行百里者半九十"——习近平新时代中国特色社会主义思想的时代背景[J].理论视野,2020(02):22-27.

[2] 尹德挺,袁尚.新中国70年来人口分布变迁研究——基于"胡焕庸线"的空间定量分析[J].中国人口科学,2019(05):15-28.

[3] 房宁,丰俊功.城市化率与亚洲政治转型[J].文化纵横,2018(05):78-85.

[4] 房宁.从全球视角看当代资本主义[J].求是,1997(03):40-44.

[5] 胡焕庸.中国八大区的人口增长、经济发展和经济圈规划[J].地理研究,1985(04):1-9.

[6] 中国煤炭工业协会.2020煤炭行业发展年度报告[R].[2021-03-05].

[7] 胡焕庸.中国人口之分布——附统计表与密度图[J].地理学报,1935(02):33-74.

新形势下如何更好处理实体经济与虚拟经济关系

胡怀国

中国社会科学院经济研究所研究员

实体经济是一国经济的立身之本，是财富创造的根本源泉，是国家强盛的重要支柱。党的十八大以来，习近平总书记多次强调实体经济的重要性，在2017年全国两会期间指出："不论经济发展到什么时候，实体经济都是我国经济发展、在国际经济竞争中赢得主动的根基。""我国经济是靠实体经济起家的，也要靠实体经济走向未来。"目前，我国已进入全面建设社会主义现代化国家的新发展阶段。新发展阶段是我国发展新的历史方位，更是未来30年我国制定路线方针政策的根本依据，事关我国发展和社会主义现代化建设全局，因此，有必要结合现代化的理论逻辑和国际经验、我国社会主义现代化的路径选择以及新发展阶段的新特征新要求，探讨新发展阶段如何推进我国实体经济高质量发展。

▶ 现代化进程中的实体经济：国际经验与中国路径

国际经验表明，现代化进程通常意味着现代经济部门的不断成长和资源配置的持续优化，这是一个长期的动态演进过程，而实体经济与虚拟经济之间的关系则是其中的核心问题之一。

以1492年"地理大发现"①以来、率先开启人类社会现代化进程的近代欧洲为例，尽管葡萄牙和西班牙率先构建起了全球性的贸易体系和殖民体系，但由于实体经济没得到相应的发展，其现代化进程迟迟难以启动，美洲白银的大量输入更多地引发了普遍的物价上涨而不是生产发展和民生改善；与之不同，近代英国尽管一度相对落后，但由于更为重视实体经济，不仅率先孕育出了近代工业革命、成功开启了现代化进程，而且开辟了一条具有西方特色的现代化路径。从某种程度上讲，当今世界发达经济体的形成与发展，或多或少都与英国自工业革命以来形成的现代化路径有关，英国现代路径在实体经济和虚拟经济之间的关系问题上更是有着诸多的经验教训。

对此，英国经济学家亚当·斯密曾在《国富论》（1776年）中以银行活动为例，形象地论述道："慎重的银行活动，以纸币代金银，比喻得过火一点，简直有些像驾空为轨，使昔日的大多数通衢大道，化为良好的牧场和稻田，从而，大大增加土地和劳动的年产物。但是，我们又必须承认，有了这种设施，国内工商业，固然略有增进，但用比喻来说，和足踏金银铺成的实地相比，这样由纸币的飞翼飘然吊在半空，是危险得多的。管理纸币，若不甚熟练，不用说了，即使熟练慎重，恐仍会发生无法制止的灾祸。"他基本的理论逻辑在于：一方面，在持续推进资源优化配置的现代化进程中，资本相对于劳动、土地等生产要素的高流动性及资本对市场信号的敏感性，赋予了其巨大效率优势，并使得主要以资本要素为对象的虚拟经济部门在资源优化配置中发挥着重要作用，这意味着现代化进程通常伴

---

① 又名"探索时代"或"发现时代""新航路的开辟""大航海时代"。15—17世纪，欧洲的舰队出现在世界各处的海洋上，寻找新的贸易路线和贸易伙伴，以发展欧洲新生的资本主义。——编者注

随着实体经济的成长和虚拟经济部门的更快扩张；另一方面，正如马克思在《资本论》中深刻揭示的，"虚拟资本有它的独特的运动"，资本在资源优化配置中的效率优势及资本的逐利本性，同时也赋予了以金融系统为依托的资本循环运动脱离实体经济、追求超额收益的内在冲动，并成为金融风险的重要来源和经济危机的重要诱因。

在西方发达经济体的现代化进程中，我们可以观察到伴随着实体经济发展，一些虚拟经济部门的扩张及其频频引发的金融危机乃至经济危机。以第二次世界大战之后的美国为例，按照美国商务部经济分析局提供的数据，1947 年美国金融业增加值占国内生产总值的比例约为 2.43%，尽管此后不同时期略有波动，但仍然大致以每十年接近一个百分点的增幅稳步提升，1960 年和 1980 年分别为 3.63% 和 4.83%，2000 年和 2020 年则分别进一步提高到 7.30% 和 8.25%。然而，金融业的扩张在提高经济效率、促进经济增长的同时，也经常诱发较为严重的金融危机，特别是美国次贷危机引发的 2008 年国际金融危机，不仅对全球经济和世界格局造成了重大冲击，而且催生了形形色色的民粹主义和逆全球化思潮。

与之不同，我国是社会主义国家，生产目的是满足人民需要，而人民需要更多地与实体经济有关，故实体经济始终是我国发展的出发点和着力点。特别是改革开放以来，我国充分利用新一轮经济全球化的历史性机遇，牢牢立足于实体经济、坚持推进市场化改革、深度融入全球产业链和供应链，极大地提高了经济效率，激发了社会活力，创造了举世瞩目的经济快速发展奇迹和社会长期稳定奇迹。

党的十八大以来，面对国际金融危机以来持续低迷的世界经济和日趋复杂的外部环境，我国立足于人民日益增长的美好生活需要和不平衡不充分的发展之间的社会主要矛盾，坚持以供给侧结构性改革为主线，推动我国经济发展质量变革、效率变革、动力变革，并在中国共产党成立 100 周年之际成功地站在了全面建设社会主义现代化国家的新的历史起点上。新发展阶段是我国社会主义发展进程中的一个重要阶段，其根本任务是全面建设社会主义现代化国家，即从 2020 年到 2035 年，在全面建成小康社会的基础上，再奋斗十五年，基本实现社会主义现代化；从 2035 年到 21 世纪中叶，在基本实现现代化的基础上，再奋斗十五年，把我国建成富强民主文明和谐美丽的社会主义现代化强国。它所涉及的人口超过了现有发达经济体人口规模的总和，无疑将从根本上改变当今世界经济版图，并在人类社会发展史上开辟出一条全新的现代化路径。新发展阶段的现代化是社会主义性质和方向的现代化，一方面，"坚持把发展经济着力点放在实体经济上"是我国经济发展的内在规定；另一方面，新发展阶段推动我国经济高质量发展，必然要求我们更充分地发挥资本要素优化资源配置的效率优势、进一步增强虚拟经济部门服务实体经济的能力。

▶ 新发展阶段推进实体经济高质量发展，要正确认识和处理好实体经济与虚拟经济之间的关系

前文分析表明，现代化进程通常意味着现代经济部门的成长和虚拟经济部门的快速扩张，但虚拟经济的扩张不能脱离实体经济的现实需要，尤其不能脱实向虚、陷入"以钱生钱"的自我循环。也就是说，虚拟经济部门的快速发展是现代化进程中优化资源配置的普遍现象，但同时也是诱发各类金融风险乃至严重经济危机的重要原因。在这一点上，西方发达经济体有着丰富的经验和惨痛的教训，特别是 20 世纪 80 年代以来世界主要经济体经历的新一轮经济自由化、全球化浪潮以及欧美等发达经济体的各类金融创新，其在优化资源配置、推动经济增长的同时也引发了日趋严重的经济虚拟化和资产泡沫化，并最终演变为对全球经济产生深刻影响的 2008 年国际金融危机。事实上，正是在 2008 年国际金融危机之后，美联储才频频提及把金融业和房地产业排除在外的实体经济概念。新发展阶段推进我国实体经济高质量发展，必须正确认识和处理实体经济与虚拟经济之间的关系，一方面要认识到虚拟经济部门在现代化进程中的扩张具有某种普遍性，另一方面要有效克服虚拟经济部门的内在冲动及其引发的金融风险。正是在这个意义上，习近平总书记强调，"金融是实体经济的血脉，为实体

经济服务是金融的天职，是金融的宗旨，也是防范金融风险的根本举措"。

根据国家统计局的数据，2001年我国金融业增加值占国内生产总值的比重为4.7%，2020年则快速提升至8.3%。我国金融业在国民经济中的比重快速提高，一定程度上反映了金融业在现代化进程中日趋重要的一般规律和趋势，但同时我们也要认识到，该比重提高得太快了。特别是2008年以来，我国工业增加值占国内生产总值的比重由41.3%快速下降到2020年的30.8%，金融业和房地产业增加值占国内生产总值的比重则由2008年的5.7%和4.6%分别提高到8.3%和7.3%。尽管这种变动在某种程度上反映了现代化进程中的一般性趋势，但这种过快的变动仍然在某种程度上反映出经济体系中存在着"脱实向虚"现象并蕴含着一定的经济风险。

正如习近平总书记强调的，"金融要把为实体经济服务作为出发点和落脚点，全面提升服务效率和水平，把更多金融资源配置到经济社会发展的重点领域和薄弱环节，更好满足人民群众和实体经济多样化的金融需求"。新发展阶段推进实体经济高质量发展，必须坚持把发展经济的着力点放在实体经济上，进一步增强金融服务实体经济的能力。同时，推动我国经济更高质量、更有效率、更加公平、更可持续、更为安全发展，必须加快构建同现代化经济体系和社会主义市场经济体制相适应的现代金融监管框架，牢牢守住不发生系统性金融风险的底线。

▶ 新发展阶段推进实体经济高质量发展，必须坚持以改革创新为根本动力

新发展阶段我国社会主要矛盾仍然是人民日益增长的美好生活需要和不平衡不充分的发展之间的矛盾，满足人民日益增长的美好生活需要的主要制约因素是发展的不平衡不充分，新发展阶段必须大力提升发展质量和效益、着力解决好发展不平衡不充分问题。习近平总书记指出，"当前和今后一个时期，制约我国经济发展的因素，供给和需求两侧都有，但矛盾的

主要方面在供给侧"。供给侧结构性改革的重点是用改革的办法推进结构性调整，减少无效供给和低端供给、扩大有效供给和中高端供给，增强供给结构对需求变化的适应性和灵活性，提升供给体系对国内需求的适配性，这就要求我们进一步深化市场化改革、完善社会主义市场经济体制，坚决破除妨碍生产要素市场化配置和商品服务流通的体制机制障碍，降低全社会交易成本，加快形成以国内大循环为主体、国内国际双循环相互促进的新发展格局。

2020年8月24日，习近平总书记在经济社会领域专家座谈会上的讲话中指出，"进入新发展阶段，国内外环境的深刻变化既带来一系列新机遇，也带来一系列新挑战"，"实现高质量发展，必须实现依靠创新驱动的内涵型增长。我们更要大力提升自主创新能力，尽快突破关键核心技术"。当今世界正经历百年未有之大变局，新一轮科技革命和产业变革深入发展，新发展阶段推进我国实体经济高质量发展，必须坚持创新在我国现代化建设全局中的核心地位，把科技自立自强作为我国发展的战略支撑，深入实施创新驱动发展战略、突破关键核心技术，提升我国产业链现代化水平，更好维护我国产业链供应链的稳定性、安全性和竞争力。一方面，坚持把发展经济着力点放在实体经济上，补齐产业链供应链短板，锻造产业链供应链长板，推动产业链现代化、价值链高端化和全产业链优化升级；另一方面，适应数字时代新趋势，大力发展数字经济，推动数字技术与实体经济深度融合，推进数字产业化和产业数字化，以数字技术赋能传统产业转型升级，催生新产业新业态新模式，打造实体经济发展的新引擎，培育实体经济发展的新动能。

畅通国内经济大循环打造未来发展新优势

张建刚

中国社会科学院大学马克思主义学院教授，中国社会科学院马克思主义研究院研究员

我国 2020 年国内生产总值比上年增长 2.3%，在全球主要经济体中唯一实现经济正增长。然而，要确保我国经济长期向好发展，需要根据国际国内形势的变化，转变发展战略，逐步形成以国内大循环为主体、国内国际双循环相互促进的新发展格局。2020 年 7 月 21 日，习近平总书记在企业家座谈会上的讲话中指出："在当前保护主义上升、世界经济低迷、全球市场萎缩的外部环境下，我们必须充分发挥国内超大规模市场优势，通过繁荣国内经济、畅通国内大循环为我国经济发展增添动力，带动世界经济复苏。要提升产业链供应链现代化水平，大力推动科技创新，加快关键核心技术攻关，打造未来发展新优势。"

深刻认识时代发展新趋势，准确把握国际国内新形势

进入 21 世纪以来，以人工智能、量子信息、移动通信、物联网、区块链的应用为标志的新一轮科技革命和产业变革，正在把人类带入个性化、网络化、智能化的生产时代。新一轮科技革命和产业变革可能将彻底颠覆传统制造业的生产方式，大大改变人们的知识技术创新方式，为人类带来全方位的智能生活。随着新一代信息通信技术的兴起和不断成熟，我们这个时代的生产模式正在发生革命性变化。在新的生产模式下，制造业将实现智能化，工厂的生产流程、产品设计、技术研发、用户服务等各个环节都将被纳入统一的智能化网络。这个智能化网络可以根据数据自主调整生产流程，并且自动修复机械故障，以最有效率的生产方式制造出个性化定制产品。随心所欲的个性化定制将成为消费市场的主流，产品将完全围绕消费者个人的喜好进行设计制造。我们需要正视的是制造业正在掀起席卷全球的新一轮产业变革。在这场以智能制造为主导的产业变革中，制造业的产业模式将发生两个根本性变化：一是以标准化为基础的大规模流水线生产模式，将转变为以个性化为宗旨的定制化规模生产；二是制造业的产业形态将从"生产型制造"升级为"生产服务型制造"，进一步强化对消费者的服务职能。在这一智能化时代，我们的产品、工业设备、生产方式、管理、服务都是智能化的。这一智能制造模式能让最终用户全程参与到整个产品的生命周期中，实现与消费者的全程无障碍沟通，从而为消费者提供更加人性化的服务。

百年未有之大变局加速演进，全球经济深度调整势在必行。放眼世界，国际政治经济格局加速重塑，各种不稳定不确定性因素明显增多。逆全球化思潮、保护主义和单边主义倾向抬头，各种"退群"事件屡有发生，全球合作遭遇巨大挑战。突如其来的新冠肺炎疫情仍在继续，各国经济联系受阻明显，产业链供应链断裂风险加大，全球产业布局将深度调整。世界主要经济体均受到新冠肺炎疫情冲击，经济复苏步履艰难，政策走向和外溢效应变数较大。进入后疫情时代，出于经济安全的考虑，各国经济

政策会进行大幅度调整，国际合作将受到影响，中国经济外部环境日趋复杂。

聚焦国内，中国特色社会主义进入新时代，人民对美好生活的需要日益迫切，发展不平衡不充分的问题尚未解决。虽然我国经济发展取得了巨大成绩，但也必须看到我国经济的一些深层次矛盾和问题仍然存在。经济的整体发展质量还有待提高，国内市场的巨大潜力还没有充分挖掘出来，产业布局和产业结构还不尽合理，经济增长的内生动力仍需增强，科技创新能力和成果转化率还亟待提高，供需不平衡不协调不匹配的矛盾依然存在，新兴产业、新兴业态、新兴商业模式发展缓慢，一些领域的关键核心技术、前沿引领技术、现代工程技术仍然受制于人，以数字化、网络化、智能化为特征的战略性新兴产业集群还没有形成，金融机构服务实体经济的能力、防范金融风险的能力还有待提高，国内经济大循环的环节还不畅通。

▶ 加快建设现代化经济体系，畅通国内经济大循环

建设现代化经济体系，是我国转换经济增长动力的迫切要求，也是我国发挥超大规模市场优势的重要支撑。习近平总书记指出："现代化经济体系，是由社会经济活动各个环节、各个层面、各个领域的相互关系和内在联系构成的一个有机整体。"任何一个环节、层面、领域出现问题，都会影响整个经济体系效能的发挥、运转的顺畅，因此，整个经济体系要一体建设、一体推进。现代化经济体系为我国依靠国内市场实现经济健康可持续发展提供了体系保障。但要真正把我国超大规模的市场优势和内需潜力发挥出来，还需要针对生产、分配、流通、消费领域中存在的问题，消除影响宏观经济循环的各种障碍，使经济运行的各个环节内部、环节之间能够顺利衔接、顺利转化，最终实现国内经济大循环的畅通。

生产领域存在的主要问题：产品供给与市场需求不匹配、不协调和不

平衡的问题仍然存在，生产的产品质量还有待提高，当前还难以有效满足居民对优质商品和服务型消费的需求，产业的智能化、高端化、绿色化和服务化水平不能完全满足消费者消费升级的要求。因此，我们需要通过深化供给侧结构性改革疏通国民经济的"经络"，提升产业基础能力和产业链水平，攻克重大战略性、基础性、关键性技术问题，加大符合国内市场需求特点的产品研发力度，推进传统制造业升级换代，培育新产业、新业态、新模式，推动互联网、大数据、人工智能同实体经济的深度融合。

分配领域存在的主要问题：居民收入分配存在差距，劳动收入在国民收入中所占的比重偏低。因此，我们需要通过加强分配制度改革，增加劳动收入在国民收入中的比重，为启动国内消费市场、畅通国内大循环提供"拉力"。为此，我们要坚持多劳多得，着重保护劳动所得，增加劳动者特别是一线劳动者的劳动报酬。确保居民收入增长和经济发展基本同步、劳动报酬增长和劳动生产率提高同步，不断提高居民收入在国民收入分配中的比重，提高劳动报酬在初次分配中的比重。

流通领域存在的主要问题：要素市场还不够发达，市场机制在这一领域还没有发挥决定性作用；劳动力市场没有统一，人才流动受到户籍等制度的制约；金融市场抵御风险的能力还不够强，为实体经济服务的能力还需进一步提升；技术市场发育不够成熟，科技成果的转化率有待提高。因此，我们需要通过深化体制机制改革，激发劳动力、资本、土地、技术、数据等要素的活力，为畅通国内大循环提供动力。为此，我们要积极推进要素市场制度建设，逐步实现要素价格由市场决定。促进统一的全国劳动力市场的形成，实现全国医疗养老保险的互认互转，促使人员流动能够自主有序。加强资本市场基础制度建设，健全具有高度适应性、竞争力、普惠性的现代金融体系，增强防范化解金融风险的能力。完善科研成果转化机制，建立知识产权侵权惩罚性赔偿制度，加强企业商业秘密保护。

消费领域存在的主要问题：消费对经济发展的拉动作用较弱，居民的消费能力还有待提高。因此，我们需要增强消费对经济发展的基础性作用，为畅通国民经济提供保障。为此，我们需要稳定扩大居民消费，合理增加

第二章 产业经济高质量发展战略格局

公共消费，增强消费在拉动经济增长"三驾马车"①中的作用。通过稳就业促增收，提高居民消费意愿和能力；积极培育消费增长点，挖掘电子商务、网络教育、网络娱乐等方面消费潜力；加快更好满足居民健康生活消费需求，扩大绿色食品、药品、卫生用品、健身器材的消费；促进消费结构升级，支持餐饮、商场、文化、旅游、家政等生活服务业发展。

▶ 培育壮大经济增长新高地，打造未来发展新优势

从当前形势来看，世界百年未有之大变局持续深化，新一轮科技革命与产业变革加速推进，新冠肺炎疫情仍在全球蔓延。我们要在危机中育新机，于变局中开新局，大力推动科技创新，加快关键核心技术攻关，提升产业链供应链现代化水平，培育新产业、新业态、新模式，壮大新的经济增长极，打造未来发展新优势，实现经济高质量发展。

加强科技创新和技术攻关，取得科技优势地位。科学技术是第一生产力，没有先进的科学技术，就不可能实现从制造大国向制造强国、从中国制造向中国智造、从中国速度向中国质量的转变。我们要发挥新型举国体制优势，加强科技创新和技术攻关，加速科技成果产业化，强化关键环节、关键领域、关键产品保障能力，加速突破工业母机、高端芯片、基础软硬件、开发平台、基本算法、基础元器件、基础材料等瓶颈制约，完善知识产权保护法律法规，加快构建知识产权综合运用公共服务平台，建立基础技术、关键技术、共性技术储备库。

加快推进产业结构升级，打造优势产业集群。我们要积极培育新技术、新产业、新业态、新模式，构建特色鲜明、结构合理、竞争力强的现代产业体系。加快产业转型升级步伐，着力打造先进制造业基地，壮大智能机器人、高速铁路、新能源汽车、航空航天等新支柱产业，推进传统产业数

---

① 经济学上对投资、消费、出口的比喻。——编者注

字化、网络化、智能化改造，加快第五代移动通信技术（5G）网络、人工智能、数据中心等新型基础设施建设，抓紧布局数字经济、智能制造、生命健康、新材料等战略性新兴产业，形成更多新的增长点、增长极。

形成全国统一开放大市场，发挥超大规模市场优势。我们要抓紧实施全国统一的市场准入负面清单制度，消除歧视性、隐蔽性的区域市场壁垒，打破行政性垄断，坚决破除地方保护主义，促进劳动力合理流动，优化人力资源配置。培育公平竞争环境，提高市场运行效率，规范市场竞争秩序，发挥超大规模市场的规模经济效应和范围经济效应。

补齐产业链供应链短板，打造全价值链优势。我国已建成门类齐全、体系完整、规模庞大的产业体系，囊括了几乎所有的产业链，但总体而言，我国的产业链集成、协同和优化能力还不够强，现代化水平不高，一些核心技术、核心工艺受制于人。当前，全球产业链供应链又呈现出本地化、区域化、分散化的逆全球化趋势，我们要增强风险意识，补齐产业链供应链短板，确保产业链供应链安全稳定；要围绕产业链部署创新链、围绕创新链布局产业链，改变核心技术受制于人的局面；要打造全价值链优势，向下扎到根，向上捅破天，在价值链的低端、中高端都要实现中国企业核心能力的超越，全面提升中国的核心竞争力。

参考文献

［1］习近平.习近平谈治国理政（第三卷）[M].北京：外文出版社,2020.

［2］习近平.在企业家座谈会上的讲话[N].新华网,2020-7-21(001).

新发展格局下的循环经济发展研究

朱 坦

南开大学环境与社会发展研究中心主任、南开大学循环经济与低碳发展研究中心教授

《中共中央关于制定国民经济和社会发展第十四个五年规划和二〇三五年远景目标的建议》(后文简称《建议》)明确把"加快构建以国内大循环为主体、国内国际双循环相互促进的新发展格局"列为"十四五"时期经济社会发展的重要指导思想,并强调将发展立足点放在国内,实现经济行稳致远、社会安定和谐,为全面建设社会主义现代化国家开好局、起好步。

循环经济是将经济系统看作具有有限资源和环境容量的地球生态系统中的一个开放子系统,以提高资源能源利用效率和改善生态环境为核心目标,使生态环境、经济与社会协调、可持续发展的经济发展模式。循环经济是促进国内经济大循环的重要着力点,未来只有继续推进循环经济发展,才能有效畅通国民经济,实现经济社会的可持续发展。

我国"双循环"新发展格局的宏观背景

当今世界正经历百年未有之大变局，国际环境日趋复杂，不稳定性不确定性明显增强。2020年伊始，一场突如其来的新冠肺炎疫情对全人类的生命安全造成巨大威胁。随着疫情在全球范围内的不断蔓延，世界经济发展和既有格局受到强烈冲击，国际形势加速变化。在以习近平同志为核心的党中央坚强领导下，经过全国上下艰苦卓绝的努力，我国疫情防控取得重大战略成果，经济运行在常态化疫情防控中逐步趋于稳定。

2020年5月14日中央政治局常务委员会召开会议，明确指出要从供需两方面入手，通过深化供给侧结构性改革和发挥超大市场优势刺激内需，构建国内国际双循环相互促进的新发展格局。2020年7月21日，习近平总书记在京主持召开企业家座谈会时强调，在当前保护主义上升、世界经济低迷、全球市场萎缩的外部环境下，我们必须集中力量办好自己的事，充分发挥国内超大规模市场优势，逐步形成以国内大循环为主体、国内国际双循环相互促进的新发展格局，提升产业链供应链现代化水平，大力推动科技创新，加快关键核心技术攻关，打造未来发展新优势。在党的十九届五中全会上，习近平总书记对新发展格局作了统筹部署。在2020年11月赴江苏的调研中，习近平总书记再次对新发展格局作出一系列指示要求。

面对复杂的经济发展形势，我国提出"双循环"的新发展格局不仅是党中央根据我国发展阶段、环境、条件变化作出的战略决策，更是事关全局的系统性深层次变革，为未来我国经济发展提出了明确的大方向，对"十四五"和未来更长远时期我国经济和社会发展具有重要指导意义。

经济循环思想的起源与循环经济的核心内容

经济循环思想起源于18世纪法国著名经济学家魁奈的代表性作品《经济表》。马克思将"经济表"称为"社会再生产图式""政治经济学中最天才的思想",并对其进行重构。马克思的"经济表"表现的是一种循环流动的经济思想,具体包括三部分内容:商品资本的循环公式、社会总资本的再生产和流通的循环原理、社会总生产的循环原理。"经济表"最重要的一个特征就是表达了经济系统一般均衡关系,其中系统分析、均衡分析、宏观总量分析的内容与方法对后续经济学研究有一定参考价值。"经济表"的优越之处,在于它把静态的经济过程看成一种在每一时期会周而复始的循环流转过程,即每个经济主体经过一系列的生产消费活动后,最后都会回到出发点,从而实现社会再生产的正常运行。

循环经济思想起源于肯尼斯·博尔丁的著作《即将到来的宇宙飞船地球经济学》。博尔丁认为,地球就像一艘孤立的宇宙飞船,它的生产能力和废物消化能力都是有限的,因此包括人类经济系统在内的整个地球生态系统必须依靠物质循环再生产,开发出一个"循环"(Circular)的物质经济,才能长久生存。受宇宙飞船经济思想的启发,1989年戴维·W.皮尔斯和R.凯利·特纳建立了一个正式以"循环经济"(Circular Economy)命名的模型。依据这一模型,经济系统与自然生态系统不再是两个相互独立的系统,而是合二为一共同组成生态经济大系统。循环经济模型将经济系统与生态系统之间的物质、能量和信息的流动关系,通过功能(资源提供、物质转化、废物吸纳、生命支持、舒适性服务等)上的联系构成一个内在的循环关系的系统整体,即把大系统功能的保持与大系统内物质(包括能量)的良性循环紧密联系在一起。

▶ 循环经济是遵循经济循环思想的新型经济发展方式

我国现代经济是一个循环体系,涉及生产、分配、流通、消费等经济运行的各个环节。这些环节需要通过一定的方式有效衔接,从而保证经济平稳有效地运行。循环经济是一种新型的经济发展方式,并且遵循经济循环的基本规律。这种发展方式的基本特征可以概括为"内外均衡,一体循环"。"内外均衡"，就是把反映经济系统内部再生产关系的"内部均衡"与反映经济系统与生态系统之间再生产关系的"外部均衡"紧密结合。"一体循环"包括两方面意义：其一，从生态—经济系统整体出发，统筹经济系统内部以及经济系统与生态系统之间的物质循环流动关系；其二，把经济系统与生态系统看作一个功能上相互依存的统一大系统，从大系统整体功能的再生产循环出发来把握人类经济的可持续性问题。

从循环经济的角度观察，完整的物质流循环系统应包括正向物流与逆向物流。正向物流是从供应商到消费者的商品及相关信息流动，即从产品的设计、生产到销售流通等一系列过程；逆向物流是指为了重新获取产品的使用价值或出于高效处置废弃产品的目的，使原材料、半成品等从产品的消费端（最终用户和供应链上客户）返回到产品来源点（生产地或供应地）的过程。通过逆向物流系统，可以使生产、消费和废弃物的回收利用顺利连接，形成封闭的循环流程，实现废弃物和可再生资源快速回收、处理和再利用，最终实现资源的多次循环利用，提高循环经济的效率，减少环境污染的强度。作为形成国内经济大循环的"动静脉结合"关键领域，正向物流和逆向物流两端结合部对应的再生资源收运体系和再生产品标准体系，对打通经济循环的堵点具有重要意义。

作为一种新的经济形态，循环经济在国家经济发展方式转变、产业结构调整、经济—社会—环境协调发展等多方面起着至关重要的作用。同时，作为我国生态文明产业体系的重要组成部分，推动循环经济产业的规模化、绿色化和高质量发展，已经成为我国生态文明建设的内在迫切需求。当前，循环经济已成为我国新经济态势下国家关注的焦点。2020 年修订的《固体废物污染环境防治法》自同年 9 月 1 日起实施，跨区域、跨行业的产业组织平台与专业化的细分市场逐渐完善；"互联网 +"共享经济平台与传统循环经济产业回收体系整合持续加速；禁止进口洋垃圾，促进国内再生产品市场份额逐渐扩大；资源循环利用基地与"无废城市"试点建设也在积极推进。无论是在理论还是实践层面，我国循环经济都得到迅速发展。

立足"大循环",服务"双循环",推进我国经济发展方式向绿色低碳循环发展经济体系转型升级

针对当前经济形势,党中央明确提出"加快形成以国内大循环为主体、国内国际双循环相互促进的新发展格局",为我国循环经济提供了实实在在的发展机遇。在"双循环"的新发展格局下,遵循经济循环的思想,把握循环经济的发展方向,并以此推动国内大循环和国内国际双循环的战略目标,对我国 2035 年基本实现社会主义现代化的远景目标具有重大意义。为了全面、高效地推进我国"双循环"中的循环经济转型升级,本文就循环经济发展中涉及的一些关键问题作以下探讨。

"城市矿山"是循环经济发展的重要资本。经过工业革命以来几百年的掠夺式开采,全球大多数可工业化利用的矿产资源已从地下转移到地上,并以废弃物的形态堆积在人们周围,总量惊人。1961 年,美国城市规划家简·雅各布斯(Jane Jacobs)提出"城市是未来的矿山"。1988 年,日本东北大学选矿制炼研究所教授南條道夫首次提出"城市矿山"的概念,用以指称城镇化和工业化进程中,蕴藏和产生在废旧机电设备、通信工具、电线电缆、家电、汽车、金属和塑料包装物、电子产品等废料中可循环利用的钢铁、稀贵金属、有色金属、橡胶、塑料等资源。"城市矿山"是循环性、载能性、战略性的二次资源,具有基数大、品位高、形态成分复杂等特性,集经济价值、社会价值和环境价值为一体,具有显著的资源节约和环境友好的特性。

在我国从工业文明迈向生态文明的关键时期,从资源回收循环利用的角度出发,把城市比喻成一座座储有优良矿产资源的矿山并加以开发,为经济社会可持续发展寻求矿产资源指出一条新路。2010 年我国发布了《关于开展城市矿产示范基地建设的通知》,决定用 5 年时间在全国建成 30 个左右"城市矿产"示范基地,探索形成适合我国国情的"城市矿产"资源化利用的管理模式和政策机制。这标志着我国将"城市矿山"资源开发上升到了国家战略层面。截至 2016 年,我国已经批复建设了 49 家国家级城

市矿产示范基地，资源回收利用总量在 2006—2016 年持续增长，回收总量超过 2 亿吨，产值高达 5000 亿元，具有广阔的利用前景。

目前，我国"城市矿山"的开发利用已见成效，但也存在不足。在资源化工艺技术方面，主要包括以机械分离为主的物理处理技术、以湿法冶金为主的化学技术和以火法冶金的熔炼技术，这些方法各有技术上的优越性，但普遍存在成本高、回收率低、能耗大等缺点。在制度保障方面，针对"城市矿山"回收的相关法律法规有《再生资源回收管理办法》《废弃家用电器与电子产品污染防治技术政策》《循环经济促进法》等，其中大多以管理办法和条例的形式发布，只有《循环经济促进法》上升到法律的高度。在具体措施方面，主要以政府推动和财务手段为主，回收途径单一，且回收主体不明确。

针对上述不足，本文提出以下建议：首先，应将"城市矿山"的开发利用作为一个战略性新兴产业予以重点支持，完善配套法律法规，提升其在循环经济和国内经济循环中的战略地位。其次，将"城市矿山"作为战略资源的重要组成部分，减少矿产资源的进口量，加大城市矿产资源的开发利用力度。再次，明确城市矿产的回收主体，强化生产者责任延伸制度，通过政策手段和经济手段鼓励企业优先利用"城市矿山"资源。最后，探索开发低成本、高效率、无污染的分离回收技术，通过建立科学有效的产学研协作体系促进新技术转化落地。

园区循环化改造是循环经济发展的不竭动力。园区作为我国工业体系的重要载体，是我国发展循环经济的工作重点，也是我国经济发展的重要支撑。同时，园区也是资源能耗和污染排放最集中的区域，如何实现园区的绿色发展成为循环经济的关键突破口。《国务院关于印发"十三五"节能减排综合工作方案的通知》（国发〔2016〕74 号）提出，到 2020 年，75%的国家级园区和 50% 的省级园区实施循环化改造，长江经济带超过 90% 的省级以上（含省级）重化工园区实施循环化改造；《建议》进一步提到，推进重点行业和重要领域的绿色化改造，全面提高资源利用效率，推进资源的循环利用。园区循环化改造主要是指以园区为载体、以企业为核心，通过建立物质交换与循环利用的有效机制，打造园区循环产业链。园区循环化改造的目标在于降低生产过程中的原材料和能源消耗，减少废弃物的产生与排放，实现经济发展和环境保护的双赢。改造的形式和内容主要包括：在企业层面实施清洁生产、依托主导产业纵向发展产业链、发展共生企业并构建实体产业的共生网络、与区域外企业联合发展虚拟的产业共生网络、搭建公共设施和服务平台以实现基础设施共享等。

园区循环化改造是我国产业园区发展过程中的创新，在理论和实践层面都还需要探索，在改造过程中也暴露出一些问题。首先，理论认知方面存在问题。一些园区对循环化改造的战略定位较低，没有完全把握循环化改造的主旨，仅采用纵向延伸产业链进行循环化改造，没有在企业间形成资源、产品、废弃物梯级利用的生态工业链。其次，资源化利用项目落地存在政策障碍。例如，一些产生危险废物的企业近年来通过技术改进已具备资源化处理的能力，但自行处理需要向上级部门备案并经过多重手续；再如，精细化工领域的产品价值高、能耗污染少，但缺乏相关标准体系，导致循环化利用项目落地难度加大。再次，循环化改造成效的评价与管理缺乏科学标准和依据。由于我国循环经济评价指标体系仍处于探索阶段，对资源投入产出率、废弃物回收利用率、可再生能源使用率等指标缺乏系统、规范的统计体系，难以对园区内复杂的产业共生和资源利用情况进行科学有效的评价。最后，信息监测、技术支撑等平台建设进程缓慢，循环化改造信息不透明，创新技术推广不足，致使循环化改造的效果不佳。

为加快推进我国产业园区循环化改造，针对现存问题提出如下建议：首先，应进一步提升产业园区循环化改造的战略地位，加强宏观指导。尽管近些年国家已经出台相应的指导文件，但距离设想的循环化改造目标还有很大差距。国家、地方政府和企业应进一步认识到产业园区循环化改造是生态文明建设的重要抓手，也是深化"双循环"的重要途径之一，应将相关内容纳入未来规划，明确具体的推进措施、管理方法和保障体系。其次，在人才资源投入方面，政府应建立独立机构来负责园区改造工作，将政府、企业和科研机构各方人才充分纳入该机构，通过多方参与保证各方利益诉求。最后，还要加强园区循环化改造能力的建设，建立园区关键物质流分类分级管理体系，加强园区资源管理数据库建设，实现信息—资源—设施一体化共享的高效循环模式。

循环经济大数据中心建设是循环经济发展的有力保障。循环经济是物质流、价值流和信息流三位一体的完整体系。其中，信息流是打通体系的关键，并通过增强、替代、协同和衍生作用于循环经济系统。具体来讲，信息流可以削弱供需双方的空间摩擦，延长产业链，提高物质循环效率；可以通过虚拟交易部分替代现实空间的物质、资金和人员流动，减少中间环节，提高经济效益，促进循环经济系统健康发展。

近年来，随着科技的不断创新与发展，人民生活水平不断提高，信息和数据呈爆炸式增长，数据存储规模已经从常见的吉字节（GB）[①]发展到太字节（TB）[②]、拍字节（PB）[③]，大数据已经融入各行各业，其重要性得到社会的普遍认同。2015年，《关于积极推进"互联网+"行动的指导意见》和《关于加快推进生态文明建设的意见》先后出台，要求推动互联网与生态文明建设深度融合、协同推进信息化与绿色化。《建议》明确提出，系统布局新型基础设施，加快第五代移动通信、工业互联网、大数据中心等建设。大数据技术的预测性、精准性、及时性等特点越来越表现出强大的生命力，其迅速发展和广泛应用为循环经济的发展提供了新的机遇与挑战。大力发展大数据驱动下的循环经济不仅是适应经济社会发展的必然趋势，也是推进生态文明建设的重要抓手。

但是，目前循环经济领域中的大数据建设还存在应用不足、企业之间数据共享交流存在障碍、基础数据库建设不完善等问题。这些问题亟待解决。一方面，应完善循环经济数据信息公开与共享机制，构建循环经济与信息协同的发展模式，明确不同行业、不同部门、不同区域对基础数据资源的共性需求，以及各部门数据共享的范围边界和使用方式，厘清各部门

---

① 吉字节，是计算机存储容量单位。——编者注
② 太字节，是计算机存储容量单位，1太字节=1024吉字节。——编者注
③ 拍字节，是计算机存储容量单位，1拍字节=1024太字节。——编者注

数据管理及共享的义务和权利，促进信息资源优化和资源利用最大化；加快建立循环经济建设大数据中心，规范平台发布的内容、流程、权限和渠道等，减少由于信息不对称造成的负面效应。与此同时，要健全循环经济信息资源的基础数据库，全面统计循环经济各个环节、各项活动中物质流、价值流和信息流的具体情况，协同构建信息网络。另一方面，要注意"互联网+"和大数据中心建设过程对资源环境生态的影响，用生态文明理念引导和指导大数据中心的建设与发展。

▶ 结　语

循环经济是促进国内经济大循环的重要着力点，也是生态文明建设的主要内容。虽然经过实践，我国的循环经济工作已取得一定效果，但是在新发展格局下，我们仍需立足"大循环"，服务"双循环"，以政策支持、法律保障、技术支撑、信息平台为推进手段，着力提升我国循环经济的发展水平，促进我国经济发展方式向绿色低碳循环发展经济体系转型升级。

参考文献

［1］马克思.剩余价值理论：第1册[M].北京：人民出版社,1975:366.

［2］蔡仲旺,周钊宇,郭百红.循环原理：马克思《经济表》的重构及其数理表述[J].当代经济研究,2019(11):66-77.

［3］李慧明,王军锋,左晓利,等.内外均衡，一体循环——循环经济的经济学思考[M].天津：天津人民出版社,2007:10-12.

[4] 李慧明, 左晓利, 张菲菲. 破解我国循环经济发展的经济学难题 [J]. 理论与现代化, 2009(02):19-23.

[5] 朱坦. 天津循环经济制度建设的几点建议 [J]. 港口经济, 2010(01):5-7.

[6] 张墨, 朱坦. "十二五"时期转变经济发展方式、促进循环经济的关键政策研究 [J]. 生态经济, 2011(08):43-47.

[7] Jane Jacobs. The Death and Life of Great American Cities[M].New York:Vintage Books,1961.

[8] 南條道夫. 都市鉱山開発 – 包括的資源観による：リサイクルシステムの位置付け [J]. 東北大學選鑛製錬研究所彙報, 1988,(2)43:239-251.

[9] Li Jinhui. Wastes could be resources and cities could be mines[J].Waste Management & Research,2015,33(4):301-302.

[10] 朱坦, 张墨. 以"城市矿产"示范基地促资源"新生" [J]. 环境保护, 2010(21):36-38.

[11] 孙笑非, 钱易, 温宗国, 等. 我国"城市矿山"开发利用战略研究 [J]. 中国工程科学, 2017,19(04):97-102.

[12] 中国再生资源回收行业发展报告（2016）[J]. 再生资源与循环经济, 2016,9(06):15-21.

[13] 袁祥奕, 刘牡丹. "城市矿山"资源特点及资源化现状 [J]. 中国资源综合利用, 2017,35(04):70-73.

[14] 戴铁军, 王婉君. 我国工业园区循环化改造过程中的问题与建议 [J]. 再生资源与循环经济, 2016,9(03):8-12.

[15] 吴士锋, 陈兴鹏, 周宾, 等. 基于信息流导引作用的循环经济研究 [J]. 情报杂志, 2010,29(05):192-195.

加快推进生产性服务业高质量发展
——基于经济循环优化与价值链地位提升视角

程大中

复旦大学经济学院世界经济系教授、博士生导师,复旦大学经济学院学术委员会委员,中国世界经济学会常务理事

"十四五"规划提出,要畅通国民经济循环,提升产业链供应链现代化水平,实现上下游、产供销有效衔接,推动生产性服务业向专业化和价值链高端延伸,推动现代服务业同先进制造业、现代农业深度融合。本文认为,"十四五"规划的这些表述实际上突出了生产性服务在畅通和优化经济循环、提升价值链地位方面的重要作用。本文将重点从基本规律、作用机制与政策措施的角度,讨论如何通过生产性服务业的高质量、高效率发展,实现中国国民经济循环的优化和畅通,从而促进中国在全球价值链分工中的地位提升。

经济增长与结构转换中的生产性服务

经济增长是非常重要的,"一旦你开始考虑它们,就很难再考虑其他事情了"。而现代经济增长的最重要特征之一,就是快速的结构转换率。经济形态从农业经济发展到工业经济,到服务经济,再到数字经济。在这一过程中,服务业在国民经济中的比重趋于上升。在服务业内部,部门结构也在悄然变化。其中,发挥着中间品作用的生产性服务业(如金融服务、信息通信技术即ICT服务、商务服务、专业服务等)的重要性持续上升并成为整个服务业中所占比重最高的行业类别。

国民经济中的服务业包括很多部门与行业,那些为生产者提供作为中间投入的服务的部门与行业统称为生产性服务业。生产性服务业的界定基于对服务业或服务部门的功能性分类。如果服务能够像有形商品那样被区分为中间品和消费品的话,那么生产性服务无疑对应着作为中间投入品的服务,而消费性服务则是作为最终消费品的服务。

在外延上,生产性服务是指具有中间产品功能的相关服务行业。但在实际经济统计中,生产性服务业的行业划分与界定则比较复杂,因为有些(纯粹的)生产性服务业的使用主体仅仅是生产者或企业,比如审计服务。但有些(混合的)服务行业(比如交通运输服务、银行服务)既可以作为生产性服务,为生产者或企业所用(因为企业需要);也可以作为消费性服务,为个人或家庭所用(因为一般消费者也需要),只不过不同服务行业的侧重点有所不同而已(图2-1)。比如,纯粹的消费性服务业包括娱乐文化服务、医疗健康服务等。

生产性服务业的发展存在着一个规律性趋势,即由"内部化"或"非市场化"向"外部化"或"市场化"演进(图2-2)。在经济发展水平与市场化程度较低、市场交易成本较高时,生产性服务通常由企业自身来提供;随着经济的发展、市场化程度的提升以及市场交易成本的降低,经济系统中就开始涌现出专门提供诸如财会、营销、咨询、物流等服务的独立市场主体,服务需求者可以通过市场来购买所需的各类服务,而无须进行自我服务。

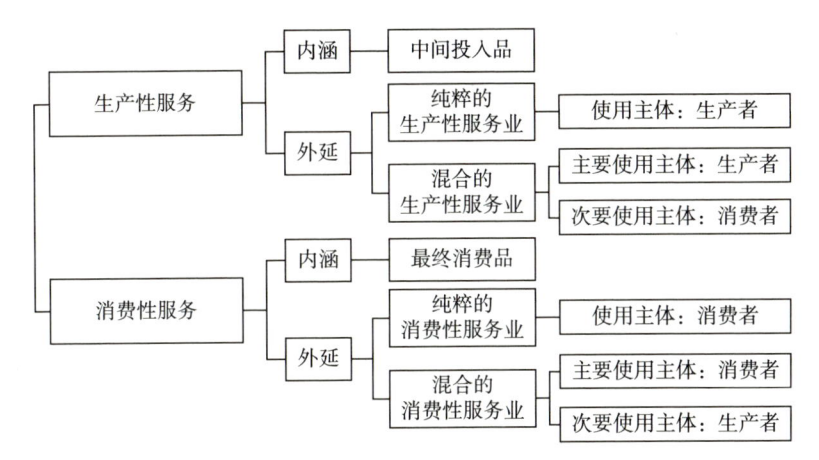

图 2-1 与消费性服务（业）比较，生产性服务（业）的含义

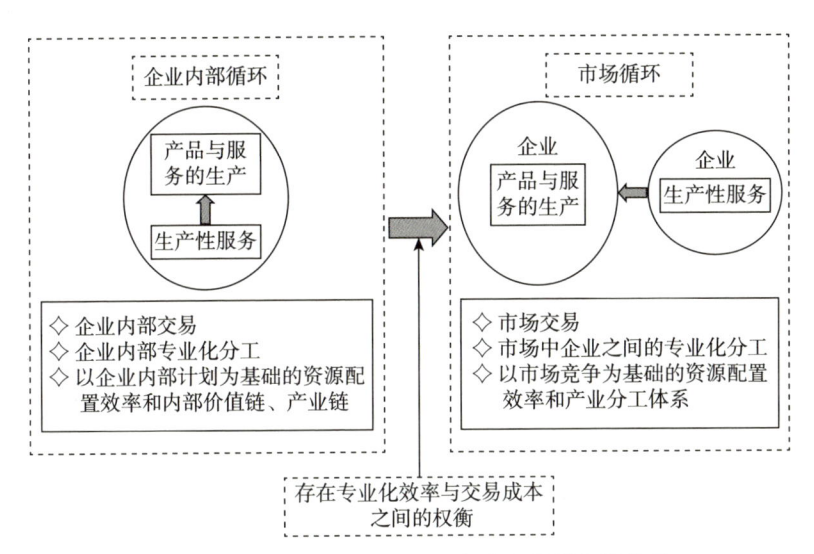

图 2-2 经济增长，分工演进与生产性服务外部化

从这一层意义上讲，生产性服务又可以分为企业内部自我提供的生产性服务与通过市场交易而获得的生产性服务。前者可以反映企业内部专业化分工以及以企业内部计划为基础的资源配置效率和内部产业链状况，后者则反映市场之中企业与企业之间的专业化分工以及以市场竞争为基础的资源配置效率和产业分工体系。生产性服务的外部化、市场化与产业化发展是专业化分工和资源配置从企业内部向市场之中的自然扩展。伴随这一

趋势，一方面企业内部的价值链和产业链得到优化、核心竞争力得以提升；另一方面企业乃至整个经济的资源配置和利用效率得以提高，产业分工与产业结构更趋合理，整体经济的创新力与竞争力随之提升。

▶ 生产性服务与国民经济循环

当生产性服务外部化成为独立的市场主体或行业时，它作为中间投入必然与其他行业以及整个国民经济发生联系。本文从三个方面分析生产性服务在国民经济循环中的作用。

生产性服务占产出的比重。特定服务部门产出的使用可以分为两部分[①]：最终使用，即被最终使用者（家庭、政府等）消耗的产出部分；中间使用，即被行业或企业用作中间投入的产出部分。我们通过计算后者在总产出中的比重，可识别一个特定服务部门或行业在多大程度上是生产性服务业。也就是说，服务业总产出中有多少是被中间使用的，即用作生产性服务。

我们采用世界投入产出数据库（WIOD）跨国投入—产出数据进行计算，[②] 结果如图 2-3 所示。总体来看，2004—2014 年，中国的服务总产出中有大约 43% 的部分是用作生产性服务的，[③] 比全球平均水平（39% 左右）高约 5 个百分点，比美国（36%）高约 7 个百分点，但低于德国的相关比重。中国的生产性服务比重在全球范围内基本上处于中等水平（在中位数 42.3% 上下）。

---

① 实际上，投入—产出表中的任何一个部门或行业（不只限于服务部门或行业）的产出均可分为最终使用和中间使用两个部分。
② 该数据时间期限为 2000—2014 年。样本经济体包括 43 个单独经济体与 1 个作为整体的"世界其余地区"（ROW）。这些样本经济体既有高收入的发达国家，如美国；也有与中国处于相似阶段的发展中国家或转型国家，如印度、巴西和俄罗斯等。
③ 在样本时期里，中国的服务产出占总产出的比重始终保持在 35% 左右，从未超过 40%，低于全球平均比重（60% 左右），也低于印度和墨西哥的水平。实际上，中国是样本经济中唯一一个在整个样本时期里始终位于第十百分位以下的经济体。另外，服务产出占总产出的比重与实际人均国内生产总值水平显著正相关，即人均收入水平越高，服务业产出比重就越高。

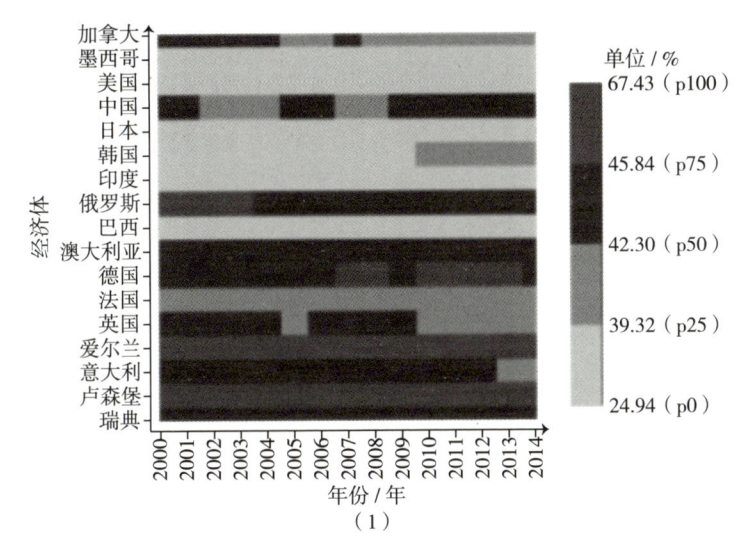

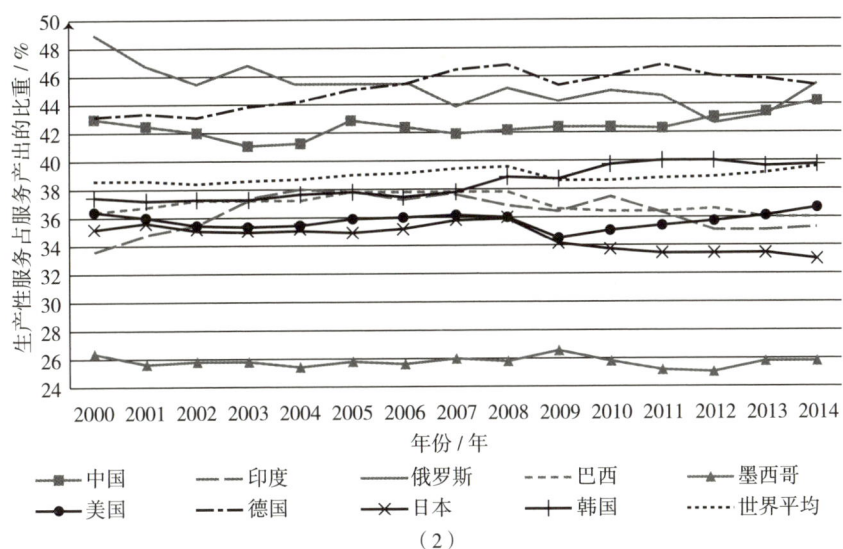

图 2-3 中国与其他经济体的比较，生产性服务占服务产出的比重

注：百分比后面括号内为样本百分位数。
资料来源：基于 WIOD 跨国投入—产出数据计算而得。

我们还可以进一步观察在不同服务行业的产出中生产性服务的占比。生产性服务占比越高，则该服务部门就越具有生产性服务的性质，反之则越具有消费性服务的性质。表 2-3 显示，中国的生产性服务占比超过50%的服务部门有15个，依次为：法律、会计、总部服务、管理咨询（96.46%），仓储及运输支持活动（94.22%），邮政及快递（89.52%），金融服务（不含保险、养老金）（88.90%），空运（85.92%），科学研究与开发（82.72%），陆运及管道运输（82.23%），水运（80.59%），其他专业性科技服务（78.86%），零售（不含机动车）（74.61%），批发（不含机动车）（74.54%），电信（66.76%），旅馆及餐饮服务（56.21%），保险、再保险及养老金（不含强制性社会保障）（56.05%），其他服务活动（55.51%）。其他7个服务部门的生产性服务占比低于50%。与美国等经济体不同的是，中国的行政管理及支持服务、计算机编程及相关活动和信息服务具有消费性服务的特征，而旅馆及餐饮服务具有生产性服务的特征（图2-4）。

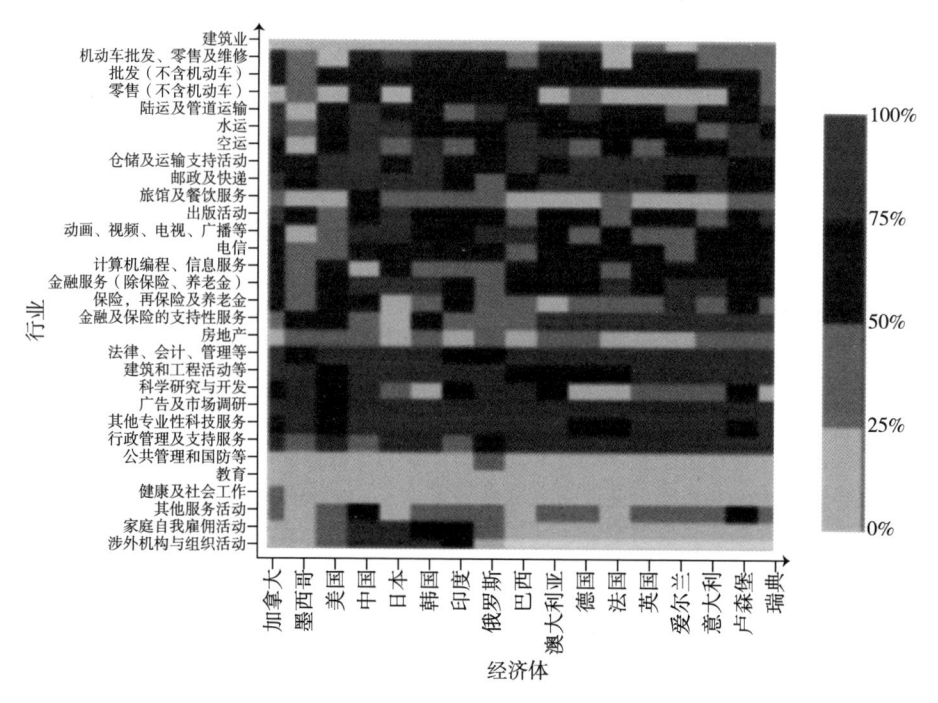

图2-4 样本经济体各服务部门的生产性服务占比

注：基于2014年的WIOD跨国投入—产出数据计算而得。

第二章 产业经济高质量发展战略格局

表2-3 与美国、印度比较，中国各服务部门的生产性服务占比

单位：%

项目	中国	美国	印度
建筑业	8.51	19.65	22.41
机动车批发、零售及维修	—	19.89	55.21
批发（不含机动车）	74.54	50.38	55.26
零售（不含机动车）	74.61	11.74	55.28
陆运及管道运输	82.23	63.79	46.56
水运	80.59	61.84	63.79
空运	85.92	50.46	43.40
仓储及运输支持活动	94.22	94.83	60.57
邮政及快递	89.52	91.83	—
旅馆及餐饮服务	56.21	22.87	40.95
出版活动	—	45.10	—
动画、视频、电视、广播等活动	—	47.15	—
电信	66.76	47.70	58.80
计算机编程及相关活动、信息服务	24.60	55.13	37.23
金融服务（不含保险、养老金）	88.90	61.56	58.93
保险、再保险及养老金（不含强制性社会保障）	56.05	52.81	63.85
金融服务及保险的支持性服务	—	65.53	—
房地产	32.16	60.64	2.01
法律、会计、总部服务、管理咨询	96.46	81.77	54.00
建筑和工程活动、技术测试和分析	—	65.83	85.13
科学研究与开发	82.72	62.69	—
广告及市场调研	—	67.37	—
其他专业性科技服务	78.86	65.94	—
行政管理及支持服务	33.29	89.81	43.03
公共管理和国防、强制性社会保障	6.18	9.55	0.00
教育	11.65	15.45	2.36
健康及社会工作	4.91	3.02	2.99
其他服务活动	55.51	27.37	2.99
家庭自我雇佣活动、服务		27.68	

注：行业对照参见WIOD跨国投入—产出数据库。"—"表示数据缺失。
资料来源：基于2014年的WIOD中国投入—产出数据计算而得。

生产性服务占投入的比重。如果说作为中间品的生产性服务占总产出的比重是用来反映国民经济中的生产性服务来源，那么作为中间品的生产性服务占总投入的比重[①]则可以反映国民经济中的生产性服务去向。

---

① 本文区分国内使用与全球使用，前者指来自本国的服务投入占来自本国的总投入的比重，后者指来自全球的服务投入占来自全球的总投入的比重。

在样本时期里，中国国民经济的生产性服务投入在总投入中的比重基本保持在30%左右，比世界平均水平低20个百分点，也低于印度、墨西哥的水平。从五大产业看（表2-4），中国与其他绝大多数经济体的共性是：服务业的生产性服务投入比重最高，其次是采掘业（在某些经济体，如爱尔兰、卢森堡，其制造业排第二位；在某些经济体，如加拿大、日本、美国，其公用事业排第二位）。所不同的是：中国五大产业的生产性服务投入比重均比其他经济体的平均水平（甚至绝大多数经济体）低。这与中国的服务业总体比重较低有关。

表2-4 样本经济体五大行业的生产性服务投入比重

单位：%

国家	服务投入来自国内					服务投入来自全球				
	农业牧渔业	采掘业	制造业	公用事业	服务业	农林牧渔业	采掘业	制造业	公用事业	服务业
澳大利亚	44.11	70.31	36.58	44.50	83.83	40.92	61.90	30.71	42.84	78.81
巴西	30.74	65.74	37.07	31.03	73.51	26.48	61.89	32.96	30.57	71.46
加拿大	46.06	65.36	41.86	74.56	81.33	39.26	52.79	28.63	64.82	72.27
中国	12.85	25.30	15.42	14.84	46.09	12.54	24.28	14.86	14.52	45.68
德国	55.74	56.61	43.36	55.88	85.16	47.73	50.46	34.28	51.52	80.88
法国	26.22	64.01	43.67	26.89	85.29	23.75	52.08	33.63	25.76	79.46
英国	35.91	55.03	36.44	20.26	84.94	31.63	46.81	28.90	20.19	80.31
印度	32.11	49.55	33.19	37.34	54.68	30.91	45.65	27.55	31.05	51.84
爱尔兰	62.66	60.18	63.20	23.86	87.92	61.41	56.68	65.87	33.79	86.91
意大利	26.73	62.07	37.65	38.61	79.29	24.38	54.67	31.82	37.30	75.40
日本	28.35	48.85	26.23	60.30	67.07	26.31	24.36	22.77	38.18	64.09
韩国	17.84	58.82	19.52	24.40	58.44	16.40	54.91	16.23	19.05	55.29
卢森堡	19.16	36.36	51.33	31.38	96.93	22.46	43.87	28.07	35.97	95.80
墨西哥	21.79	55.20	29.79	39.64	65.65	18.67	45.84	21.41	30.51	57.14
俄罗斯	37.41	51.68	35.37	43.89	62.99	33.12	48.74	32.05	42.29	59.17
瑞典	38.48	57.36	46.22	59.78	82.09	34.48	49.14	37.26	53.35	77.45
美国	30.66	52.24	32.72	54.59	80.25	28.70	49.19	28.18	48.10	77.43
世界平均	34.35	57.22	39.08	37.65	76.96	30.11	48.13	29.01	32.40	71.24

注：行业对照参见WIOD跨国投入—产出数据库。
资料来源：基于2014年的WIOD跨国投入—产出数据计算而得。

基于所有行业划分的生产性服务投入情况，尽管存在跨国差异，但几乎所有国家都有很多服务行业其服务投入占比在 75% 以上。

本文接下来分析中国五大类产业的分类服务投入。我们把不同的服务投入的来源分为国内与全球两部分。结果如表 2-5 所示。可以看出，中国农林牧渔业的分类服务投入率由高到低位于前三位的依次为：批发（不含机动车），金融服务（不含保险、养老金），陆运及管道运输。采掘业的分类服务投入率由高到低位于前三位的依次为：金融服务（不含保险、养老金），法律、会计、总部服务、管理咨询，批发（不含机动车）。制造业的分类服务投入率由高到低位于前三位的依次为：批发（不含机动车），陆运及管道运输，金融服务（不含保险、养老金）。公用事业的分类服务投入率由高到低位于前三位的依次为：金融服务（不含保险、养老金），批发（不含机动车），陆运及管道运输。服务业的分类服务投入率由高到低位于前三位的依次为：金融服务（不含保险、养老金），法律、会计、总部服务、管理咨询，批发（不含机动车）。由此可见，对于这五大类产业而言，金融服务（不含保险、养老金），法律、会计、总部服务、管理咨询，批发（不含机动车），陆运及管道运输等四类分项服务投入都是最为重要的。

表 2-5 中国五大类产业的分类服务投入

单位：%

项目	服务投入来自国内					服务投入来自全球				
	农业牧渔业	采掘业	制造业	公用事业	服务业	农林牧渔业	采掘业	制造业	公用事业	服务业
建筑业	0.04	0.72	0.26	0.95	3.29	0.04	0.70	0.25	0.92	3.20
批发（不含机动车）	3.94	3.35	4.64	1.93	5.27	3.82	3.31	4.45	2.01	5.12
零售（不含机动车）	0.81	0.69	0.96	0.40	1.09	0.79	0.66	0.92	0.39	1.07
陆运及管道运输	1.58	3.14	2.06	1.35	3.08	1.56	3.11	1.98	1.45	3.01
水运	0.38	0.93	0.42	0.40	0.62	0.38	0.89	0.41	0.39	0.62
空运	0.04	0.08	0.11	0.07	0.70	0.06	0.12	0.17	0.10	1.08
仓储及运输支持活动	0.64	0.55	0.53	0.15	1.40	0.62	0.51	0.49	0.14	1.35

续表

项目	服务投入来自国内					服务投入来自全球				
	农业牧渔业	采掘业	制造业	公用事业	服务业	农林牧渔业	采掘业	制造业	公用事业	服务业
邮政及快递	0.12	0.10	0.03	0.02	0.36	0.12	0.09	0.03	0.02	0.35
旅馆及餐饮服务	0.35	1.13	0.64	0.55	3.33	0.37	1.10	0.62	0.54	3.36
电信	0.33	0.33	0.18	0.37	3.12	0.32	0.31	0.17	0.34	3.03
计算机编程及相关活动、信息服务	0.00	0.11	0.09	0.22	0.30	0.00	0.11	0.09	0.22	0.31
金融服务（不含保险、养老金）	2.29	5.67	1.99	5.67	5.85	2.20	5.22	1.85	5.27	5.64
保险、再保险及养老金（不含强制性社会保障）	0.18	0.54	0.10	0.24	0.83	0.18	0.52	0.10	0.24	0.83
房地产	0.00	0.05	0.06	0.06	3.53	0.00	0.04	0.06	0.05	3.39
法律、会计、总部服务、管理咨询	0.08	3.50	1.43	0.51	5.51	0.08	3.44	1.42	0.55	5.59
科学研究与开发	0.08	0.66	0.40	0.12	0.29	0.08	0.62	0.38	0.11	0.29
其他专业性科技服务	1.32	1.50	0.59	0.44	2.37	1.26	1.38	0.55	0.41	2.27
行政管理及支持服务	0.01	0.13	0.04	0.05	0.39	0.02	0.15	0.04	0.05	0.44
公共管理和国防、强制性社会保障	0.15	0.13	0.12	0.06	0.50	0.15	0.14	0.12	0.07	0.49
教育	0.07	0.23	0.06	0.10	0.99	0.07	0.22	0.06	0.10	0.97
健康及社会工作	0.10	0.17	0.07	0.10	0.26	0.10	0.16	0.07	0.09	0.26
其他服务活动	0.34	1.58	0.68	1.09	3.00	0.33	1.48	0.65	1.03	2.99
合计	12.85	25.30	15.42	14.84	46.09	12.54	24.28	14.86	14.52	45.68

注：行业对照参见 WIOD 跨国投入—产出数据库。

资料来源：基于2014年的 WIOD 跨国投入—产出数据计算而得。

此外，不同分项服务投入对于不同行业的重要性也不尽相同，比如金融服务（不含保险、养老金）对五大类产业的投入比重由高到低依次为：服务业、采掘业、公用事业、农林牧渔业、制造业。这意味着，各类服务部门的发展经由生产性服务投入而对相关产业的影响不同；服务业内部结构的调整无疑将对各类产业产生不同程度的影响。

基于产业关联的分析。一个行业或部门（包括服务业）的产出增加会通过以下两种方式影响整个经济体系：(1)增加了对其他行业或部门("上游")产品或服务投入的需求或购买，这称为后向关联；(2)增加了对其他行业或部门("下游")的供给或销售，这称为前向关联。①

中国各服务行业如果以标准化的直接后向关联衡量，那么系数大于1的行业有13个，即建筑业（1.55），水运（1.18），空运（1.46），仓储及运输支持活动（1.25），旅馆及餐饮服务（1.26），计算机编程及相关活动、信息服务（1.24），保险、再保险及养老金（不含强制性社会保障）(1.28)，法律、会计、总部服务、管理咨询（1.33），科学研究与开发（1.14），其他专业性科技服务（1.11），行政管理及支持服务（1.09），健康及社会工作（1.32），其他服务活动（1.09）。其他行业的系数均小于1。如果以标准化的总后向关联衡量，那么系数大于1的行业有16个，即建筑业（1.61），陆运及管道运输（1.13），水运（1.25），空运（1.49），仓储及运输支持活动（1.27），邮政及快递（1.07），旅馆及餐饮服务（1.23），计算机编程及相关活动、信息服务（1.26），保险、再保险及养老金（不含强制性社会保障）(1.13)，法律、会计、总部服务、管理咨询（1.38），科学研究与开发

---

① 关于后向关联的测算（基于 Leontief 模型）有两组指标：(1) 直接后向关联（direct backward linkage），表示行业 j 的生产中需要其他行业的直接投入，即求直接投入系数矩阵（direct input coefficient）A 的第 j 列的总和。标准化处理是求行业 j 的直接后向关联与所有直接后向关联的简单平均值之比。(2) 总后向关联（total backward linkage），表示行业 j 的生产中需要其他行业的总投入（直接投入加上间接投入）(直接后向关联加上间接后向关联)，即求 Leontief 逆矩阵或总需求矩阵（total requirements matrix）L 的第 j 列的总和。可以进行标准化处理，即求行业 j 的总后向关联与所有总后向关联的简单平均值之比。对于前向关联的测算（基于 Ghosh 模型）也有两组指标：(1) 直接前向关联（direct forward linkage），即表示行业 i 的产品在其他行业的直接销售，即求产出系数矩阵（output coefficient matrix）B 的第 i 行的总和。可以进行标准化处理，即求行业 i 的直接前向关联与所有直接前向关联的简单平均值之比。(2) 总前向关联（total forward linkage）即表示行业 i 的产品对其他行业的总销售（直接销售加上间接销售）(直接前向关联加上间接前向关联)，即求 Ghosh 逆矩阵 G 的第 i 行的总和。可以进行标准化处理，即求行业 i 的总前向关联与所有总前向关联的简单平均值之比。限于篇幅，这里不再介绍具体的计算公式，可参见 Miller, Ronald and Peter Blair, Input-output Analysis: Foundations and Extensions, Cambridge University Press, 2009。

（1.27），其他专业性科技服务（1.23），行政管理及支持服务（1.17），公共管理和国防、强制性社会保障（1.04），健康及社会工作（1.34），其他服务活动（1.19）。其他行业的系数均小于1。

如果以标准化的直接前向关联衡量，那么系数大于1的行业有12个，即批发（不含机动车）(1.23)，零售（不含机动车）(1.23)，陆运及管道运输（1.35），水运（1.33），空运（1.42），仓储及运输支持活动（1.55），邮政及快递（1.47），电信（1.10），金融服务（不含保险、养老金）(1.46)，法律、会计、总部服务、管理咨询（1.59），科学研究与开发（1.36），其他专业性科技服务（1.30）。其他行业的系数均小于1。如果以标准化的总前向关联衡量，那么系数大于1的行业有14个，即批发（不含机动车）(1.29)，零售（不含机动车）(1.28)，陆运及管道运输（1.41），水运（1.49），空运（1.28），仓储及运输支持活动（1.65），邮政及快递（1.29），旅馆及餐饮服务（1.03），金融服务（不含保险、养老金）(1.52)，保险、再保险及养老金（不含强制性社会保障）(1.12)，法律、会计、总部服务、管理咨询（1.63），科学研究与开发（1.44），其他专业性科技服务（1.18），其他服务活动（1.02）。其他行业的系数均小于1。

结合标准化关联系数，我们可以将中国的服务行业分为四类。前向关联系数越大，意味着该行业（作为上游行业）对其他行业（作为下游行业）的影响力就越大，这些服务行业更有可能作为其他行业的服务性投入（生产性服务）。后向关联系数越大，意味着该行业（作为下游行业）受到其他行业（作为上游行业）的影响就越大，这些服务行业更有可能使用其他行业的投入（包括生产性服务投入）。如表2-6所示，前向关联系数大于1的、具有显著的生产性服务功能的行业有15个。但是，这些年来一直备受关注的房地产行业的前向关联与后向关联系数都很低。

表 2-6 基于标准化关联系数的中国服务业分类

		标准化后向关联（BL）	
		直接关联（BL_d）>1 总关联（BL_t）>1	直接关联（BL_d）<1 总关联（BL_t）<1
标准化前向关联（FL）	直接关联（FL_d）>1 总关联（FL_t）>1	11个：陆运及管道运输，水运，空运，仓储及运输支持活动，邮政及快递，旅馆及餐饮服务，保险、再保险及养老金（不含强制性社会保障），法律、会计、总部服务、管理咨询，科学研究与开发，其他专业性科技服务，其他服务活动	4个：批发（不含机动车），零售（不含机动车），电信，金融服务（不含保险、养老金）
	直接关联（BL_d）<1 总关联（BL_t）<1	6个：建筑业，计算机编程及相关活动、信息服务，行政管理及支持服务，公共管理和国防、强制性社会保障，教育，健康及社会工作	1个：房地产

注：直接关联与总关联的组合中只需要一个条件满足即可。
资料来源：基于2014年的WIOD跨国投入—产出数据计算而得。

最后，如果比较中国的服务行业与非服务行业，我们可以发现，总体上，制造业的（标准化）前向与后向关联系数都比服务业大。相当一部分制造行业（比如焦炭及炼油，化工及化学制品，橡胶及塑料产品，基本金属等）的前向与后向关联系数都在1.5以上，具有较强的产业关联性。动态地看，相对于中国"入世"前的2000年，在47个行业（服务行业22个）中，直接后向关联系数上升的行业有29个，其中服务行业11个，也即有50%的服务行业是下降的。总后向关联系数上升的行业有32个，其中服务行业11个，也即仍有50%的服务行业是下降的。直接前向关联系数上升的行业有16个，其中服务行业8个，即有50%的服务行业是下降的。总前向关联系数上升的行业有23个，其中服务行业9个，即有超过50%的服务行业是下降的。特别是，批发零售贸易、运输仓储、计算机编程及相关活动和信息服务的产业关联系数趋于下降，而法律会计及总部服务和管理咨询、科学研究与开发、其他专业性科技服务的产业关联系数趋于上升。但平均而言，前向和后向关联系数趋于下降的服务行业个数要多于其他行业。

生产性服务与全球价值链分工

生产性服务业的发展不仅反映其自身专业化分工的广度（服务门类或种类）与深度（服务质量与效率），还反映出与其他产业之间的分工水平。尽管农业、制造业与服务业的发展都需要生产性服务业，但在工业化阶段，生产性服务业的主要服务对象是制造业，同时，工业化阶段也是分工迅速深化的阶段。

在微观层面，当前现代大工业生产的福特主义渐趋瓦解，信息技术革命引发的温特尔主义悄然兴起。企业的生产模式与业务流程正发生巨大变化，从大规模生产到定制生产，再到大规模定制，生产环节与业务单元的模块化与外包趋势逐渐增强。

微观层面的变革引发中观层面新的产业分工的形成。新的产业分工不同于传统的"水平分工"和"垂直分工"，而是以"微笑曲线"为代表的价值链分工模式，这在信息技术制造业领域表现得尤为明显。"微笑曲线"的两端即生产的上下游阶段，是以研发、销售、物流、售后服务等为主要内容的生产性服务，这些阶段的附加值较高。"微笑曲线"的底部即生产的中游阶段，主要是制造、加工或组装过程，这一阶段的利润空间较小。

生产性服务在这一价值链分工的作用，不仅体现在其自身作为利润源泉的价值，更体现在其作为各个专业化生产环节的纽带而产生的"黏合剂"功能。通过生产性服务业这一纽带，制造业逐渐"服务化"，服务业逐渐"机械化、自动化"，两大产业相互融合、互动发展。在这一趋势下，经济效率越来越取决于在不同生产活动之间建立起来的相互联系，而不仅仅取决于生产活动本身的生产率状况。

在全球层面上，经济全球化具体表现为生产、贸易、投资等方面的全球化，其背后作用机制是国际分工的深化与细化。这一分工演化表现为逐渐由产业间分工演进到产业内分工，再到价值链分工。在价值链分工背景下，如何协调与联结价值链分工导致的高度分散化的生产活动与无国界的复杂生产网络？生产性服务就是关键。像运输与物流、金融、信息、分销、专业服务等生产性服务不仅在全球产业链和价值链分工中起到"黏合剂"的作用,而且其本身也是全球增加值贸易的重要组成部分。

根据联合国贸易和发展会议(UNCTAD)的统计,全球约60%的贸易为中间品贸易(包括有形产品与服务),这些中间产品和服务(即生产性服务)在不同阶段被纳入创造最终消费的产品和服务的生产过程;尽管《全球价值链:促进发展的投资与贸易》的收支平衡统计结果显示,净出口中服务业仅占20%左右的份额,但出口增加值中几乎有一半(46%)是由服务部门的活动贡献的,这是因为大部分出口制造品在生产过程中都需要投入服务(即作为中间投入的生产性服务)。另外,全球60%以上的国际直接投资(FDI)都流向了服务业,而在服务业中又有60%以上的国际直接投资流向了主要承担生产性服务功能的服务行业。

由于生产性服务大多位于微笑曲线的两端,比如研发服务、售后服务等,而一国及其产业要从全球价值链低端迈向中高端,就是如何能从微笑曲线的中间位置(主要是加工装配)向两端位置延伸。因此,在这一延伸过程中,生产性服务(业)所占比重以及竞争力将趋于上升。更为重要的是,这一转型的实现有赖于生产性服务(业)与其他行业(如制造业、农业等)的协同发展。美、欧、日等主要发达经济体之所以位于全球价值链的高端,主要就是因为它们已经形成了"高端生产性服务⟵⟶高端产品与服务的生产(如高端制造业和农业)"的良性协同机制。而低端分工环节(低端加工装配与服务)主要集中于发展中经济体与转型经济体。

在这样的全球产业链、价值链与创新链分工格局中,美国等发达经济体处于主导地位,占据这些链条的高端以及生产性服务市场的高端,而中国要么被排斥在这种分工格局以及"高端生产性服务⟵⟶高端生产"的市场循环之外,要么处于这些链条的低端及"低端生产性服务⟵⟶低端生产"的市场循环之中(图2-5)。

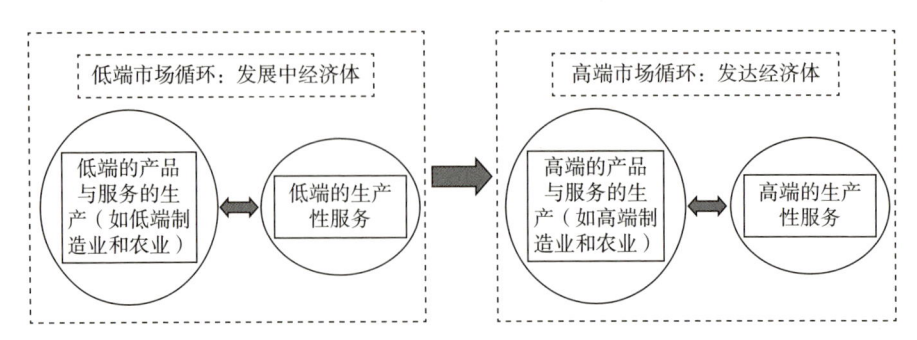

```
┌─────────────────────────────────┐   ┌─────────────────────────────────┐
│ 低端市场循环：发展中经济体      │   │ 高端市场循环：发达经济体        │
│                                 │   │                                 │
│  ╱低端的产品╲    ╱       ╲      │──▶│  ╱高端的产品╲    ╱       ╲      │
│ │ 与服务的生 │◀▶│低端的生产│    │   │ │ 与服务的生 │◀▶│高端的生产│    │
│ │ 产（如低端制│  │性服务   │    │   │ │ 产（如高端制│  │性服务   │    │
│ │ 造业和农业）│  ╲       ╱      │   │ │ 造业和农业）│  ╲       ╱      │
│  ╲         ╱                    │   │  ╲         ╱                    │
└─────────────────────────────────┘   └─────────────────────────────────┘
```

图 2-5　全球价值链分工中的生产性服务：从低端循环到高端循环

而且，随着科技革命与产业创新推动的世界产业结构与经济结构的演变，跨国微笑曲线的全球价值链分工不断趋于广化、深化与陡化，每个分工环节的爬升越来越难，从而使后进国家及其产业或企业的进入成本不降反升。

▶ **政策思考**

充当中间品的生产性服务关乎服务行业乃至整个国民经济的有效运行。没有生产性服务的提质增效，就不可能实现国民经济循环的优化与价值链地位的提升。如何实现生产性服务的提质增效？本文认为，相关的政策着眼点需要从以下四个方面进行思考。

打破行政性垄断，促进生产性服务业的市场竞争。生产性服务业，如金融、电信、运输等，大多处于产业链和价值链的上游，这些行业不仅存在行政性垄断，也存在市场垄断。两种垄断并存极大地扭曲了资源配置，抑制、破坏了市场竞争，降低了生产效率。因此，首先需要打破行政性垄断，放宽准入领域，建立公开、平等、规范的行业准入制度。

降低交易成本，充分发挥生产性服务业的黏合剂作用。从经济学理论上讲，作为商品与其他服务生产过程的中间投入的生产性服务，其外部化或市场化程度取决于专业化经济—互补经济与交易成本之间的权衡只要有专业化经济、最终产品或服务生产中的中间产品互补经济以及交易成本，就需要权衡取舍。复杂的中间投入种类越多，生产力就越高，但与此相应地交易次数和相关成本也越多。相关政策的着眼点应该是降低交易成本，从而更好地深化生产性服务业的专业化分工，发挥好其黏合剂作用。

顺应全球服务自由化趋势，推动生产性服务业的对外开放。在全球价值链分工背景下，经由开放与竞争而获得多样化、高效率的生产性服务将有助于提升生产性服务使用者（比如最终产品或行业）的生产率。换言之，如果没有生产性服务领域的改革开放，仅靠生产性服务使用者，比如制造业和农业领域的改革开放，无法有效而最大限度地促进产业协同、增进双重（即生产性服务的数量与质量、生产性服务的提供者与使用者）经济绩效，也就无法真正促进价值链地位的提升。这对中国一直推进的金融服务等领域的改革开放具有一定的启示作用。

鼓励服务创新，促进生产性服务业与其他产业有效融合。通常认为，创新最活跃的领域主要是制造业，服务业大多难以创新；服务业相对于制造业缺乏创新，因而难以成为经济增长的引擎。没有创新，经济增长就缺乏持久动力。但国际上服务业比较发达的经济体的经验表明，需要重视服务领域的人才和科技支撑、组织创新和管理创新，夯实服务经济的微观基础以及推动微观企业（主要是制造业企业）的服务化进程；依托高新技术、推进技术创新，实现传统服务业的现代化。而依托现代经营方式和组织形式、推进管理创新和组织创新，是实现服务业现代化的组织与管理条件。

参考文献

［1］Lucas Robert E. On the mechanics of economic development[J]. Journal of Monetary Economics,1988,22(1):3–42.

［2］Simon Kuznets. Modern Economic Growth: Findings and Reflections[J].The American Economic Review,1973,63(3):247–258.

[3] Greenfield Harry. Manpower and the Growth of Producer Services[M].New York: Columbia University Press,1966.

[4] Browning Harley, Joachim Singelmann. The Emergence of a Service Society: Demographic and Sociological Aspects of the Sectoral Transformation of the Labor Force in the USA[M]. Springfield,VA: National Technical Information Service,1975.

[5] Grubel Herbert, Michael Walker. Service Industry Growth: Cause and Effects[M].Montreal: Fraser Institute,1989.

[6] Dazhong Cheng, Peter W. Daniels. What's So Special about China's Producer Services? An Input－output Analysis[J]. China & World Economy,2014,22(1):103-120.

[7] Riddle Dorothy. Service-led Growth: The Role of the Service Sector in the World Development[M]. New York: Praeger Publishers,1986.

[8] 程大中.论服务业在国民经济中的"黏合剂"作用[J]. 财贸经济,2004(02):68-73.

[9] R. Jones and A. Krueger. The Political Economy of International Trade[M].Oxford: Basil Blackwell,2015.

[10] UNCTAD. Global Value Chains: Investment and Trade for Development[R].World Investment Report.New York and Geneva,2013.

[11] UNCTAD. The Shift Towards Services[R].World Investment Report. New York and Geneva,2004.

[12] WTO. The Future of Services Trade[R]. Geneva,2019.

[13] Dazhong Cheng,Zhiguo Xiao. Producer Services and Productivity: A Global Value Chain Perspective[J].Review of Income and Wealth,2020,67(2):418-444.

以高质量绿色发展助力国内"大循环"主体格局

谢家平

上海财经大学商学院二级教授、讲席教授、博士生导师

国内市场大循环首先要完成产业大体量的供给与需求的有效对接。但改革开放以来的"大进大出、两头在外"产业格局,加上重要原材料工业高比例的国有资本钝化了对市场需求的敏感性,造成供需对接能力不足,形成市场大循环的多重阻滞:代工模式阻断了全球价值链攀升路径;关键技术缺失导致供应链被管控;对市场信息敏感性缺失造成产能过剩与不足并存。如果过度依赖国际市场同时又缺乏应对市场变化的能力,在疫情与贸易新规的冲击下,国内经济必然将遭到重创。

为提高经济的韧性,党和政府制定了一系列战略规划,指导产业的高质量绿色发展:由"两头在外"转向"两头向内";用"去产能"和"补短板"的供给侧结构性改革,解决产能过剩与不足并存问题;创新体制机制改革,强化产业对市场需求的敏感性,提高产业供给与需求的对接能力。而所有战略指向的落脚点,都可以归结到用创新和环境规制驱动产业的绿

色发展，也就是产业高质量绿色发展。用经济学术语来表达，就是提高绿色全要素生产率。但在具体执行过程中，却因扭曲理解而导致片面执行的问题，造成产业价值链被低端锁定、产业链断裂、供应链被管控等问题，对国内大循环的顺畅运行形成阻滞。为此，引导社会各界全面正确理解产业高质量绿色发展的本质问题，找到问题节点，抓住关键要点，对畅通国内大循环至关重要。

而本质问题和关键要点，就是创新现有的体制机制，实现产业高质量绿色发展，即培育产业供给方敏锐捕捉需求的能力；加强地区合作，聚合地区比较优势；提高成果转化，从而实现创新驱动产业商业价值提升。唯有如此，才能构建本土市场大循环的主体格局并推动大循环顺畅运行。

▶ 提高产业绿色发展质量才能顺利构建国内大循环的主体格局

国内需求升级而产业供需对接能力不足。改革开放以来所释放的制度红利，配合以传统要素介入全球分工体系所表现出的禀赋优势，让我国经济维持了40余年的高增长，已经建成全球最完整的产业体系。目前，我国经济总量已占全球的17%，并且可能已经成为全球最大的消费品零售市场。在国内人口结构分层化和区域梯度发展的推动下，相对公平的分配在收入增加的同时，也加剧了消费和投资市场在高、中、低端的规模迅速扩张。同时，悠久的历史文化积淀，也让市场不断呈现出具有文化蕴含的异质化趋势。上述诸多因素的共同作用，使国内需求日益转向品牌崇尚、品质追求和绿色倡导，形成了丰富多样、层级鲜明、体量巨大的内需市场。

但产业供给端的种种问题却导致有效供给不足，无效供给过剩，对接内需市场能力不足。入世后，以"贴牌"和"三来"为主的代工模式迅速展开，形成了"大进大出、两头在外"的产业发展模式。这不仅抑制了本土产业创新和行销能力，也让产业处于全球价值链低端位势。体制机制不顺造成基础性产业对市场需求的不敏感，使本土产业供给无力对接需求的变化，以至于产能过剩与不足并存，无法满足供需长期趋向平衡的前提条件，自然不能在短期内构建成国内大循环的主体格局。2019年公布的产能过剩行业，基础性的原材料行业均列入其中。这些行业总量规模庞大，却有小、散、乱的空间分散分布特征，要素效率低且排放高，让原本逐步出现、可分阶段解决的环境问题，表现出了加速出现、集中产生的"复合型"和"压缩型"特征。

与产能过剩相对立的，是中国本土消费市场与本土消费需求相比，存在严重的供给不足。源于海外的高端市场与高新技术，无法提升本土产业对"品牌崇尚"的需求；也因技术低端而使"品质追求"无从满足；产业的高排放和高耗能也让环境不堪重负，"绿色倡导"难以实现。体量巨大的国内市场消费需求，却只能从国外市场得到满足。中国早在十年前就已经成为全球最大的奢侈品消费国。相关数据显示，自2017年以来，全球奢侈品中约有三分之一为国人在境内外消费，中国游客出境游消费额约占全年人均消费支出总额的14%，以后几年的复合增长率预计将达到15%，且连续多年保持境外消费第一。[1] 例如，尽管我国是家电生产大国，但日韩的电子产品依然令国人趋之若鹜。而拥有全球化高知名度品牌和高质量认同的产品生产国，基本都集中在欧美日韩等国。

产业供给未能对接需求升级不仅表现在最终消费品上，还表现在大量中间品上。受疫情和贸易新规的冲击，使产业在关键技术领域被"卡脖子"、关键零部件的国际采购受阻。产业供给端技术受制于人，成为制约我国产业高质量发展的主要障碍。未来，只有从提高产业供需对接程度来实现产业高质量绿色发展，才能以此启动和培育内需市场，从而构建国内大循环的主体格局。

战略布局增强供需对接实现国内大循环。由于存在上述的种种问题，我国持续出台了各类指导产业供给对接国内市场需求的文件，并基于准确

---

[1] 相关数据来源：麦肯锡《中国奢侈品报告2019》《2019年中国出境游行业市场需求即未来发展前景分析》和根据中国统计年鉴2017年的相关数据计算而得，https://www.chyxx.com/industry/201904/727173.html。

把握产业发展中至关重要的节点问题制定了精准改革方案。早在2007年，党的十七大就提出"创新发展理念"。该理念的实施配合了多种技术创新的激励政策措施，短短几年就取得了世人瞩目的成绩。党的十八大提出："以科学发展为主题，以加快转变经济发展方式为主线，是关系我国发展全局的战略抉择。"之后，中央财经领导小组全面诊断了产业发展中的关键问题，设计了供给侧结构性改革的精准方案，并提出淘汰落后产能、升级传统产业和支持新兴产业的具体措施，同时配合以制度降低成本和补足内需不足的关键性短板等措施，使产能利用率迅速回升，产业呈现出高效率、低排放的高质量绿色发展趋势。

在各类改革方案有效实施的基础上，党的十九大顺势提出"经济高质量发展"，并首次用"全要素生产率"这一经济学术语进行解读，同时不断提高着产业排放标准。党的十七大以来所有提升产业素质、提高经济质量的决策思想，以及2020年习近平总书记反复提及的"构建以国内大循环为主体、国内国际双循环相互促进的新发展格局"一脉相承，共同推动着体量巨大的产业供给与不断扩张和升级的市场需求相对接，为构建国内大循环发展主体新格局创造了制度条件。

构建国内大循环的落脚点是产业高质量发展。党的十九大首次用"全要素生产率"解释产业发展质量，正是从资源稀缺性这一本质出发的。产业核算出的所有要素投入对有效产出贡献后的余值，即为产业的"全要素生产率"。考虑到可核算的投入均为可见、可计量的劳动、资本等要素，而如果除此之外还有某些不可见、不可计量的内容也对有效产出作出了贡献，那么，这些内容就必然是软的技术、知识、管理、制度等具有技术进步性质的内容。这些内容不消耗实体性资源，因而其对有效产出的贡献越大，说明实体性资源消耗越少，就越有利于节约自然资源和劳动，降低排放，而这正是产业高质量绿色发展的现实场景。

原本是经济学领域的概念要变成公众皆知的常识，理解上需要特别关注两个关键点。第一，全要素。除了公众能直观想到的，投入有劳动和资本要素以外，通常还要考虑环境要素。这是由于公众不断提高的对清洁环境需求导致环境稀缺性日益凸显，排放作为对环境容量的消费而被要求付费，由此被归类到投入要素之列。为了更好体现环境容量变成要素投入内容，通常会以"绿色全要素生产率"来全面表达发展质量，也就是产业高质量绿色发展。第二，有效产出。有效，即强调产出被市场接受，接受程度越高，产出的有效性也越高；被市场所淘汰的产出无法形成商业价值，也就不应计入全要素生产率之内。因此，只有通过提高产业供给与市场需求的对接程度，才能把投入要素转化成市场接受的产品，产业价值才能得到确认。

可见，国内的产业高质量绿色发展，或者产业的绿色全要素生产率提高所表现出的场景就是：产业排放不断降低，环境质量持续改善；产业具有相当的柔性和韧性，能针对国内需求的分层变化和升级方向作出适时调整。这样才能在国内发展出体量巨大的产业，才能动态柔性地对接体量同样巨大的市场需求，产业高收益得到了保障，有效产出就会维持在高位。在保障社会分配公平的制度下，具有公平性的收入不断提高，有利于形成储蓄和消费能力，如此就构建出了国内投资和需求大市场，以国内大循环为主体的新发展格局。

▶ 推动产业高质量绿色发展的关注点错位，难以顺畅国内大循环

在创新驱动发展、转变经济发展方式和经济高质量发展的战略实施有效推进了国内大循环主体格局的构建。但各级政府和社会各界存在对战略理解的错位，在战略实施中存在"有创新、无驱动"、对产业排放的环境管理扭曲造成"环境有绿色、产业无发展"、对国内市场的培育偏离了比较优势造成"只认大循环、脱离双循环"的局面。这些做法扭曲了战略意图，背离了战略目标，最终无法推进产业迈向高质量的绿色发展，国内大循环的主体格局也无从构建。

创新驱动发展战略实施的创新激励错位。创新驱动发展表现在产业领域，就是推动产业规模扩张和效率提高的主要动力来自创新。社会各界对创新最普遍的理解，就是强化 R&D[①] 活动。为此，增加 R&D 投入的呼声不断增高；对科技成果的激励也不断强化。在呼声和激励的多重作用下，中国产业的"创新"短短几年就在"量"上实现了重要突破：从 2013 年至今，都保持着世界第二的 R&D 经费投入、第一的研发人员工时投入，产出了世界第二的科技论文总量和被引量、第三的发明专利申请量和授权量。[②]

但科研论文和科学专利等创新成果，仅仅是驱动发展潜在的动力；如果不能转化为商业利益，就等于创新没能驱动发展。根据国家知识产权局发布的《2019 年中国专利调查报告》，我国有效发明专利成果的商业转化率仅为 32.9%；其中高校的转化率更是低到只有 4.5%。这都远低于发达国家 70%～80% 的转化率。我国"世界级"的研发投入并未带来"世界级"创新产出所应有的经济效益。转化率低不仅浪费了生产成果的前期投入，整体拉低了科技资源配置效率，也严重阻碍了"创新驱动发展"国家战略的实施。

在成果转化问题上，中国面临"五高四低三缺失"的窘境：经费投入高、人员工时高、专利数量高、专利维护费用高和专利失效比率高的"五高"；专利成果质量低、专利成果转化率低、专利转化收益率低和专利管理水平低的"四低"；专利专业化运营缺失、专利市场信用缺失和专利商业转化机制缺失的"三缺失"。可见，盲目重视研发投入，依赖投入规模扩大来提升科技成果产出，忽视成果的有效商业转化能力，势必造成新一轮的科创资源浪费。因而，寻求提高成果转化的有效途径与方法，真正实现用创新驱动产业规模扩张和素质提高，才能实现创新驱动产业的高质量绿色发展。

限制产业排放的环境规制工具使用不当。在中国产业规模迅速扩张的同时，也造成了越来越严重的环境污染。为此，政府积极出台环境政策，

---

① R&D 指科学研究与试验发展（Research and Development）。——编者注
② 相关资料来源于国家统计局、科学技术部和财政部联合发布的《2018 年全国科技经费投入统计公报》。

不断提高排放标准。尽管排放得到了一定的控制，但排放总量依然庞大，中国在世界环境绩效指数排名中持续偏后。产业运行造成的污染仍然严重威胁着居民健康和生态环境。

"转变经济发展方式"下，各地各级政府改善环境的压力巨大，不断出台多种形式的环境政策，政策工具也日趋多样化，但污染控制依然不能让人满意。急功近利的心态让环境标准更新过快、执行期过短，以至于企业为达标排放而更新的装备，在正常运行周期还远未结束之前，政府又提高了排放标准。这导致很多产业的固定资产服务年限严重不足，致使环境有"绿色"而产业无"发展"。

此外，环境综合治理缺乏地区合作。环境的空间转移效应，让"生态优先"无法实现，导致下游的环境治理成果被上游的排放所抵消。而地方政府还经常采用产业进入规制来代替环境规制。如2017—2018年，江苏省为了保护省内的水体环境，规定禁止生猪养殖行业进入，尽管可能产生了环境效益，但产业却受到严重抑制。在影响到居民正常生活需求之后，江苏省不得已又放开生猪养殖市场。治理手段的反复变化，导致"绿色"与"发展"无法兼顾。

可见，环境污染的流域空间转移特征，单个地区的排放标准提高，并不能必然保障本地环境质量向好。因此，对排放治理不仅要加强地区合作，还要在合作过程中掌握有关排放及环境容量等信息，在此基础上制定合理的环境目标来约束产业准入，并在这种约束下提高产业高质量绿色发展能力。

对国内大循环为主、国内国际双循环为补的理解扭曲。近年来，各国贸易新规不断出现、全球重大公共卫生安全危机不断割裂国家和地区之间的产业联系；部分发达国家为了应对本国产业空洞化，纷纷制定"低端回流、高端重塑"的战略举措；等等。这让国内一些人士相信，国内产业体量庞大，是能够独立于全球、实现本土自身大循环的。由贸易新规和重大安全危机所引发的产业链断裂、供应链受制于人的局面，是能够通过本土自身的产业大循环得以解决的。

但这种观点显然是错误的。重要的理由是本土的产业链已经深度植入到了全球产业链之中，本土价值链也全面嵌入到了全球价值链的各个领域。更重要的是，贸易规则的变化和全球重大公共安全危机的影响具有短期性和局部特征。即使一些国家存在逆全球化的做法，也无法改变经济全球化的总体趋势。此外，中国40年来的高速增长，受益于改革开放为本土产业发展提供的"两个市场、两种资源"，未来产业实现绿色化高质量发展，依然离不开国际市场。只有实现国内国际双循环相互促进的互动，才能有效提高产业的技术学习能力，同时也为本土产业技术扩散提供广泛的市场，国内大循环的主体地位也才能真正确立。

因此，通过完善区域产业分工及国际分工体系，创新我国产业高质量绿色发展的体制机制，寻求全面提升产业价值链、完善产业创新链、重构国际供应链的对策措施，以此构建国内大循环的主体格局和以国内国际双循环相互促进为补充与辅助格局，新发展格局在产业领域才能够得以实现。

▶ 以产业高质量绿色发展畅通国内大循环主体格局的对策

畅通国内市场大循环需要准确认识目前国内产业供需对接的现状，同时准确理解政府精准提升产业质量、实现绿色发展的战略定位，如此才能推动产业实现高质量的绿色发展，也才能构建成国内市场大循环的主体格局。

以需求为导向提高产业的供需对接能力。产业高质量绿色发展内涵了低投入、低排放和高有效产出。如果有效产出的体量足够大，那么国内市场大循环的主体格局就会有相应体量的市场需求。可见，从市场供需对接入手，以产业供给对接需求的程度，来识别产业高质量绿色发展。由于目前我国的产能过剩与不足并存，因此推动产业高质量绿色发展，就要立足需求导向，深化去产能和补短板的供给侧结构性改革，实现产业供给对接市场需求。

考虑到中间产品需求和最终产品需求特征有很大不同，识别是否对接了需求，要分别评估供给对接中间和最终这两种不同的需求。就对接中间产品需求而言，要综合考虑区域性分工的比较优势，在此基础上，从投入期开始对产能的对接能力、本土产业链环节在境外的价值链管控状况、本土创新链环节是否嵌入产业链等方面进行综合评估，以此识别能够支持国内大循环主体格局的产能规模，并在投入期采取相应的扶植政策，使具有良好对接能力的产业顺利步入成长期和成熟期。

就最终产品需求而言，则应从消费市场的需求出发，识别消费需求偏好，并以此决策产业的要素投入组合方案，以此识别产业与最终需求的对接状况。同时，要进一步完善市场机制，通过强化市场竞争来提高产业供给对接需求的能力。

提高产业集聚效应和区域分工合作效率。改革开放以来大规模的开发区建设，使集群化成为产业发展的主要模式。这种模式形成的集群效应和关联效应，能够为高端资源共享、技术合作强化、知识学习效应创造有利条件。同时，集群区有利于实行集中化的环境管理、专业化和规模化的配套设施服务，这些都为资源减量和环境友好创造了有利条件。

此外，不断推动集聚区和地区的产业分工合作，能够在更大范围内发挥比较优势。为此，要建立地区统一市场，把具有相似比较优势的集群进行产业链联结，在集群中发挥地区分工优势，在深化分工的基础上加强集群间的分工合作，形成基于地区比较优势的产业错位发展模式，构建区域产业链的价值升级。

进一步地，借助于都市圈来提高公共基础设施的外溢功能，以此实现市场扩张。在都市圈功能基础上，以集群为媒介，在都市圈的产业链中植入创新链，从而推动产业链的价值升级，形成"都市圈"之间的互动，在更大的空间体量上寻求地区分工优势，以此构建国内产业供给与需求的大循环体系，实现产业链的价值升级。

创建科创平台，提高科技成果商业转化率。在创新驱动发展战略指引下，中国的研发活动各项指标迅速攀升至国际前列，但却因成果转化率过低，难以实现用创新成果取得商业价值的"创新驱动发展"目标。因此，推动科技成果实现商业转化是顺畅国内大循环的重点，也是未来要补的短板。

我国科技成果商业转化率低的重要原因，是成果在转化成可量产的产品之前，需要借助具有性能测试、规模放大等功能的高精尖科学装置，对成果进行转化和熟化。这些装置具有极高价值，使用过程中还需要专业化服务。缺乏共享必然导致使用率低，如果再叠加成果转化的高风险，资金回收期还会进一步的延长。因此，购置激励的缺乏让成果拥有者很难以一己之力完成成果转化。

但科学装置和专业服务这些科创资源对成果转化却必不可少；因而采用共享方式提高使用率从而缩短科学装置的回收期，就成为推动成果转化的重要手段。为实现创新驱动发展，继高新技术开发区大规模建设与运营以来，发展到目前，已经进入了将一部分具有很强科创能力的园区实行以科创为核心的转型升级阶段。典型的如上海张江、北京中关村、安徽合肥滨湖新区等，均开启了以科创为核心的功能升级，由原来的以高新技术制造业为核心功能的加工区，转型升级为以推动科创成果生成与商业转化为核心功能的科学城，并以市场化方式运行。

尽管科创平台以市场化运作的方式有助于解决激励机制问题，但却无法解决"卡脖子"技术"重点攻关，逐个突破"的问题。而区域性以政府为主导的创新体系尽管可以调配高端技术创新资源，但却无法解决激励机制的问题。如何既能解决"重点突破"，又能实现"全面开花"，需要制定科创平台高端创新资源共享机制，以此解决高端创新资源稀缺且分布散乱问题。通过建立不同企业、产业、区域、国际等各层次的技术合作机制，解决高端资源恶性竞争、重复立项等问题。利用"集中调配优势资源"的制度优势，对严重依赖他国的"卡脖子"技术，建立"重点攻关，逐个突破"的体制机制。

创新体制机制，顺畅产业市场国内大循环。中国改革开放以来的体制机制创新成功的做法，就是大搞"试验田"，对成功的经验进行推广，失败了也不会造成全局性的影响，还能为后续的试验提供可吸取的教训。从开发区建设逐步由沿海向内陆推进，到自由贸易试验区的制度创新成果不断推广应用，均是如此。

与产业高质量绿色发展相关的体制机制，最为突出的特征就是"有效市场"和"有为政府"的共同作用。前者在私权领域提供资源配置的效率优势、有效竞争的遴选优势，后者为保障市场机制高效运行、推动比较优势动态培育、促进高端资源整合与共享、组织配套基础设施建设、环境规制及其工具设计等提供制度供给。

考虑到中国改革开放进入深水区后，对体制机制创新提出的更高要求，同时叠加国际贸易新规和全球公共卫生安全危机的背景，借鉴中国改革开放"先行试水"思路，从特定的城市群入手，充分考虑中国政府与市场发挥作用领域的独特性、高端资源稀缺性，针对私权领域中有助于提高产业质量的高端资源，将加强流动、提高整合等功能归入政府制度设计领域，为产业界的获得性动态比较优势培育形成制度优势。同时，设计推动地区竞争与合作的动力机制、传导机制与约束机制，为保证这些机制发挥作用，需要建设与之匹配的体制进行对接，从而保证体制的执行力和机制的作用力。

此外，充分发挥政府对市场规则设计和运行监管的职能，健全并完善包括要素市场、技术交易和环境交易市场等市场体系，推动区域统一大市场的形成，保障市场体系规范、健康运行，通过"政府有为"从而形成"市场有效"。如果对"有为政府"的职能进行了合理界定，那么在市场体系和区域统一大市场推进的过程中，"有效市场"就会由此得以凸显。

以绿色发展理念推动向海经济高质量发展

王业斌

广西财经学院经济与贸易学院教授

王　旦

广西财经学院陆海经济一体化协同创新中心副教授

可持续发展的海洋经济是世界各国经济增长的重要引擎，沿海国家十分注重发展以海洋为载体和纽带的产业与经济。世界银行统计数据显示，全球经济总量中约60%来自各经济体的港口海湾地带及其直接腹地。当前，海洋经济建设与发展进入了新阶段，海洋经济、海洋政治、海洋文化、海洋生态、海洋军事等多领域相互交织、相互影响，迫切要求转变海洋经济发展方式。

《中华人民共和国国民经济和社会发展第十四个五年规划和2035年远景目标纲要》明确提出"推动经济社会发展全面绿色转型"，为此，在转变海洋经济发展方式的过程中，要深入践行绿色发展理念，推动海洋经济高质量发展。2017年4月，习近平总书记在广西考察时提出要"打造好向海经济"。从理论上看，向海经济包含又高于海洋经济，不仅突出以海洋为载体，而且强调以海洋为导向，是海洋经济的主要形式，在战略层面上引领经济活动"向海上转移"，具有明显的政策引导性和要素驱动性。发展好向海经济，是我国建设海洋强国、扩大对外开放、维护海洋权益、突破经济发展瓶颈、实现经济高质量发展的重要途径与抓手。

▶ 发展向海经济需要走绿色发展道路

中国具有丰富的海洋资源，海洋是我国经济社会发展的重要战略空间，是孕育新产业、引领新增长的重要领域。据《2019年中国海洋经济统计公报》，2019年中国海洋生产总值83415亿元，占国内生产总值的比重为9.0%，占沿海地区生产总值的17.1%。但长期以来，在粗放式、掠夺式的海洋资源开发与利用下，我国向海经济出现了现代海洋产业体系发展滞后、海洋产业发展方式粗放、陆海基础设施衔接不完善、协调沟通机制缺乏统筹、科技创新与人才支撑体系薄弱、海洋资源供给与环境保护压力比较大等问题。进入新时代，向海经济呈现出典型的新特征，海洋生态文明建设的地位越来越重要，发展与治理并重理念盛行，在推动向海经济发展过程中，迫切需要遵循创新、协调、绿色、开放、共享的新发展理念，注重海洋资源开发与海洋生态保护协同推进，实现陆海经济整体联动升级，尤其要将绿色发展理念根植于向海经济发展全过程，从而推动向海经济产业转型升级与高质量发展。

▶ 构建现代化海洋产业体系需要强化绿色发展理念

海水利用业、海洋药物与生物制品产业、海洋能源产业、海洋矿业等作为向海经济体系中的战略性新兴产业，本身就属于海洋产业链中高附加值、高效益的高端产业，需要高新技术引领。但目前这些产业存在规模体量偏小、关键核心技术缺乏、人才储备不够、总体发展水平不高等发展桎梏。可以预见的是，未来要推动这些新兴产业高质量发展，建立完善与其相适应的基础设施和设备，在相当长一段时间内，需要投入大量资金、消耗大量能源。由此，必须强化节能减排意识，推动实现绿色发展。另外，推动海洋渔业、海洋船舶业、海洋油气业、海洋盐业等传统海洋产业改造与升级，也需要以绿色发展理念为引导，大力引进与传统海洋产业密切相关的绿色基础设施、绿色设备和技术等。只有强化绿色发展理念，推动基础设施、生产设备和技术创新升级，才能提升资源能源利用率，淘汰落后产能，促进传统海洋产业由要素驱动转向创新驱动，从而打造现代化海洋牧场、发展现代化海洋渔业等，最终实现传统海洋产业绿色转型升级。同理，海洋交通运输业、海洋旅游业、海洋文化产业等要实现提质升级，必须深化绿色发展理念，构建完善的基础设施、先进的服务体系。

▶▶ 推动海洋生态文明建设需要强化绿色发展理念

发展向海经济意味着向海要资源、要财富、要发展。向海经济发展的主要载体是海洋，海洋是向海经济持续发展的生产力来源，但这一"聚宝盆"可持续存在与发展需要以保护海洋生态环境为前提。一直以来，很多海洋经济发达国家将海洋视为未来生存发展的重要基地，大规模开发海洋资源、发展海洋经济，但由于开发没有节制，超过了海洋可持续发展承载力，走了先污染、后治理的弯路，导致海洋石油、放射性物质、重金属、废弃物等海洋污染问题日益严峻，海洋资源利用率低下、资源枯竭问题频频出现，海洋生态系统不断恶化，极大影响了海洋经济的可持续健康发展。基于这些深刻教训，将绿色发展理念根植于向海经济发展全过程，在海洋生态环境可承载的基础上发展海洋经济，形成良性发展模式，将海洋资源优势转化为高质量发展优势、可持续发展优势，实现向海经济高质量发展与海洋生态环境和谐统一尤为重要。

强化绿色发展理念推动向海经济高质量发展的对策建议全面推进海洋科技创新

发展海洋科学技术，推动海洋科技向创新引领型转变，需要构建科技创新驱动的向海经济长效发展机制。

首先，大力发展海洋高新技术，集中力量突破关键核心技术。深化中国科学院海洋研究所、沿海地区海洋研究高校、海洋产业发展龙头企业间的合作交流，加快绿色低碳关键工艺创新，核心技术、共性技术和先导性技术等重大行业颠覆性技术攻关开发，加快形成一批具有自主知识产权，在全球海洋高端装备制造业、海洋牧场、海洋船舶业等行业领先的关键技术。

其次，加强顶层设计，统筹科学制定海洋经济绿色发展规划。一是统筹制定遵循海洋科技发展规律、适应中国国情的总体海洋发展战略规划，以科学合理的战略规划，推动陆海之间、三大海洋经济圈、沿海各省之间的协作发展；二是适时出台相应的法律制度，为相关政策落地保驾护航。

最后，注重向海科技人才培育与引进，特别是注重培育现代海洋服务业专业人才、战略性新兴产业创新人才、外向型海洋产业国际化人才等。一方面，建立健全人才培养体系，如在高等院所增设海洋经济发展相关专业，系统化培育专业人才，创新海洋科技人才继续培育方案；另一方面，建立完善海洋科技创新成果管理与激励机制，大力推进海洋科技成果培育、成果转化与产业化，增强涉海科研人员科研积极性和主动性。

大力发展海洋低碳产业

全球已形成经济发展的低碳化、循环化趋势，在海洋经济发展过程中，同样要推行能源低消耗、环境低污染、废气低排放、经济高效益的绿色发展模式，构建现代海洋产业体系和海洋绿色低碳产业链，大力发展海洋低碳经济。一是依托技术更新、产品创新、产业链延伸来优化升级以海洋资源开发利用为主的传统海洋产业，如推进海洋渔业向深远海养殖、冷链物流、精深加工转型，打造集水产品交易、冷链物流、精深加工等于一体的全产业链。二是培育与壮大海洋高端装备、海洋电子信息、海洋生物医药、海洋新能源等战略性新兴产业和新业态新模式，促进海洋产业链不断向高附加值、高效益的高端产业延伸。三是发展现代海洋服务业。将绿色发展理念贯穿于海洋公共服务平台如金融服务、科技研发、行业中介等的建设与完善全过程，创新优化海洋公共服务，整合海洋信息技术和资源，促使现代海洋服务业集聚化、智能化、数字化。四是通过在临港区域构筑规模化、标准化的绿色发展产业园区，重点集聚电子信息、石化、冶金及有色金属等产业，实现向海产业基础高级化和产业链现代化。五是完善海洋经济考核体系，将"海洋绿色地区生产总值"作为刚性约束，纳入沿海地区实绩考核中，并鼓励以海洋经济圈为范围，因地制宜设置海洋产业负面清单，鼓励发展效益高、污染低的现代海洋产业。

▶ 加强海洋生态文明建设

以绿色发展理念为引导，做好海洋生态文明建设，维护海洋资源的再生产能力，实现海洋经济的可持续发展。具体包括五方面：一是加强海洋文化建设。将绿色、低碳、循环、开放、共享等现代海洋理念根植于传统民族文化中，强化公众宣传教育，营造海洋生态文明建设良好氛围，提升全民海洋科学文化素养，增强公众对发展低碳绿色的海洋经济的使命感和责任感。二是科学配置海洋资源。利用绿色金融信贷、风险投资基金、海洋保险等多方组成的金融支持体系对海洋资源进行市场化配置、精细化管理，改造传统海洋产业，发展新兴海洋产业，优化海洋产业空间布局，提升海洋资源配置效率。三是重视海洋资源合理开发与利用。设置总量和分项红线，利用数字化、智能化科技手段实时监测、核算、评估海洋资源与环境，积极开展海洋环境保护执法活动等。四是加强海洋生态保护和修复。一方面，加强海洋生物多样性保护，继续完善以国家公园为主体的自然保护地体系，严格控制捕捞强度，实施休渔制度，扩大海域自然岸线保有率，利用大数据技术实时监测国家海洋环境，构建海洋生态补偿及赔偿机制；另一方面，实施海洋生态修复工程，加强对海洋塑料、油气等污染物的治理，推动海岸线与海岛环境整治和渔业资源修复，确保海洋生态系统健康发展。五是加强海洋生态文明领域人才队伍建设。着重培养海洋环境监测专业人员，引进海洋生态文明建设领域专业人才。

深化海洋领域绿色发展国际合作

实现向海经济高质量发展，不仅需要主权国家以绿色发展理念为引领，还需要世界各经济体的共同参与、集体行动。也就是说，在发展向海经济过程中要加强国际交流与合作，通过多国通力合作，共同实现海洋生态系统健康可持续发展的目标。首先，积极搭建各国合作发展平台，利用博览会、峰会、论坛等契机加强沟通交流，增强向海经济绿色发展的共识，深度参与全球海洋经济建设、竞争与合作。其次，凝聚全球发展海洋产业的同行、上下游企业、高等院所等主体的共同智慧，搭建海洋经济绿色发展开放共享合作平台，围绕海洋产业发展新工艺、新技术和新产品，加快推进向海经济绿色高质量发展。最后，以"一带一路"倡议、区域全面经济伙伴关系协定（RCEP）等的实施为抓手，不仅要推进海洋公共服务、海洋科教文化、交通基础设施等方面的国际合作，还要努力吸引国外商业性投资基金和社会资本共同参与推动向海经济高质量发展。

只有全面推进海洋科技创新、大力发展海洋低碳产业、加强海洋生态文明建设、深化海洋领域绿色发展国际合作等，才能以绿色发展理念更好地推动向海经济高质量发展，实现中国的海洋强国梦。

以完善国家经济治理体系为新发展格局夯实基础

周绍东

武汉大学马克思主义学院教授

2020年以来，习近平总书记多次就新发展格局作出阐述，党的十九届五中全会明确提出要加快构建以国内大循环为主体、国内国际双循环相互促进的新发展格局。其中，完善国家经济治理体系、提升国家经济治理能力是构建新发展格局的基础性工作，应予以重视并加快推进。

▶ 具有鲜明中国特色的国家经济治理体系

社会主义市场经济中，经济治理体系具有十分丰富的内涵。在西方经济学理论看来，现代市场经济是微观市场主体与政府宏观调控的混合物。作为市场的对应面，政府只是调节市场失灵的宏观调控机构。因此，在西方经济学理论中，"国家"被矮化为"政府"，国家的经济职能只局限于执行货币政策、财政政策这些具体的宏观调控政策。

然而，马克思主义唯物史观认为，国家是人类社会发展到一定阶段的产物，国家一方面是进行阶级统治的工具，另一方面也维护着公共利益。但是，国家所维护的公共利益是国家所代表的阶级利益，作为上层建筑的重要内容之一，国家参与社会生产和再生产的过程，发挥着保护经济基础和社会生产关系的作用。

因此，我国政府不仅是社会公共事务的管理者，同时也是最广大人民群众根本利益的代表，是社会主义基本经济制度的捍卫者。也正是在这个意义上，我国经济治理模式远远超出了"宏观调控"的范围，表现为一种内涵极为丰富的"国家经济治理体系"。在理论上，中国特色社会主义市场经济理论也就超越了西方经济学的市场与政府的"二分法"。

在社会主义市场经济条件下，与西方国家的宏观调控相比，我国经济治理体系不仅着眼于社会总需求和总供给的平衡，而且包含了很多具有中国特色的内容。在治理导向上，还特别注意处理好长期和短期、整体和局部、中央和地方、改革与发展、效率与公平等关系。在治理目标上，注重协调经济增长、价格稳定、充分就业、国内外平衡等目标之间的关系。在治理手段上，除总量性地实施财政政策和货币政策外，还实施结构性的价格政策和收入政策，制定和实施经济计划、中长期发展规划、国民经济和社会发展重大战略，有针对性地制定和实施产业结构政策、区域经济政策、城乡经济政策和对外经济政策，开展差异化的精准调控，着力解决发展的不平衡不充分问题。在治理载体上，不仅由政府部门通过各种手段实施宏观调控，国家作为公有制经济的出资人，还经营管理国有企业，引导非公有制经济的发展，在微观层面体现宏观调控目标和国家意志。在治理基础上，我国经济治理体系与社会主义基本经济制度紧密联系。

整合经济治理体制机制，加快构建新发展格局

构建新发展格局是根据我国发展阶段、环境、条件变化作出的重大战略部署

制定和实施发展规划和重大战略，引领经济社会发展，是我国经济治理体系的重要内容之一。1953年，我国制定了第一个"五年计划"，并使之成为国民经济计划体系的重要组成部分。从"十一五"起，"五年计划"更名为"中华人民共和国国民经济和社会发展五年规划纲要"（"五年规划"）。"五年规划"的作用主要是对国家重大建设项目、生产力分布和国民经济重要比例关系等作出顶层设计，为国民经济发展远景规定目标和方向。

构建新发展格局这一重要战略举措，就是在《中共中央关于制定国民经济和社会发展第十四个五年规划和二〇三五年远景目标的建议》中正式提出的。以国内大循环为主、国内国际双循环相互促进，就是要以全球化的视野配置资源，对各类资源在产业间、区域间、城乡间的配置比例和结构关系作出安排。以国内大循环为主，就是要让各类资源更多在国内进行组合和搭配，构建更为强健、更为稳定和更为顺畅的产业经济、区域经济和城乡经济。国内国际双循环相互促进，各类资源跨出国界进行组合和搭配，反过来又会通过各种渠道影响和改变各类资源在本国产业间、区域间和城乡间的结合方式，实现对外开放反推对内开放、跨境发展反推内向发展的良性互动。构建新发展格局是根据我国发展阶段、环境、条件变化作出的重大战略部署，是对近年来各方面经济政策的提炼和总结，深刻体现了我国经济治理体系的系统性和前瞻性。

整合产业经济政策构建新发展格局

从产业政策来看，近年来我国实施了供给侧结构性改革、培育和发展战略性新兴产业等一系列重大政策措施。可以根据"技术—经济"特征将

产业分为普通劳动密集型、技能劳动密集型和技术劳动密集型等三类。在推动构建新发展格局过程中，应针对三类产业的不同性质分类施策并加以引导。

具体来说，推动普通劳动密集型产业根据东西部区域发展差距、南北方区域发展差距进行梯度转移，也可以向我国周边人力资源丰富的国家和地区有序转移。巩固我国在重化工业、装备制造、基础设施建设等技能劳动密集型产业的既有优势，在保证国家经济安全的前提下放开行业管制，以庞大的国内市场吸引国外资金进入这些行业。以全球化视野积极引进高水平人才，促使高端技术劳动力与生产资料在国内结合，提升我国技术劳动密集型产业的竞争力。

整合区域经济政策构建新发展格局

从区域视角来看，要在有条件的区域率先探索形成新发展格局。近年来，我国相继实施了京津冀一体化、长三角一体化、长江经济带、粤港澳大湾区、黄河流域生态保护和高质量发展示范区、东北全面振兴全方位振兴等一系列重大区域协调发展战略，有效推动了区域协调发展。

要把区域协调发展战略同共建"一带一路"、自由贸易试验区、自由贸易港等外向型政策衔接起来，在区域内部、区域之间实现劳动力和生产资料的多样化结合，有效推动区域分工的深化和广化，一方面打造国内区域大循环，另一方面将特定区域打造成为国内国际双循环相互促进的空间载体。

整合城乡经济政策构建新发展格局

从城乡协调来看，各类资源在城乡之间流动、组合和搭配，由此形成城乡经济循环。近年来，我国相继实施了精准扶贫和乡村振兴战略，着力推动城乡融合，走出了一条新型城镇化道路。

整合城乡经济政策，构建新发展格局，就是要改变传统的城乡分工格局，让劳动力、技术、资金甚至土地（指标）在城乡间顺畅流动，在城市和农村形成更为多样化的组合和搭配方式，创造更为丰富的经营模式和载体，让城乡居民的生产行为和消费行为真正融为一体，打造城乡经济大循环。

▶ 夯实构建新发展格局的经济制度基础

社会主义基本经济制度为国家经济治理体系奠定了制度基础。公有制为主体、多种所有制经济共同发展，按劳分配为主体、多种分配方式并存，社会主义市场经济体制等社会主义基本经济制度，既体现了社会主义制度优越性，又同我国社会主义初级阶段社会生产力发展水平相适应，是党和人民的伟大创造。

习近平总书记指出："在社会主义条件下发展市场经济，是我们党的一个伟大创举。我国经济发展获得巨大成功的一个关键因素，就是我们既发挥了市场经济的长处，又发挥了社会主义制度的优越性。我们是在中国共产党领导和社会主义制度的大前提下发展市场经济，什么时候都不能忘了'社会主义'这个定语。"夯实社会主义基本经济制度基础，是构建新发展格局的前提条件。

坚持"两个毫不动摇"，发挥不同所有制的比较优势

国家经济治理体系是以各种微观经济主体作为政策载体的。公有制经济和非公有制经济在生产、分配、流通、消费等各个环节发挥着重要的、具有差异性的经济治理功能，必须毫不动摇巩固和发展公有制经济，毫不动摇鼓励、支持、引导非公有制经济发展。

在直接生产中，公有制经济在关系国计民生的关键领域、高风险技术

研发领域以及公共服务和基础设施领域占据主导地位；非公有制经济发挥灵活性优势，充分满足人民群众的美好生活需要。在产品分配中，国有企业不仅要根据法律法规要求缴纳税款，同时还要上交相当额度的利润，体现国家作为公有制经济出资人的盈利要求；非公有制经济把按劳分配和按生产要素分配结合起来，积极推动公平与效率有机结合。在流通和交换过程中，国有企业在产业链中扮演了重要的生产资料供应商角色，通过价格和销量控制体现国家产业政策意图；非公有制经济的参与有效提高了市场竞争程度，加快了商品和资金流通。在消费活动中，公有制经济通过向广大消费者提供高质量的产品和服务，有针对性地引导国内需求健康发展；非公有制经济能够比较敏锐地抓住市场需求变化，根据国内外市场变化调整经营策略，贯彻新发展格局对消费需求提出的要求。

优化收入分配结构，有效充实国内需求的收入根基

以国内大循环为主，就是要让更多的消费活动在国内进行，让更多的消费需求在国内得到满足。影响消费支出的因素很多，最主要的是居民收入的规模和结构。

从收入规模来看，要扩大居民收入来源，提高收入增长幅度，使人民群众从经济增长中获得更多实惠。从收入分配结构来看，在分配差距较大的经济体中，低收入者拥有较高的消费倾向但缺乏消费能力，高收入者拥有较高的消费能力但缺乏消费倾向，这就导致全社会总体的消费需求受到抑制。因此，优化收入分配结构，适当调节过高收入，提高低收入群体的收入水平，扩大中等收入群体，将有利于提高全社会总体的消费倾向和消费能力，助力以国内大循环为主的新发展格局构建。

加快完善社会主义市场经济体制，打造良好营商环境

以国内大循环为主，并不是关起门来搞封闭经济。构建新发展格局的

根本路径，是放眼国内国外两个市场，把握国内国外两个大局，推动国内国际双循环相互促进。这就要求进一步完善社会主义市场经济体制，加快营商环境建设，推动对内开放和对外开放协同共进。

为此，要建设高标准市场体系，完善公平竞争制度，全面实施市场准入负面清单制度，改革生产许可制度，健全破产制度。强化竞争政策基础地位，落实公平竞争审查制度，加强和改进反垄断和反不正当竞争执法。健全以公平为原则的产权保护制度，建立知识产权侵权惩罚性赔偿制度，加强企业商业秘密保护。推进要素市场制度建设，实现要素价格市场决定、流动自主有序、配置高效公平。

▶ 加强党对经济工作的全面领导，坚持以人民为中心的发展思想

坚持党对经济工作的集中统一领导是社会主义市场经济的重要特征之一，也是落实以"人民为中心"根本宗旨的政治基础。以人民为中心的发展，就是要实现发展为了人民，发展依靠人民，发展成果由人民共享。执政党是国家的核心政治力量，是上层建筑中最重要的组成部分，发挥着保护、改革和完善经济基础的重要作用。社会主义国家的本质是最广大人民群众的利益代表，这也就要求作为执政党的中国共产党必须担负起坚持以人民为中心的发展重任。

党的领导是完善国家经济治理体系的根本保障。在新发展格局中，以国内大循环为主，要将更为优质的生产要素投入国内市场，从国情社情民情出发，提供符合广大人民群众需要的产品和服务。国内国际双循环相互促进，就是要以全球化的视野配置劳动力和生产资料，在全球价值链中寻找资源富地、成本洼地、产业高地，更好地满足人民群众对美好生活的需要。要在经济治理过程中实现这些目标，就必须稳固和加强党对经济工作的领导地位。

在宏观上，充分遵循党在制定和实施中长期发展规划、国民经济和社

会发展战略以及各类经济政策过程中的意见和建议，把以人民为中心的发展思想落实到路线方针政策的制定和实施中来；在微观上，加强各种所有制类型企业的党建工作，充分发挥党在思想政治工作中的领导作用，积极维护劳动者权益，引导企业以国内市场和满足广大人民群众需要作为生产经营导向，更好地在微观经济主体中贯彻国家经济政策。总之，加强党对国家经济治理过程的领导，有助于在构建新发展格局的过程中坚持正确方向，有助于集思广益、凝聚共识，发挥社会主义制度集中力量办大事的优势，提高国家经济治理体系和治理能力现代化水平。

参考文献

[1] 十三个"五年规划"，为中国经济发展谋篇布局[J]. 现代商业银行,2019(20):45-50.

[2] 中共中央关于坚持和完善中国特色社会主义制度 推进国家治理体系和治理能力现代化若干重大问题的决定[N]. 人民日报,2019-11-06(001).

[3] 中共中央文献研究室编. 习近平关于社会主义经济建设论述摘编[M]. 北京：中央文献出版社,2017.

第三章
深化"双碳"改革　缔造生态未来

　　碳达峰、碳中和目标的提出标志着中华民族伟大复兴将以减碳、低碳和零碳的方式实现,这是自第一次工业革命以来,世界大国崛起过程中从未有过的伟大壮举。中国清洁可再生能源关键技术正面临重大突破,传统化石能源支撑的"碳繁荣"必然会加快向"低碳繁荣""无碳繁荣"转型升级。

碳达峰、碳中和目标下的中国与世界
——绿色低碳转型、绿色金融、碳市场与碳边境调节机制

张中祥

天津大学马寅初经济学院创院院长、卓越教授、博士生导师，国家能源、环境和产业经济研究院院长，亚太政策研究会会士

2020年9月22日，中国在第七十五届联合国大会一般性辩论上明确提出"二氧化碳排放力争于2030年前达到峰值，努力争取2060年前实现碳中和"的目标。2020年12月，中央经济工作会议把做好碳达峰、碳中和工作作为2021年的八项重点任务之一，并于2021年两会将该目标首次写入政府工作报告；2021年3月15日，中央财经委员会第九次会议提出，"实现碳达峰、碳中和是一场广泛而深刻的经济社会系统性变革，要把碳达峰、碳中和纳入生态文明建设整体布局，拿出抓铁有痕的劲头，如期实现2030年前碳达峰、2060年前碳中和的目标"。

作为中国向世界作出的庄严承诺，碳达峰、碳中和对中国的发展既是

机遇也是挑战，将对中国的经济结构、能源结构、生产和消费方式等方面产生广泛与深远的影响。目前，国家正在编制2030年前碳排放达峰行动方案，研究制定电力、钢铁、有色金属、石化化工、建筑建材、交通等行业和领域碳达峰实施方案，以加快推进绿色金融和全国碳排放交易市场建设，引导资源合理配置，撬动资源向绿色低碳项目倾斜，推动绿色低碳发展，实现碳达峰、碳中和目标。

▶ 中国宣布2030年前碳达峰并不意外，但碳中和承诺出乎意料

2014年11月，习近平主席与时任美国总统奥巴马举行会谈，宣布了各自2020年后的行动目标，中国承诺2030年二氧化碳排放达到峰值且将努力早日达峰。2009年联合国哥本哈根气候变化大会前，笔者曾应联合国政府间气候变化委员会减缓工作组副主席、时任威尼斯大学校长卡洛·卡拉罗（Carlo Carraro）教授之邀，撰写了题为《中国将于何时、以何种形式承诺控制温室气体排放？到2050年的路线图》的论文，从经济学、政治学和全球均衡视角，论证和提出中国应承诺在2030年左右对其温室气体排放总量进行控制，并择时向世界宣布这一总量控制承诺。相关研究也表明，中国能够在2030年前实现碳达峰。2020年9月中国作出的"二氧化碳排放力争于2030年前达到峰值"承诺把碳达峰的时间往前提了一点。总的来看，中国宣布力争在2030年前实现碳达峰并不意外，虽然新的承诺较此前承诺的2030年碳达峰需要付出更多的努力。

然而，中国宣布2060年前实现"碳中和"目标却是非预期的。世界没有预料到中国会作出这个承诺，即使在国内，估计也只有极少数相关部门知晓此事，而地方政府和企业作为实现"碳中和"目标的主体，在此前并不知晓。2020年12月，中央经济工作会议召开，把"做好碳达峰、碳中和工作"作为2021年的八项重点任务之一，而不是作为具体内容列在某一任

务之下。这说明中央深刻意识到需要有关部门和机构突出工作重点，做好宣传推动，让全社会尽快意识到这一承诺的严肃性和紧迫性。

代表性的模型研究发现，实现将全球温度上升幅度控制在 2 摄氏度以内的目标，需要中国在 2025 年前碳达峰并迅速下降。如果中国没有作出碳中和的承诺，那么碳达峰后的碳排放或许尚不明确，比如，碳排放可能在达峰的水平上维持一段时间，然后下降。但既然中国在世界意料之外提出了碳中和目标，就应力争早日实现碳达峰并推动碳排放在其后迅速下降。这一研究判断至关重要，涉及碳排放达峰行动方案各项指标的确定，以及政策措施的范围和力度。

▶ 中国两次宣布气候承诺选择的平台意味深长

2020 年 9 月 16 日中欧领导人举行会晤，中、法、德三方明确提出打造"中欧绿色合作伙伴关系"；9 月 22 日，习近平主席在第七十五届联合国大会一般性辩论上宣布，中国将力争在 2030 年前实现碳达峰、2060 年前实现碳中和；12 月 12 日，习近平主席在联合国及有关国家倡议共同举办的气候雄心峰会（旨在纪念《巴黎协定》[①]五周年）上，进一步宣布到 2030 年中国单位国内生产总值二氧化碳排放将比 2005 年下降 65% 以上、非化石能源占一次能源消费比重将达到 25% 左右、风光发电总装机容量将达到 12 亿千瓦以上的国家自主贡献新举措。

可见，虽然中国的碳达峰、碳中和目标和自主贡献新举措均与中欧领导人的互动或与欧盟领导人邀请的峰会有关，但中国最终选择在联合国平台及其相关活动上宣布关于碳中和、碳达峰的承诺。这充分说明中国一直是维护多边主义、主张通过多边机制来携手应对全球气候变化问题的。这

[①] 于 2015 年 12 月 12 日在第 21 届联合国气候变化大会（巴黎气候大会）上通过的一份协定。该协定是由全世界 178 个缔约方共同签署的，是对 2020 年后全球应对气候变化的行动作出的统一安排。——编者注

才是对"中国承诺"的正确的解读和应有的认识高度。

▶ 碳达峰、碳中和目标要求中国经济和能源结构以前所未有的力度深度调整

多数发达国家承诺2050年实现碳中和。欧盟和英国于1990年实现碳达峰,从碳达峰到承诺实现碳中和之间有60年时间;美国于2005年左右实现碳达峰,从碳达峰到承诺实现碳中和之间有45年时间;中国承诺实现从碳达峰到碳中和仅有大约30年时间,远远短于发达国家所用时间。当前中国的绝对排放量高于他国,达峰后中国年减排的速度和力度须远超发达国家。因此,中国不仅需要付出艰苦努力,而且因为时间紧迫、任务艰巨,一定要把准时间表和路线图,找准主攻方向,避免走弯路、入误区。

"碳中和"是指在一定时间内直接或间接产生的温室气体排放总量,通过植树造林、碳捕集与封存(Carbon Capture and Storage,CCS)技术等形式抵消掉,实现温室气体的"净零排放"。然而,中国现在的温室气体排放总量与植树造林产生的碳汇吸收能力相去甚远,即使不考虑其他温室气体的排放,仅化石能源燃烧排放的二氧化碳一年就超过100亿吨,而碳汇[①]吸收能力也就6亿吨左右,考虑到中国的陆地面积,中国碳汇吸收能力增长的空间有限,而碳捕集与封存技术又面临非常高的成本。因此,实现"碳中和",需要中国把温室气体排放总量降到比较低的水平,至少比现在的温室气体排放总量低一个数量级,才可能依靠碳汇和碳捕集与封存等技术形式把温室气体排放抵消掉。

实现碳达峰、碳中和目标,首先要求中国以前所未有的力度进行经济结构低碳转型。高能耗高排放传统产业将面临产能压减,相应地在高能耗高排放行业的固定资产投资会减少。推进经济结构的低碳转型将创造大量

---

① 指通过植树造林、植被恢复等措施,吸收大气中的二氧化碳,从而减少温室气体在大气中浓度的过程、活动或机制。——编者注

对非化石能源的新增投资、传统行业的技改投资、低碳无碳新技术的新增投资等需求，促进经济绿色高质量发展。当前，中国各地发展不平衡现象仍然存在，经济发展、产业结构、技术水平和自然资源禀赋存在显著差异，因此碳达峰在全国的布局、目标的分解和政策实施层面应依据经济基础和碳排放情况进行差异化安排，充分体现出区域差异，压实地方主体责任，推进各地区有序达峰；同时，鼓励经济发达和有条件的地方率先达峰，为推进国家整体碳达峰承担更多责任。只有这样，才能为全国范围的碳达峰创造有利条件。

从 2010 年开始，国家先后开展了三批共计 87 个低碳省市试点。这些试点省市单位生产总值能耗和碳排放平均水平比非试点省市下降得更为迅速。上海、深圳、苏州、宁波等东部城市的碳减排更是走在前列，如上海、深圳已明确提出 2025 年提前达峰。当然，国家对这些城市的期望不只是达峰，之后的排放控制标准肯定会越来越严格。相比之下，西部城市由于碳达峰完成时间和压力较大，必须给他们留出一定的"碳空间"。不过，从资源禀赋上来看，西部地区由于具备丰富的太阳能、风力等资源，更适合发展新能源，在推进碳减排的过程中更占优势。如果国家严格实施控制化石燃料的生产和消费，西部地区能够充分利用可再生资源实现可持续发展，将是一个非常好的机遇，但关键在于地方政府是否能够适时转变发展思路，建立低碳发展的体制机制。

此外，"碳中和"要求中国能源消费结构向低碳化无碳化作出深度调整，实现能源供给结构与之匹配。实现碳达峰、碳中和目标，需要化石能源比重大幅下降、非化石能源比重大幅上升，这将对煤电产生很大的影响。目前来看，煤依然是中国主要的发电能源，虽然 2020 年煤电装机占全国电力总装机容量首次低于 50%，但全国仍有 10.8 亿千瓦煤电装机在运行；电厂相对来说是最容易大规模达峰的主体。面临碳达峰、碳中和目标约束，中国要严控煤电项目，推动煤电装机在"十四五"时期达峰，并在 2030 年后快速下降。中国煤电装机容量未来峰值预计为 11～13 亿千瓦，煤电产能整体增长空间已十分有限。电力部门要在 2050 年前实现零排放、2060 年前实现一定规模的负排放,才能支撑整个能源系统实现碳中和。

由于中国 60% 的煤炭用于发电与供热,这意味着"十四五"时期必须严控煤炭消费增长。笔者预计"十四五"时期煤炭需求仍将处于 40 亿吨上下的高位平台期,但煤炭消费比重会持续下降;"十五五"时期煤炭消费总量将进入相对较快的下降通道;2040 年后,随着大批燃煤电厂达到服务年限、可再生能源发展规模扩大、储能规模化运用,煤炭消费将快速下降;到 2050 年,煤炭占一次能源消费的比重预计将降至个位数。另外,在运煤电机组平均运行年龄只有大约 12 年,离现代煤电厂正常退役还有 20 ~ 30 年时间。让这些机组提前退役会造成很大的经济损失,特别是在经济不发达的西部地区,机组运行年龄更短。避免电厂碳资产的搁置问题需要依靠碳捕集与封存技术,因为在尚无其他可行技术的情况下,可通过碳捕集与封存来实现净零碳排放。碳捕集与封存技术作为保底技术,也就是零碳技术成本的上限,可允许这些煤电机组不至于全部提前退役。未来碳捕集与封存技术成本的下降幅度和发展规模,也将对控煤和煤炭消费量下降的幅度产生影响。

▶ 中国在"一带一路"国家的煤电投资

当前国际气候变化双边多边谈判主要聚焦三方面内容:一是主要排放大国的承诺,美国、中国、欧盟等这些大的经济体都高度关注彼此政策动态;二是其他发展中国家关心的资源、技术、能力建设等方面的支持;三是主要经济大国与其他国家开展的合作、投资及其影响,其中欧美等国最为关注中国在"一带一路"沿线国家和地区进行的投资。

2021 年 4 月,美国总统气候特使克里访华,与中国就气候变化议题协商后发表的《中美应对气候危机联合声明》指出,中美两国计划采取适当行动,尽可能扩大国际投融资,支持发展中国家从高碳化石能源向绿色、低碳和可再生能源转型,表明了美国对中国在"一带一路"投资的关切。

2021年4月22—23日，美国总统拜登召集举办全球领导人气候峰会，在结束高碳能源的国际投资和支持方面，提出政府各部门和机构将通过双边和多边论坛与其他国家合作，促进资本远离高碳投资。不过，白宫并未列出所涉碳密集化石燃料的类型，这也引发了美国是否为其天然气出口铺路的猜测。尽管天然气较煤炭而言更为清洁，但也属于化石燃料。

对于中国的对外援助，尤其为境外建造燃煤电厂提供融资带来的环境和社会影响，外界的担忧从未停歇。美国波士顿大学教授凯文·加拉赫（Kevin P. Gallagher）等学者研究指出，2007—2014年，国家开发银行和中国进出口银行向境外建造燃煤电厂提供的资金占到其在能源相关领域贷款总额的66%，而为水电及其他可再生能源提供的资金分别占能源贷款总额的27%和1%；世界银行、亚洲开发银行、美洲开发银行和非洲开发银行这四大多边贷款机构同期88%的能源贷款流向了水电及其他可再生能源项目。亚洲开发银行在2021年5月7日发布的修改后的能源政策征求意见稿中，提出了不再为"任何煤炭开采和石油与天然气田的勘探、钻探或开采活动"提供资金的政策。这一政策能否落地，取决于最终能否审议通过。但可以预见的是，亚洲开发银行在资金支持方面会进一步限制投资煤电项目的数量和规模。此外，由中国倡议筹建的亚洲基础设施投资银行虽在董事会批准的能源战略里并没有排除煤电项目，但自2017年成立至今从未投资过煤电项目。

如何看待中国在"一带一路"沿线国家和地区进行的煤电投资呢？当前，不少"一带一路"沿线国家和地区还处在经济发展水平较低的阶段，更多还是考虑充分发展利用当地资源的问题。虽然现在全球比以往更关注绿色低碳发展，但毕竟不可能在现阶段强求一些发展中国家把过多资源和资金投入到改善环境上来。尽管中国在"一带一路"沿线国家和地区有不少煤电方面的投资，但是并没有技术取向上的倾斜。无论是电力项目还是非电力项目、燃煤电厂还是非燃煤电厂，贷款政策并没有区别。中国境外煤电投资更多取决于市场机制和接受国的偏好，并非中国政府单方面能够决定的。比如，中巴经济走廊煤电项目的建立和实施主要是由于巴方认为煤电项目成本低，既可以减少昂贵的石油进口、减少外汇支出，又可以较快解决电力短缺问题，促进经济发展。此外，许多投资并不完全来自政府主体，政府对社会资本流向尽管能够实施引导，但市场行为也发挥着很大的作用。

在这个领域，国际社会和中美两国可在能源和基础设施领域开展合作。美国在 2021 年 4 月 22 日召开的全球领导人气候峰会上提出政府各部门和机构将通过双边和多边论坛与其他国家合作，促进资本远离高碳投资。美国财政部将与经合组织国家和本国其他政府部门、机构合作，率先修改经合组织出口信贷机构提供的官方出口融资规定，令资本远离碳密集的活动。但问题的关键是这些"一带一路"沿线发展中国家需要廉价的能源供应来驱动经济发展。如果美国本身不能拿出一定资金，不能建立有效的融资联盟和机制提供资金支持，口惠而实不至，那么这些国家还是会选择煤电。

近年来，中国政府一直以具有环境可持续性和社会包容性的方式引导公共融资流向能源和基础设施领域。在 2015 年 9 月发布的《中美元首气候变化联合声明》中，中国承诺将强化绿色低碳政策规定，严控公共投资流向国内外高污染和高碳排放的项目，为推动全球绿色低碳发展和气候变化多边进程作出积极贡献。

▶ 绿色金融将成为实现碳中和的政策抓手

未来 30 年，实现碳达峰、碳中和目标需要巨量的投资。虽然当前已有的预测结果不尽相同，但所有投资规模预测都将超过 1000000 亿元。如此巨大的投资规模，政府资金只能支持一小部分，巨大的缺口还要靠社会资本来弥补。要运用市场化的方式，引导金融体系提供所需要的投融资支持，以绿色金融和碳交易作为实现"碳中和"的政策抓手，引导资源合理配置，撬动金融资源向低碳绿色项目倾斜。

据中国人民银行披露，截至 2020 年末，中国本外币绿色贷款余额为 119500 亿元，存量规模位居世界第一，其中电力、热力及交运等行业的绿色贷款占绿色贷款余额比重为 59.67%。但相对于中国金融机构人民币贷款总体规模（约 1680000 亿元人民币）而言，绿色贷款占比仅约为 7%。截至 2021 年 3 月 22 日，中国绿色债券存量为 9108 亿元人民币，位居世界第二。但是，无论是在中国目前信贷 3000000 多亿元的总体规模中，还是与实现碳达峰、碳中和目标所需的绿色低碳转型投融资规模相较，目前绿色信贷规模只能算是"九牛一毛"。在国内层面，大型金融机构和央企积极抢抓机遇，发行"碳中和债券"。截至目前，中国已发行 48 只碳中和债券，发行规模合计达 692.2 亿元。在国际层面，2016 年 9 月，中国作为二十国集团（G20）主席国，将绿色金融纳入二十国集团议题；2019 年 4 月，中国倡议成立"一带一路"绿色发展国家联盟，发布"一带一路"绿色投资原则，为"一带一路"绿色发展合作打造政策对话和沟通平台、环境知识和信息平台、绿色技术交流与转让平台。目前，只有中国和欧盟出台了明确的绿色分类标准，中欧双方也正在推动中欧绿色分类标准的趋同。

绿色金融分类标准是绿色金融发展的基础，有助于界定哪些金融产品和服务应纳入绿色金融范围。为推动中国经济向绿色低碳转型，实现碳达峰、碳中和目标，中国人民银行与国家发改委和证监会修订了绿色债券标准。在其联合发布的最新版《绿色债券支持项目目录（2021 年版）》中，删除了化石能源清洁利用类别相关内容，标志着绿色债券不再支持任何涉煤项目，包括节能领域火电机组污染防治等与煤炭相关的项目，绿色项目的界定标准更加科学准确。其他绿色金融的界定标准，如银保监会发布的《绿色信贷统计标准》，国家发改委会同生态环境部、人民银行等七部委发布的《绿色产业指导目录》等，尚未作出相应的调整，应进一步完善和细化相关法律法规。从推动绿色金融健康发展的角度看，金融监管部门应尽快健全和统一绿色债券的认证标准，加大对"洗绿""漂绿"等行为的处罚力度。目前，中国和欧盟正在推动中欧绿色分类标准的趋同，避免国际绿色金融市场的碎片化发展。绿色分类标准趋同工作的顺利推进，有利于形成绿色金融的全球共识，有望形成绿色金融的第一个国际标准。

发展绿色金融，要完善环境气候信息披露的法律法规。环境信息披露是引导资金投向绿色产业的重要基础，是缓解绿色投融资信息不对称、降低运营风险和承担环境与社会责任的重要手段。目前，国内并未强制要求企业披露环境和气候信息，企业环境信息披露意愿低；金融机构缺乏采集和评估企业和项目碳排放、碳足迹信息的平台和能力，较难作出科学客观的绿色投融资决策。据2020年11月发布的《中国上市公司环境责任信息披露评价报告（2019年）》显示，2019年中国沪深股市上市公司总计3939家，其中已发布相关环境责任报告、社会责任报告及可持续发展报告有效样本的企业共1006家，占所有上市公司数量的25.54%，仍有逾七成上市公司未发布环境信息披露相关报告。即便是披露环境信息的部分企业，也存在着披露程度低、披露信息内容标准不统一等相关问题。

当前，健全完善信息披露的激励机制迫在眉睫。深圳证券交易所、上海证券交易所分别在2020年2月和8月修订了有关上市公司信息披露指南，明确规定上市公司需披露环境保护等社会责任履行情况，全面提升对国内上市公司碳排放相关报告的合规标准。"十四五"时期，生态环境部将推动上市公司、发债企业强制性披露环境信息；中国人民银行将研究建立强制性金融机构环境信息披露制度。这些能否尽快落地形成可操作的强制性规章制度，出台后能否得到严格执行，都还有待进一步观察。

碳达峰、碳中和背景下，环境和气候相关的风险已经成为金融风险的重要来源，金融机构应高度重视气候变化给金融资产带来的风险，未雨绸缪，做好资产风险评估，包括一定的压力测试，积极应对气候挑战。在绿色低碳转型的过程中，高碳资产将加速折旧，在正常使用寿命前成为搁置资产，可能会形成一些区域性、行业性的风险。因此，金融机构需改变过去对资本密集型高碳排放企业的估值与行业偏好，控制投资高碳资产，将气候因素纳入投资风险管理框架，以降低资产搁置的风险。同时，发展绿色金融将会带动巨额的绿色低碳投资，金融监管机构应适时调整绿色金融资产风险权重，降低绿色不良资产容忍度，开展绿色资产证券化业务，鼓励金融机构开发环境、社会和公司治理（Environment, Social, Corporate Governance；ESG）产品，充分调动金融机构的积极性，鼓励引导其开展绿色投资。

需要注意的是，绿色金融存在着技术复杂、周期长、盈利低、政策风险高、信息不对称等问题，与金融追求短期盈利的惯性思维存在潜在矛盾，在一定程度上导致商业银行开展绿色金融的动力不足，使得当前绿色金融仍以传统的项目融资和绿色信贷为主，产品结构和服务模式单一。可以说，无论从结构、数量上看，还是从效果上看，这都与碳达峰、碳中和目标的要求存在不小差距。如何创新绿色金融产品和服务，防范气候变化带来的相关金融风险，在执行层面还面临诸多困难。

▶ 加快推进全国碳市场建设，发挥碳市场的定价作用

碳排放交易是买方通过向卖方支付一定金额从而获得一定数量的碳排放权。通常情况下，政府确定碳排放总额，并根据一定规则将碳排放配额分配给企业。如果企业最终碳排放量低于其获得的配额，那么可以通过碳交易市场出售多余配额获利；反之，如果企业发现减排成本高导致排放超过获得的配额，那么需到碳交易市场上购买缺少的配额。买卖双方通过碳排放权交易形成碳价，减排成本低于碳价的企业，通过多减排然后向市场出售多余配额并获利；减排成本高的企业减排至碳价对应的排放量，在市场上购买超过配额的部分，比完全依靠自身减排更合算。如此一来，通过碳排放交易，所有企业组成的整体能够以更低的成本达到政府规定的减排目标。

2011年，国家发改委批准在深圳、上海、北京、广东、天津、湖北、重庆七个省市启动碳排放交易试点工作，到2014年6月，交易试点全部上线交易。2011年启动碳排放交易试点时，并没有说明为何选择碳排放交易而不是环境税或碳税。笔者推测这与环境法有关。根据当时的环境保护法，企业只有碳排放超标才算作违法。既然超标才违法，那么环境税或碳税要求排放任一单位的碳都交税，显然不符合环境保护法。新修改的环境保护法自2015年1月1日起施行后，严格意义上的环境税才有了法理基础。不

过，实施环境税还需全国人大常委会通过立法设立环境税税目、讨论通过后才能实施，这些都需要时日，无法满足利用市场手段实现城市低碳发展的迫切需要。而选择碳排放交易，恰恰可绕过实施环境税或碳税碰到的问题。

除缺乏实施环境市场化手段经验之外，中国较之其他已经建立碳排放交易的国家或地区，还存在着两方面不同。一方面，即使考虑采取不断强化的节能减排措施，中国的碳排放量在未来一段时间也会持续增长；另一方面，现有碳排放交易都是在成熟的市场化经济体国家或地区运行，但现阶段我国社会主义市场体系仍不成熟，市场发育还不充分。这些不同的背景使得中国的碳排放交易试点在设计、运行和履约等方面与成熟的市场化经济体运行的碳排放交易具有明显区别。

中国碳排放交易试点共覆盖电力、钢铁、水泥等20多个行业的2837家重点排放单位。这些试点存在不少共同点：每个试点覆盖的排放量在试点省市总排放量中的占比都比较大；均明确了控排单位的责任，所有的碳排放都要经过第三方的核实。同时，各试点地区根据自身特点，在诸如部门覆盖范围、配额分配、价格不确定性、市场稳定性、潜在市场影响力、碳汇抵消的使用、执行和履约等方面，存在着巨大的差异。

研究发现，现阶段控排单位缺乏对碳排放交易这一经济机制的了解，导致其为自身的非理性行为付出较高的代价。排放交易旨在帮助控排单位以更低的成本实现减排，是激励而不是惩罚。比如，在第一个履约周期结束前一个月，深圳的配额成交量占全市一年履约期内总成交量的65%，上海和北京更是分别达到其一年履约期内总成交量的73%和75%；相应地，履约终期价格飙升。在履约责令改正期的最后一周，北京市场价格接连上涨，其中线上交易最后三日成交均价分别为55元/吨、57元/吨及66元/吨，周涨幅达24.5%。如果控排企业能很好地利用碳排放交易这个经济机制，在一年履约期内以更有利的价格购买一年履约需配额，就不需要付出如此高的代价在履约终期价格飙升时购买履约需求的配额以完成履约，从而降低履约成本。

第三章 深化"双碳"改革 缔造生态未来

据生态环境部统计数据显示,自试点启动以来,截至2021年6月,碳交易试点累计覆盖4.8亿吨碳排放量,累计成交额约为114亿元,交易平均价格为23.8元/吨。总的说来,碳排放交易试点的设计、运行和履约为完善碳排放交易试点的运行和试点向全国碳排放交易体系推进提供了有价值的参考,达到了预期目的。

不过,各试点交易碳市场也存在着成交规模较小、流动性不足等问题。作为参考,欧盟碳市场主要以期货交易为主,即使配额拍卖量只占每天期货成交量的一小部分,配额拍卖量平均每天仍高达300万吨左右。相比已突破50欧元/吨、预计会继续走高的欧洲碳价,中国碳试点的碳价偏低。自试点启动以来到2021年6月,七个碳试点的交易平均价格为23.8元/吨。即使碳价最高的北京,自2013年11月28日开市至今,碳排放配额年度成交均价也才50～70元/吨。碳价偏低严重影响了对于节能减排和绿色投资的激励机制。因此,从寄希望于碳市场在未来碳达峰、碳中和当中发挥作用的角度上讲,完善碳排放交易试点的运行机制,健全试点向全国碳排放交易体系的推进机制,具有重要的现实意义和紧迫性。

国家从"十二五"先行开展碳试点,到"十三五"全国碳市场建设采用"双城"模式(上海负责碳排放交易系统建设、湖北武汉负责登记结算系统建设),经过数年发展,当前全国碳市场的建设和发展进入了新阶段。2021年1月1日,全国碳市场首个履约周期正式启动,涉及年度排放达到2.6万吨二氧化碳当量的2225家发电行业的重点排放单位,覆盖碳排放近40亿吨。这些重点排放单位已经在武汉全国碳排放权注册登记系统完成开户资料审核工作。2021年7月16日,全国碳市场启动仪式于北京、上海、武汉三地同时举办,备受瞩目的全国碳排放权交易市场正式开始上线交易。

全国碳交易体系将在全社会范围内形成碳价信号,有力促进实现全社会节能减排目标和绿色低碳转型。但目前的发展状况还远远不能充分发挥碳排放交易在实现碳达峰、碳中和目标中的作用。因此,在确保全国碳市场从下启动交易到平稳规范运行的同时,至少还需要从以下三个方面着力,完善与加快推进全国碳市场建设。一是进一步完善有利于发挥碳排放交易作为市场手段实现碳达峰、碳中和目标的规则。碳排放交易在经合组织（OECD）国家的实践表明，有力的惩罚机制是碳排放权交易市场有序运行的重要保障。2021 年 3 月，生态环境部公开征求《碳排放权交易管理暂行条例（草案修改稿）》中的违规清缴处罚措施和力度相对较弱，不利于全国碳排放权交易市场的有序运行。二是要有序扩大碳市场行业覆盖面。以发电行业为突破口启动全国碳排放交易体系，在确保平稳规范运行的基础上，加快扩大碳市场的参与行业和主体范围，"十四五"期间尽快覆盖发电、石化、化工、建材、钢铁、有色金属、造纸和国内民用航空等八个高能耗行业，以期在总的减排目标下降低总的履约成本，最大化发挥碳价格的激励约束作用。三是要逐步增加交易品种，加快产品与服务创新。探索开展碳汇交易、碳配额质押贷款、碳资产质押融资、碳基金、碳信托、国际碳保理融资等产品或服务，逐步推出碳金融衍生品，如碳远期、碳期货等金融产品交易，探索引入个人和机构投资者与金融机构入市进行交易，助力提升市场流动性，并最终回归金融服务实体经济的本源，帮助企业降低履约成本。

▶ 加快推进"碳中和"进程中的国际合作

目前全球已有 120 多个国家承诺到 21 世纪中叶实现碳中和，这些国家覆盖全球生产总值的 68% 和全球人口的 56%，占全球温室气体排放量的 61%，彰显了全球改善气候变化的雄心。目前，绝大部分国家仅以承诺、提议或政策、文件的形式提出碳中和目标，只有瑞典、英国等少数几个国家已通过立法形式将其净零排放目标承诺写入法律，以更具法律约束力的法规确保了国家承诺的严肃性、权威性、约束力。然而，承诺和目标的设定只是第一步。世界各国，尤其是发达国家和主要发展中大国，应进一步制定详细计划，设计相应的行动框架，确保世界各国在自身和全球整体两个层面尽快实现"碳中和"目标。

第三章 深化"双碳"改革 缔造生态未来

作为世界最大的两个温室气体排放国家，中国和美国的碳排放约占全球碳排放的45%，中美两国都已承诺"碳中和"目标，制定了各自实现碳中和、温室气体净零排放的长期战略。中美在气候变化领域展开合作，有助于推动全球气候变化进程，实现《巴黎协定》的相关目标。两国是否采取具体行动来推动目标实现、在共同关切的领域是否开展有效合作，不仅事关中美双方，更事关全球环境和能源治理全局。

从节能减排的思路来看，两国合作的机遇可能集中于排碳最多或减排最有潜力的领域，具体的减排行动也可能集中于这些相关领域。上述《中美应对气候危机联合声明》列出的合作领域也恰恰反映了这点。双方将以《联合国气候变化框架公约》第26届缔约方大会（COP26）为契机，在工业和电力领域脱碳的政策措施与技术（包括储能和电网可靠性、碳捕集利用与封存）、增加发展可再生能源等八个优先领域开展对话和交流。这些领域的合作反映了中美双方的共同关切和共同利益，基于双方合作，可以更好、更快、更有效地推进"碳中和"。以上述两个优先合作领域来说，"碳中和"要求能源结构向低碳化、无碳化深度调整，要求化石能源比重大幅下降、以风能太阳能为代表的非化石能源比重大幅上升。但是，风能太阳能受天气影响大，具有间歇性、波动性的新能源大规模接入电网给电力系统的稳定性带来了新挑战，2021年2月，美国得克萨斯州发生的电网瘫痪也与新能源接入有一定关联。美国电力以前也是主要依靠煤电，页岩气[①]的爆发性增长使大量煤电被气电代替；随着当前"碳中和"要求能源结构向无碳化深度调整，气电也面临着碳资产的搁置问题。当然，中国也面临着同样的挑战。

各国差异化的气候变化政策客观上引起了竞争力与碳泄漏的顾虑。2021年3月，欧洲议会投票通过了"碳边境调节机制"（Carbon Border Adjustment Mechanism，CBAM）议案。碳边境调节机制希望在提高欧盟应

---

① 是指富含有机质、成熟的暗色泥页岩或高碳泥页岩中由于有机质吸附作用或岩石中存在着裂缝和基质孔隙，使之储集和保存了具一定商业价值的生物成因、热解成因及二者混合成因的天然气。——编者注

对气候变化承诺时保护欧盟企业不受国际竞争力和碳泄漏威胁。该议案称,自2023年起,与欧盟有贸易往来的国家若不遵守碳排放相关规定,欧盟将对这些国家的进口商品征收碳关税。议案指出,欧盟碳排放交易体系(EU Emissions Trading System,EU ETS)下的所有商品均应纳入碳关税征收范围。也就是说,该机制应涵盖电力和能源密集型工业部门,例如水泥、钢铁、铝、炼油厂、造纸、玻璃、化工和化肥等。这些被欧盟碳排放交易体系覆盖的高碳行业占欧盟工业碳排放的94%左右,而且大部分在欧盟碳排放交易体系下仍能获得相当比例的免费配额。

欧盟政府向这些工业企业提供免费碳配额是为了欧盟企业不受碳泄漏威胁。既然碳边境调节机制是作为解决欧盟碳排放交易体系中碳泄漏风险的替代措施,欧盟就不能对欧盟外的企业征收碳关税而同时对欧盟内同业竞争企业提供免费碳配额,对欧盟企业提供双重保护。单就碳边境调节机制对不同生产地的"同类产品"提供差别待遇这一点,就与世界贸易组织条款不兼容,存在滥用贸易保护的嫌疑。

当前,碳边境调节机制的具体实施方案还在制定过程中,欧盟委员会将于2021年7月正式提出碳边境调节机制的具体方案,确定碳边境调节机制是将选择征收碳关税、把欧盟排放交易体系扩展到进口产品、征收碳税,还是选择出口退税形式予以推进实施。欧洲议会对该议案是否纳入"逐步削减免费碳配额"意见不一,最终该条款并未被收录,但是议案仍保留了"避免对欧洲工业双重保护"这一条款。欧盟委员会提出的关于碳关税的具体方案如何实施、如何避免对欧洲工业双重保护、碳关税覆盖的部门等,将是减缓碳关税引发贸易保护主义质疑的关键。

无疑,包括中国在内的发展中国家反对欧盟碳边境调节机制的实施。2020年11月16日,中国驻欧盟使团、欧盟中国商会和欧洲工商峰会联合主办中欧绿色合作高级别论坛。中国生态环境部气候变化事务特别顾问解振华出席会议,介绍中国应对气候变化重要举措,商谈中欧绿色合作未来,并指出,碳边境调节机制在有效性、正当性、合法性和技术复杂性上都存在问题,中国对此持反对立场。在2021年4月8日发布的《第三十次"基

第三章 深化"双碳"改革 缔造生态未来

础四国"气候变化部长级会议发布的联合声明》中,四国部长"对实施如碳边境调节机制等贸易壁垒的提议表示严重关切,该提议具有歧视性,且违反了公平原则、共同但有区别的责任原则和各自能力原则"。虽然早在拜登竞选总统时提出的《清洁能源革命和环境正义计划》中就表示要对那些"未能履行气候和环境义务"国家的商品征收"费用",但目前来看,美国对欧盟碳边境调节机制也表达了顾虑,美国总统气候特使克里表示,碳边境调节机制应将其留作耗尽其他方案后的"最后的手段"。美国有如此顾虑的原因在于两个方面。一方面是当前欧美双方正在争夺国际气候治理领域的领导地位,若欧盟碳边境调节机制率先施行,将削弱美国在相关议题上的影响力。另一方面,也许是更主要的原因,美国征收碳关税的前景并不明朗,至今还没有推出全国性的碳价(碳税或碳排放交易)政策,缺乏对其他国家的进口商品实施碳关税的理由,如果欧盟通过碳边境调节机制,美国也难免成为其目标地区;在州层面,美国一些州关于碳税的提案多次未能获得通过,即使通过,美国各州的碳减排成本不同,征收的碳税亦不同,那么要对同类进口商品各州征收不同碳关税吗?这样的话,进口商便会选择低税收的口岸入关。一个国家不会也不允许在非自由贸易试验区之外设置差异化的关税,一个国家征收不同碳关税既不符合征收这种税的初衷,更违背世界贸易组织的条款规定。

欧盟碳边境调节机制的实质是通过对进口产品隐含的碳排放进行定价的方式,将欧盟的碳排放交易体系扩展到世界其他地区。在《联合国气候变化框架公约》及《巴黎协定》的多边框架之外再采取诸如碳边境调节机制额外的单边措施解决气候变化问题,面临许许多多的问题。这一政策的接受度、严厉程度和影响范围取决于碳边境调节机制的相关细节的制定和实施。对发展中国家,尤其是不发达发展中国家,欧盟是否普遍免除对他们的碳边境调节收费?欧盟征税产生的收入,除用于实现《欧盟绿色新政》的目标外,如果部分资金用于资助发展中国家的绿色低碳发展,则将有助于提高发展中国家的接受度。为了避免双重碳税,欧盟估计会免除国内碳价水平以及与其相当的国家的进口碳税。那么,对国内碳价水平比欧盟低的国家，欧盟是否会免除呢？如不免除，欧盟就是对已运行碳市场、征收碳税的国家重复收税。

事实上，碳价一定程度上反映了本地区的减排成本及配额供需关系。世界各国具有不同的国情、发展阶段、经济和能源结构和技术水平，不同行业在不同国家和地区具有各不相同的减排成本。正如发展中国家生产同类产品成本低一样，发展中国家实现国际气候变化协议规定的义务碳成本低也是意料之中的事，因此发展中国家碳价低并不奇怪。从贴现率的角度讲，即使气候变化未来各个阶段造成的损害相同，由于发展中国家的利率一般高于发达国家，发展中国家气候变化未来对社会造成损害的折现值也将比发达国家低。因此，发展中国家的碳的社会成本比发达国家低，那么发展中国家的碳价比发达国家低是合理的。从这个角度看，欧盟碳边境调节机制有强迫不同发展水平和能力的国家执行统一的碳价之嫌。不过，考虑到欧盟碳边境调节机制是目前全球唯一公布且可能影响广泛的碳价政策，中国与国际社会应就碳边境调节机制的碳核算体系、与世界贸易组织规则的兼容性、适用的范围和时机等议题加强对话与协调，尽快制定出能被各国广泛接受的应对竞争力和碳泄漏顾虑的政策或指南，避免单方面采取碳边境调节措施可能带来的冲突。

参考文献

[1] 余璐.《中国上市公司环境责任信息披露评价报告（2019年度）》发布——上市公司环境责任信息披露情况有所改善 仍有逾七成未公布有效样本[N].消费日报,2020.

[2] MEPs:Put a carbon price on certain EU imports to raise global climate ambition[J]. M2 Presswire,2021.

[3] Zhang Zhongxiang. Are China's climate commitments in a post - Paris agreement sufficiently ambitious?[J].Wiley Interdisciplinary Reviews: Climate Change,2017,8(2):22.

[4] Zhang Zhongxiang. Carbon emissions trading in China: the evolution from pilots to a nationwide scheme[J].Climate Policy,2015,15.

[5] Massimo Tavoni, Elmar Kriegler, Keywan Riahi, et al. Post-2020 climate agreements in the major economies assessed in the light of global models[J].Nature Climate Change,2015,5.

[6] Zhang Zhongxiang. In what format and under what timeframe would China take on climate commitments? A roadmap to 2050[J].International Environmental Agreements: Politics, Law and Economics,2011,11(3):20.

[7] Gallagher K. P., et al. Fueling Growth and Financing Risk: Benefits and Risks of China's Development Finance in the Global Energy Sector[J].Global Economic Governance Initiative,2016,5.

[8] Tavoni M., et al.Post-2020 Climate Agreements in the Major Economies Assessed in the Light of Global Models[J].Nature Climate Change,2015.

碳达峰、碳中和目标与中国的新能源革命

王永中

中国社会科学院大学国际关系学院教授，中国社会科学院世界经济与政治研究所研究员

当前，尽早实现碳达峰和碳中和已成为国际社会的共识与行动，全球约有 130 个国家计划在 21 世纪中叶达成碳中和目标，其碳排放额占全球碳排放总额的 61% 左右。碳达峰、碳中和目标是中国政府立足新发展阶段，贯彻"绿水青山就是金山银山"的理念，在充分考量国内外环境和全面权衡利弊得失的基础上，所作出的重大战略决断，攸关中华民族的根本福祉与经济社会的绿色转型发展。作为一个产业结构偏重、能源消费偏煤、能源效率偏低、油气供应风险偏高和可再生能源设备制造能力较强的发展中大国，碳达峰、碳中和目标压力将会倒逼中国的经济和能源结构调整，甚至构成前所未有的颠覆性冲击。因此，阐述碳达峰、碳中和目标下中国能源革命和发展的特征，分析碳达峰、碳中和目标对中国经济和能源的影响机制，探讨碳达峰、碳中和目标的可能实施路径，对促进中国的新能源革命和绿色低碳转型，具有重要的理论价值和现实意义。

碳达峰、碳中和目标与中国的可持续发展战略

目前，温室气体排放引发的环境污染和气候变化问题已构成全球经济社会可持续发展的严峻挑战。煤炭、石油和天然气等化石能源的大规模发现和利用，极大地提高了劳动生产率，人类社会实现了大繁荣和大发展。但与此同时，两百多年来，化石燃料燃烧所排放的二氧化碳累计达22000亿吨，产生了严重的环境污染和气候变化问题。自工业革命以来，大气中的二氧化碳浓度持续上升，目前已达到0.0419%[①]；全球地表平均温度已升高1.1摄氏度，据相关研究表明，若不加以控制，到21世纪下半叶有可能升高2.5摄氏度。地表温度的上升，会造成一系列气候和环境问题，主要包括：一是冰川融化，海平面上升，一些岛屿和沿海城市可能被淹没；二是病虫害增加，传染性疾病暴发概率急剧上升，人类生命健康和农作物生产将遭受严重威胁；三是气候反常加剧，极端气候现象频发，全球经济社会运行和能源供应的不确定性风险大幅上升；四是土地干旱化程度加深，沙漠化面积持续扩大，生态环境进一步恶化。这显然超越了地球生态系统的自我修复能力。

碳达峰和碳中和是应对温室气体排放与环境污染问题的必经之路。关于"碳"的内涵，有狭义和广义之分。狭义的"碳"是指二氧化碳，广义的"碳"则指温室气体，即除了二氧化碳，还包括甲烷、氧化亚氮、氢氟碳化合物、全氟碳化合物、六氟化硫、臭氧等。需要指出的是，空气污染物通常与温室气体一起排放，其过程如化石燃料燃烧、工业加工生产、废物处理等。而且，绝大多数空气污染物，如烟尘、硝酸盐、硫酸盐、臭氧等，均对气候产生负面影响。因此，减少温室气体排放会显著改善空气质量和公共健康。所谓碳中和，是指碳的排放量和清除量基本达到平衡，实现净零排放。根据碳中和目标的设计思路，在技术进步和创新取得重大突破的情形下，经济增长将与碳排放实现根本性脱钩，人类社会在维持全球经济稳定增长的同时，人为碳排放量将降至

---

① 此处指大气中的二氧化碳的体积分数。——编者注

极低的水平，且这一极低的碳排放将通过碳捕集与封存、植树造林等方式被人为吸收，从而将所排放的二氧化碳对自然环境产生的影响降低到净零程度。2019年，全球碳排放量为401亿吨二氧化碳，其中86%源自化石燃料利用，14%由土地利用变化产生，这些排放量被陆地碳汇吸收了31%，被海洋碳汇吸收23%，剩余的46%滞留于大气中的碳需要通过碳中和的方式予以吸收。

顺应风起云涌的国际碳中和运动大势，中国政府宣布"力争2030年前二氧化碳排放达到峰值，努力争取2060年前实现碳中和"，并承诺"到2030年，中国单位国内生产总值二氧化碳排放将比2005年下降65%以上，非化石能源占一次能源消费比重将达到25%左右"。而且，在"十四五"规划和2035年远景目标纲要中，明确强调"坚持绿水青山就是金山银山理念"，并加强十九届五中全会提出的"实施可持续发展战略，完善生态文明领域统筹协调机制，构建生态文明体系，推动经济社会发展全面绿色转型，建设美丽中国"，且将"单位国内生产总值能源消耗累计降低13.5%，单位国内生产总值二氧化碳排放累计降低18%"作为约束性减排目标。为推进碳达峰、碳中和目标的实现，"十四五"规划要求各级政府"落实2030年应对气候变化国家自主贡献目标，制定2030年前碳排放达峰行动方案"，并"锚定努力争取2060年前实现碳中和，采取更加有力的政策和措施"。

碳达峰、碳中和目标的提出，是党中央立足新发展阶段、贯彻新发展理念，在通盘考虑全球发展大势、国内现实条件和潜在成本收益的基础上作出的重大战略决策，事关中国经济社会的长远发展、中华民族的根本福祉和人类命运共同体的构建。经过四十余年的改革开放和经济快速增长，我国出口导向型经济增长模式取得巨大成功，成长为世界工厂和全球第二大经济体，人均国内生产总值已经基本上稳定超越全球平均水平，即将迈入高收入国家的行列，居民消费需求不断升级，不再满足于低层次物质消费需求，对于高品质生活和美丽和谐生态环境的需求日益强烈。然而，我国各级政府部门此前高度强调追求经济增长和创造就业机会，在环境保护领域历史欠账较多，导致环境污染和资源耗竭问题较为严重。

党的十八大以来，我国适时对经济结构进行调整，不再片面追求经济高速增长，经济增长方式逐步由出口导向、投资驱动和资源消耗向消费驱动和科技创新驱动转变，注重同步推进物质文明建设和生态文明建设，以促进经济社会发展的低碳和绿色转型，建设人与自然和谐共生的现代化。碳达峰、碳中和目标将有力促进我国的新能源革命和产业结构升级，培育绿色发展动能，提升经济社会发展质量效益，实现经济繁荣发展和生态环境质量持续改善的有机统一，为我国在"十四五"规划末期进入高收入国家行列、在2035年基本实现社会主义现代化并达到中等发达国家水平、本世纪中叶建成富强民主文明和谐美丽的社会主义现代化强国筑牢根基。作为最大的发展中国家和碳排放大国，中国的碳达峰、碳中和目标极大地推动了全球碳中和运动，展现了中国加快绿色低碳发展的决心和负责任大国的担当，为全球应对气候变化贡献了中国智慧和中国方案，为全球生态文明以及人与自然生命共同体的建设注入了强大动力。中国的碳达峰、碳中和目标是全球碳中和运动的一个里程碑事件，促使宣布碳中和目标的国家在全球的碳排放份额由20%大幅提升至48%。2021年1月，在美国拜登政府提出2050年实现碳中和目标后，宣布碳中和国家在全球的碳排放份额进一步攀升至61%。

▶ 碳达峰、碳中和目标下全球与中国的能源革命及其发展特征

碳达峰、碳中和目标将会触发全球和中国的能源系统革命，促进经济全面绿色低碳转型。碳减排是实现碳达峰、碳中和目标的基础路径，而碳封存、碳捕捉和森林碳汇等起辅助性作用。从经济结构和能源结构角度看，碳减排的途径理论上主要有三条：一是调整经济结构，控制钢铁、电解铝、水泥和玻璃等高能耗、高排放行业的发展规模，降低能源消耗强度大的制造业，特别是重工业的比重，提高能源强度较小的服务业和轻工业的比重；二是调整能源结构，降低碳含量高的煤炭、石油等化石能源的消费比重，提高零碳的可再生能源以及低碳的天然气等清洁能源的消费比重，加快工业、建筑、交通等领域的电气化；三是通过科技手段，全面推进电力、工

业、建筑、交通等重点领域节能，提高能源使用效率，减少能源生产、运输和消费环节的浪费，降低单位国内生产总值能耗。

随着碳达峰、碳中和目标的不断推进，未来全球和中国能源系统的革命和发展将呈现如下特征。

第一，能源结构趋于多元化，非化石能源将逐渐占据主体地位。在历史上很长一段时间内，全球能源系统通常被一个单一能源支配。在农耕社会，薪材占据统治地位。在20世纪上半叶，煤炭是主体能源。后来，随着煤炭地位下降，石油成为居支配地位的能源。碳中和转型意味着未来二十余年能源结构将出现前所未见的多元化局面，石油、天然气、可再生能源和煤炭将可能四分天下，各占四分之一份额。伴随着低碳转型的推进，主体能源将由石油、天然气、煤炭等化石能源向可再生能源逐步过渡，预计非化石能源可能在21世纪40年代早期占据主体地位。可再生能源占一次能源的比重将由2018年的5%升至2050年的50%左右，化石能源的比重则相应由85%降至30%左右。

第二，煤炭和石油消费将显著下降，天然气需求则相对稳定。其主要体现在以下三个方面。一是煤炭消费将会持续显著下降。根据《BP[①]世界能源统计年鉴（2020）》预测，2050年，煤炭消费可能下降85%～90%，在一次能源结构中的比例将低于5%。全球煤炭消费下降将由中国驱动，中国的煤炭消费下降量将占全球煤炭消费削减量的一半左右，而其中电力部门减碳程度最高，削减量约占煤炭消费下降总量的三分之二。二是全球石油需求可能已达峰。新冠肺炎疫情导致石油消费行为发生变化，居家办公和自驾出行需求上升，外出旅行和乘坐公共交通的需求下降。在能效改进和电动汽车销售强劲增长等因素的作用下，汽车行业不再扮演石油需求引擎的角色。研究显示，全球石油需求可能在2019年已达峰，且将难以恢复到新冠肺炎疫情暴发前的水平。中国石油需求在2030年将达到峰值，但印度的进口需求会继续上升。2050年，全球日均石油需求量可能下降3000万～5500万

---

① BP，Britian Petroleum，英国石油公司。——编者注

第三章 深化"双碳"改革 缔造生态未来

桶。三是作为清洁能源和过渡能源，天然气需求较为稳定。未来15年，中国和印度等亚洲经济体的"煤改气"进程加快会驱动天然气需求继续稳定增长，预计天然气消费在2035年左右达峰。2036—2050年，中国和欧洲的天然气需求可能会下降。2050年，全球天然气消费可能回落至2018年的水平。

第三，电力和氢能在能源结构中的地位显著提升。鉴于发电部门去碳化程度较高，在碳中和目标导向下，应尽量用电力取代化石能源以作为最重要的能量来源，电气化程度将会大幅提高。考虑到可再生电源的间歇性和不稳定性特征，未来电力系统的智慧化水平将显著增强，会通过互联网、物联网、人工智能、大数据、云技术等，将人、能源设备、能源服务互联互通，使电源、电网、电荷以及能源存储相互协调。然而，不同行业或部门电气化程度存在差异。一些行业或部门难以实施电气化，如钢铁、水泥和化工等高温的工业生产加工过程，以及远程交通运输，包括重型卡车、航空和海运等。对于这些难以电气化的过程或领域需要采取替代性的低碳或零碳能源。利用可再生能源（光伏或风电等）制取氢、氨和可再生合成燃料，用于汽车、船舶、航空和工业等。特别是可再生合成燃料是一项极具潜力的变革性技术，采用可再生能源合成液体燃料，一旦取得技术突破，将使交通和工业燃料不再依赖化石能源。

第四，光伏太阳能将占据能源系统的中心地位。在过去的十余年中，光伏太阳能发电成本下降82%～90%左右，在绝大多数国家低于新的燃煤电站或天然气电站的成本。太阳能光伏的年新增装机容量在2021—2025年预计为250吉瓦[①]，在2026—2035年预计达到350吉瓦，分别约等于2000年以来年均60吉瓦新增装机容量的4倍、6倍。2030—2050年，以太阳能为代表的可再生能源将逐步由替代能源向主体能源过渡，太阳能将占据全球能源系统的中心舞台。根据国际能源署（International Energy Agency，IEA）2020年的预测，2030年，可再生能源发电将会满足80%的电力需求增加。未来一段时间，水电仍将是最大可再生电力来源，但2022年后，电力供应增长主要来源于太

---

① 功率单位，符号为GW。1吉瓦=10亿瓦。——编者注

阳能光伏发电，紧随其后的是陆上风电和海上风电。伴随着太阳能、风能和能源效率技术的快速发展，氢能、碳捕捉使用和储存、核能会有大的发展。这有助于形成以新能源为主体的新型电力系统，常规火力发电将从目前的基荷电力转变为调峰电力，结合碳捕集与封存的火电，将为大电网稳定性和灵活性提供保障，实现电力零碳化。

第五，可再生能源快速发展导致关键金属长期需求大幅上升。与传统化石能源发电不同，光伏、风电和电动汽车需要更多的金属。锂、镍、钴、锰、石墨对于电池的功效、寿命和能源强度非常重要。稀土永磁材料对于风力发电机和电动汽车至关重要。电网需要大量的铜和铝，其中铜是电力系统的基石。电动汽车的金属使用量是普通燃油汽车的 6 倍，陆上风力发电站的金属需求量是天然气发电站的 10 倍。根据国际能源署的预测，在实现《巴黎协定》目标的情形下，未来 20 年，可再生能源部门的金属需求份额将大幅提升，在铜、稀土元素中的消费份额将超过 40%，在镍和钴中的需求份额将达 60%～70%，在锂中的消费份额将超过 90%。电动汽车和储能电池将替代消费者电子产品成为最大的锂消费部门，并在 2040 年成为镍的最大消费者。若 2050 年实现全球碳中和目标，全球能源转型步伐将进一步加快，2040 年金属需求将比 2020 年增长 6 倍多。作为主要需求方，电动汽车和储能电池的金属需求在 2040 年将至少增加 30 倍。锂需求将经历最为迅猛的增长，2040 年将增长 40 多倍，紧随其后的将是石墨、钴和镍，约增长 20～25 倍。电网的扩张意味着电缆的铜需求将会加倍。

碳达峰、碳中和目标对中国经济和能源系统的影响

作为一个产业结构偏重、能源消费偏煤、能源效率偏低、油气供应风险偏高和可再生能源设备制造能力较强的发展中大国，碳达峰、碳中和目标的提出及实施，将会对中国的经济结构和能源系统构成全面且深远的影响，甚至是前所未有的颠覆性冲击。碳达峰、碳中和目标对于中国是挑战

第三章 深化"双碳"改革 缔造生态未来

和机遇并存,既经受着经济和能源结构调整的巨大压力,又面临着推进绿色低碳转型发展和持续创新能源科技新优势的时代机遇。

第一,减排任务重和向碳中和过渡时间短,加大了产业和能源结构调整的压力与风险,倒逼经济结构低碳转型。相较于发达国家,中国在经济结构、能源结构和能源效率上存在明显劣势,在推进碳达峰、碳中和目标上面临着巨大的障碍和挑战,加大了产业和能源结构调整的压力与成本,体现在以下几个方面。一是碳减排任务艰巨。目前,中国是世界上最大的碳排放国,人均碳排放列49位,是全球平均水平的1.6倍。2019年,中国碳排放量占全球的28.8%,接近排名第2位至第5位的美国、印度、俄罗斯和日本四国的总和,远高于约18%的人口和国内生产总值的份额,中国人均碳排放水平虽相当于美国的一半,但已超过英国、法国等国家。二是碳达峰向碳中和过渡的时间短。发达国家已实现自然碳达峰,向碳中和过渡的时间有五六十年,其能源转型是沿着先由石油替代煤炭、再由天然气替代石油的递进规律自然形成的,而中国尚未实现碳达峰,城市化进程尚未完成,大量低收入群体在不同程度上存在能源贫困现象,人均能源消费需求仍维持增长,向碳中和过渡的时间仅三十年,调整经济结构和能源结构的任务繁重,能源转型是在没有完成油气时代的条件下直接进入可再生能源时代,造成电力灵活性资源先天匮乏。三是制造业比重偏高和经济发展任务繁重,能源强度下降空间受到制约。发达国家已实现高度服务化,能源强度已明显下降,但中国目前刚刚接近高收入国家的门槛,经济发展和追赶任务繁重。要实现"十四五"规划和2035年远景目标,未来十五年中国经济年均增速仍然需要保持在5%这一较快水平,才能在2025年、2035年分别进入高收入国家、中等发达国家的行列。为降低单位国内生产总值的能耗和碳排放水平,中国可调整和优化经济结构,淘汰钢铁、水泥、玻璃等过剩行业的部分产能,降低工业经济特别是高排放高污染重化工业的比重,但制造业是立国之基,不能过早去工业化,其在国民经济中的份额宜稳定维持在40%左右。四是能源转型面临着"富煤、贫油、少气"的资源禀赋瓶颈。目前,煤炭在中国一次能源消费结构中的比重高达60%,非化石能源占比仅15%,石油和天然气消费高度依赖进口,能源供应安全风险居高不下，水电和核电等清洁能源发展空间受限，光伏发电和风电发展势头虽迅猛但占比太低，调整和优化现有能源结构的回旋空间小，预计未来较长一段时间内煤炭仍将扮演主体能源角色和兜底保障功能。尽管中国是最大的碳排放国，但减排的潜力大且速度快。在过去二十余年中，中国的单位国内生产总值碳排放强度下降了40%，仅次于英国，是全球碳强度下降幅度第二大的国家，完成了哥本哈根会议的承诺和"十三五"规划的减排目标。而且，碳达峰、碳中和目标压力会倒逼中国的产业结构从高污染、高排放的产业向低碳产业加快转型。低碳产业转型将提高产业的全要素生产率、改变生产方式、培育新的商业模式，有助于促进中国实现经济结构调整、优化和升级的目标。

第二，能源和环境成本上升导致中国制造业成本增加，国际价格竞争力削弱。碳达峰、碳中和目标对中国制造业竞争力的影响是国内关注的一个焦点。目前，中国是世界工厂和第一制造业大国，约进口了全球一半的金属矿石资源。据联合国的一项统计，2018年中国制造业增加值达40000亿美元，远超美国的23000亿美元、日本的10000亿美元、德国的8000亿美元，约相当于这三个老牌工业强国的总和。客观地看，中国制造业之所以取得如今世界工厂的地位，固然与高素质且低成本的劳动力、完整的工业产业链条和产业集聚的优势相关，但还有一个不可忽视的因素是，未将生态环境成本计算在内。在当前能源技术没有取得明显突破，碳减排以产业结构调整、节能增效和非化石能源发展为主要手段的情形下，加大碳减排力度，显然会增加企业的成本，削弱制造业的竞争力。对煤炭、金属冶炼、钢铁和水泥等高排放行业的产能限制，会导致能源、金属原材料和建材的供应紧张与价格上涨。而且，现阶段的风电与光伏实际上并未实现真正意义上的"平价"，没有考虑电力波动性所造成的电网平衡与消纳成本。据估算，假设2030年我国风电、光伏发电渗透率达到20%～30%，可能导致全社会度电成本增加0.031～0.059元，并致使消费者价格指数、生产价格指数分别上升0.21%～0.42%、0.48%～0.94%。另外，欧盟拟于2023年实施的碳边境调节税将对中国输欧商品产生负面影响，其中，机械设备业、金属制品业、非金属矿物制品业等行业受冲击较大。碳达峰、碳中和目标虽会增加中国制造业的环保成本，在一定程度上削弱中国制造的价格竞争力，但也会引导国内制造业企业加快转型升级的步伐，从长远看有利于提升中国制造的国际竞争力。

第三，可再生能源行业扩张将创造就业机会，巩固光伏和风电设备制造的国际竞争力，有利于抢占国际绿色科技竞争制高点。当前，科技革命对全球经济和能源系统产生了深刻影响。人工智能、大数据和量子信息等信息技术的发展，不仅改变了人们生活、工作和联系的方式，创造了新的产业、经济机会和商业模式，而且推动储能电池、太阳能光伏电池、电动汽车等清洁能源技术出现前所未见的突破，并有望使可再生能源成为引领本世纪科技进步和经济繁荣的前沿新兴产业。随着低碳经济转型的加速，将会有越来越多的就业岗位由传统的化石能源、高耗能高排放的部门向新兴产业部门转移。而且，当可再生能源的技术成本不断降低和性能不断提升时，光伏发电和风电等新兴技术发展在创造就业上的正面效应便越发凸显。从而，越快拥抱新能源技术革命的国家，越可能在21世纪经济科技发展中抢占优先地位。中国在发展可再生能源和新兴绿色经济领域处于较为领先的地位，如太阳能光伏电池、储能电池、电动汽车、5G、人工智能等。但与国际先进水平相比，中国绿色低碳重大战略技术储备不足，整体仍处于"跟跑"状态。在过去十余年中，中国可再生能源部门创造了大量就业机会。2010—2019年，中国对可再生能源部门的投资达8180亿美元，成为太阳能光伏发电和光热发电的最大市场。2010—2019年，中国在可再生能源行业创造了440万个工作岗位，约占全球的38%，其中，光伏发电部门提供就业机会220万个，占59%；海上和陆上风电创造了50万个就业岗位，占44%；水电部门提供就业机会60万个，占29%；太阳能加热和制冷部门创造就业职位70万个，占81%。根据2021年美国高盛跨国银行控股公司集团的预测，截至2060年，中国在清洁技术基础设施领域的投资将达160000亿美元，将创造4000万个就业机会。而且，中国是可再生能源制造业大国，拥有全球70%的光伏产能和40%的风电产能，全球碳达峰、碳中和目标将为中国的光伏发电和风电设备提供巨大的市场机会。从而，中国可通过鼓励可再生能源行业的扩张，创造工业机会，推动国内绿色经济发展，并提升可再生技术的国际竞争力，抢占21世纪绿色科技领先国家地位。

第四，风电光伏大规模并网对电力系统安全运行构成威胁，煤电有序退出面临巨大困难。电力行业是实现碳达峰、碳中和目标的主战场，电力替代化石能源的进程将会加快，电气化时代会加速到来。这对中国电力系统而言，既是难得的发展机遇，又是巨大的挑战和紧迫的任务。电力行业是中国最主要的碳排放部门，且"一煤独大"的特点突出。2020年，中国电力行业碳排放占全国碳排放总量的37%；煤电发电量占比60.8%，而风电和光伏的发电量占比仅9.6%。在碳达峰、碳中和目标压力下，中国电力行业面临着两个紧迫的问题：一是如何在确保电力供应稳定、就业稳定和尽量减少前期投资浪费的前提下，逐步、有序地推进中国现役的1000多座燃煤电厂退役。中国的燃煤电站远比发达国家年轻，现有大部分燃煤电站是在2005年后才安装的，还有数十年的设计寿命，过早退役燃煤电站不仅是对以往投资的巨大浪费，而且会造成电力供应短缺问题。值得警惕的是，一些地方政府为拉动投资和刺激经济，逆势上马了一批煤电项目，这加大了煤电退出的难度，造成新的投资浪费。据统计，2020年新核准煤电装机容量合计为4610万千瓦，约占"十三五"期间核准总量的32%，是2019年获批总量的3.3倍。而且，碳中和与煤电行业产能过剩两因素叠加，导致煤电企业难以获取银行贷款，融资风险显著上升。二是如何处理风电光伏在未来大量并网和消纳后给电力系统安全带来的冲击。风电光伏的大规模并网会给电力系统带来间歇性挑战，如某一段时间发电量过大或过小，威胁着电力系统安全，对电力系统的市场机制设计、规划设计、生产管理、运行控制带来挑战。同时，由于中国电力的生产和消费存在着地域空间上的分离问题，以至于电力供应出现全年整体过剩和尖峰时刻短缺并存的现象。

第五，可再生能源发展有利于降低对外油气依赖度，但加大了关键金属的潜在供应风险。"富煤、贫油、少气"的资源禀赋，致使中国的油气供应高度依赖海外市场，石油、天然气消费的对外依赖度分别超过70%、40%，导致中国油气供应的地缘政治风险和运输通道风险居高不下。与油气资源地理分布失衡不同，地球上的风、光资源分布较为均衡，从而，可再生能源发展有助于降低中国的油气供应风险。不过，可再生能源行业扩张将会推动铜、锂等金属需求出现结构性增长，且金属矿石资源供应垄断程度高于油气，从而，未来能源地缘政治焦点可能由油气转移至铜、锂等关键金属上，关键金属的潜在供应风险将会凸显。关键金属的供应风险主要体现在以下几个方面。一是生产地理集中度高。能源转型所需要的许多重要金属的生产集中度高于油气。例如，刚果（金）[①]的钴产量占全球70%，澳大利亚的锂产量占全球50%以上，智利的铜产量占全球30%，等等。二是项目投产期长。金属矿从发现到生产一般需要16年时间。供应弹性小，产量难以在需求和价格快速上升时作出同步反应。三是资源质量下降。近年来，一些矿产品品质持续下跌。在过去15年中，智利铜的品质等级下降了30%。提炼低品位的金属矿石需要更多的能源消耗、生产成本和温室气体排放。四是环境标准趋严。金属矿产资源的开采和加工会产生环境和社会问题，如果应对不善，将危害当地社区和破坏供应。目前，要求矿企可持续和负责任生产的呼声高涨。五是气候风险上升。50%的铜、锂生产位于水资源短缺的地区。澳大利亚和非洲的金属供应易受酷热、洪水的负面影响。关键金属需求的快速增长对供应的可获得性和稳定性构成严峻挑战。目前，一些关键金属的产能和投资计划远低于光伏电池板、风电机和电动车快速部署的需求。金属供应风险将导致清洁能源转型速度放慢、成本更高，阻碍全球对抗气候变化的努力。不过，中国可充分利用在稀土资源及加工、金属提炼领域的优势，提升可再生能源关键金属供应的稳定水平。

---

① 刚果民主共和国，简称刚果（金），首都为金沙萨。——编者注

结论与对策建议

目前，国际碳中和运动风起云涌，提出碳中和计划的国家碳排放约占全球碳排放总量的61%。碳达峰和碳中和目标的提出，是中国政府在顺应国际碳中和运动大势、立足新发展阶段、贯彻"绿水青山就是金山银山"理念、着眼中华民族伟大复兴和经济社会全面绿色转型的基础上，所作出的重大战略抉择。随着碳达峰、碳中和目标的逐步推进，预计全球和中国的能源系统革命与发展将呈现五个特征：一是能源结构趋于多元化，非化石能源将逐渐占据主体地位；二是煤炭和石油消费将显著下降，天然气需求相对稳定；三是电力和氢能的地位明显提升；四是光伏太阳能将占据中心地位；五是可再生能源发展导致关键金属长期需求大幅上升。碳达峰、碳中和目标对于中国是挑战和机遇并存，挑战体现在经济和能源结构调整压力大、制造业成本上升、煤电退出困难、光伏风电大规模并网威胁电网平稳运行、可再生能源的关键金属供应存在隐患，机遇表现在光伏和风电设备国际竞争力较强、对外油气依赖度降低和低碳绿色转型加快。

推进碳达峰和碳中和是一场广泛而深刻的社会、经济和能源系统革命，需要立足新发展阶段，坚持"绿水青山就是金山银山"的理念，把碳达峰、碳中和目标纳入经济社会发展和生态文明建设整体布局，充分发挥党和国家统一领导、集中力量办大事的制度优势，统筹利用国内国际各种资源，以经济结构全面绿色转型为引领，以能源绿色低碳发展为关键，深入实施可持续发展战略，促进经济社会发展全面绿色转型。具体建议如下。

一是加强碳达峰、碳中和目标实现路径的顶层设计和系统谋划。设计碳达峰、碳中和两步走方案，制定2030年前碳达峰行动方案，拟定能源、钢铁、石化、建筑和交通等行业的碳达峰实施方案，完善财税、金融、土地和价格等保障措施，鼓励具备条件的地区和行业提前碳达峰。碳达峰、碳中和的实施过程应坚持循序渐进原则，注重维持经济发展与节能减排之间的平衡，应严控新增高排放高污染（"双高"）项目建设，稳妥推进存量"双高"项目的调整和退出，切忌犯急躁冒进错误和实行盲目"一刀切"

政策。

二是大力推进产业结构调整升级。推进供给侧结构性改革，大力淘汰落后产能，化解过剩产能，坚决遏制"双高"项目的无序盲目发展，鼓励发展战略性新兴产业，加快工业绿色低碳改造和数字化转型，提升农业和服务业的低碳发展水平。

三是构建清洁、低碳和高效的能源体系。遏制地方投资冲动，严控新煤电项目，稳妥推进小型煤电项目的整合和有序退出。加快发展风电、太阳能发电，大力提升储能和调峰能力，构建以新能源为主体的新型电力系统。

四是加大绿色低碳技术创新研发投入。建设一批国家科技创新平台，布局一批前瞻性、战略性低排放技术研发和创新项目，加大能效提升、智能电网、高效安全储能、氢能、碳捕集利用与封存等关键核心技术研发的投入力度，加快低碳、零碳技术发展和规模化应用。

五是提升可再生能源关键金属供应安全。加强国内矿产资源的勘探开发投入，鼓励废金属回收利用，提高关键金属资源的国内保障能力。通过拓展进口渠道和增加海外直接投资的方式，维护海外金属资源的供应稳定。充分利用在稀土资源及加工、金属加工领域的优势，提升中国在国际金属资源市场的议价权。

六是加强国际交流合作与政策协调。积极参与应对气候变化国际合作，反对将碳排放作为地缘政治的筹码和贸易壁垒的借口，维护中国的发展权益。参与国际规则与标准制定，推动建立公平合理、合作共赢的全球气候治理体系。完善绿色贸易、投资和融资体系，共同打造绿色"一带一路"。

开启我国能源体系重大变革和清洁可再生能源创新发展新时代
——深刻理解碳达峰、碳中和目标的重大历史意义

卢 纯

第十三届全国政协常委，中国长江三峡集团原党组书记、董事长

由温室气体排放引发的全球气候变化已经给全人类的可持续发展带来了严峻的现实挑战，减排温室气体已经成为世界共识。2020年9月，习近平主席在联合国大会上代表中国政府向世界宣布："中国将提高国家自主贡献力度，采取更加有力的政策和措施，二氧化碳排放力争于2030年前达到峰值，努力争取2060年前实现碳中和。"碳达峰、碳中和目标的提出，顺应了绿色低碳可持续发展的全球大势，充分展示了中国负责任的大国担当，也开启了中国新一轮能源革命和经济发展范式变革升级的"倒计时"。

实现碳达峰、碳中和目标是一场广泛而深刻的经济社会系统变革，将推动中国能源产业和经济结构转型升级以及发展范式的全面改变。中国拥有全世界规模最大的清洁可再生能源体系，同时又是以煤炭为社会主体能源的世界第一大能源消费国。加快构建清洁低碳、安全高效的能源体系，

对我国实现碳达峰、碳中和目标，在新一轮能源革命中掌握转型发展先机具有重大意义。

一、能源是人类文明发展进步最重要的推动力量，发挥着塑造社会主体技术和经济发展范式的基础性作用，能源的低碳化是人类实现可持续发展的历史必然

能源是人类文明进步的阶梯，是经济社会发展、科学技术进步、文化教育昌明的动力，是支撑人类工业文明大厦的基石，在人类文明发展进步过程中发挥着不可替代的基础性作用。今天，人类文明之树已深深扎根于能源的沃土之中，并不断从中汲取发展进步的动力。能源的开发和利用成就了人类社会的快速发展，但长期以来人类以煤炭、石油为社会主体能源，并形成了高度依赖，化石能源自身的固有弊端和特殊属性已经严重影响全球生态环境并危及人类社会的可持续发展，化石能源的替代已成为当代最重要的全球性问题之一。

人类文明的发展进程可以看作社会主体能源不断替代升级和转化利用方式不断进步提高的过程。工业革命的本质和科技革命的本源都是能源革命，能源革命的本质是社会主体能源的替代和能源生产消费方式的升级或改变。能源革命会引发社会主体技术群革新、倒逼经济发展范式改变，从而推动人类文明演进发展。每一个时代的社会主体技术群都高度依附于社会主体能源而存在，如青铜冶炼技术与柴碳、蒸汽机技术与煤炭、内燃机技术与石油天然气、核裂变技术与原子能。

从历史发展视角看历次能源革命，为我们观察人类文明发展进步提供了一条独特路径。能源革命曾经多次塑造世界，人类社会经历了原始文明、农业文明、工业文明和生态文明四个主要历史发展阶段，经历了两次科学革命（第一次科学革命发生于16—17世纪，以哥白尼天文学和牛顿经典力学为代表；第二次科学革命发生在19世纪，以相对论和量子论为代表）和

三次工业革命（即机械化革命、电气化革命、自动化和信息化革命），同时人类社会也经历了四次社会主体能源的重大变革，即柴碳能源时代、煤炭能源时代、油气能源时代和综合能源时代。从重塑社会经济发展范式的意义上看，能源革命是推动人类文明不断发展进步的重要原动力。

社会主体能源的替代过程也是人类文明进步的过程，同时也是"危"与"机"共存的过程。每次社会主体能源的变革或替代都引发了社会主体技术群的全面进步，最终打破并重构固有的经济基础、社会结构、政治制度和思想观念，引发一系列社会变革，这条由能源革命引发的社会变革路径值得我们充分认识和深刻思考。

化石能源以其独特的优势改写了人类文明的发展进程，成就了人类社会的"碳繁荣"，对世界各国的社会主体技术群、产业结构、经济基础和发展范式具有决定性和锁定性影响。化石能源的发现和高效利用是人类文明繁荣兴盛的重要基础。化石能源之所以能够在工业革命之后成为社会主体能源，在于其三大独特优势。工业革命之前，水能、风能和化石能源都已经被人类发现并广泛使用，但只有化石能源成为社会主体能源，这主要是因为化石能源具有三大独特性质：一是能量密度高、转化效率高、能量转化过程相对简单并且可控；二是能源形式多样、分布广泛、储量丰富、经济性高，可以大规模开发利用；三是可按需开采、封装储运和燃烧转化。经过长期技术进步，人类已经形成了成熟、高效的化石能源开采提炼和转化使用技术，这是化石能源能够成为支撑整个人类工业文明时代主体能源的关键所在。

化石能源对人类社会主体技术群、产业结构、经济基础和发展范式都具有决定性和锁定性影响，造成人类长期以来对化石能源的高度依赖。无论化石能源内部的石油、天然气、煤炭等使用量如何此消彼长，化石能源整体占世界一次能源消费总量的比重一直维持在85%以上，是无可争议的社会主体能源。在成就工业文明大繁荣的同时，化石能源及其化工衍生品已经深深融入甚至控制和主导了所有国家的经济和社会生活。所有已经实现工业化、信息化和正在实现工业化、信息化的国家无一例外都在以化石能源为主体能源的基础上构建并发展了工业制造体系、经济金融体系、国家防御体系、交通通信体系、科技创新体系和文化教育体系，化石能源成为驱动经济社会发展的基础动能，从化石能源中提取大众生产生活所必需的化工原材料，整个人类社会的主体技术群和产业体系都在高速发展的惯性驱使下，围绕如何高效利用化石能源而不断建构完善和扩张发展，如同滚雪球一般形成了高度紧密的依附关系，每一个国家都建立在由化石能源驱动、由化石能源衍生品所供给的网络关系之上。

在工业文明时代，人类生产生活对化石能源的依赖性越来越强，失去化石能源意味着整个社会运行机制停摆，从而引发社会危机甚至灾难，而更替一种社会主体能源则可能带来一个行业、一个产业甚至一个社会阶层的消亡。

人类对化石能源的高度依赖、化石能源的固有弊端和大量无节制消耗，已经成为影响人类可持续发展的现实危机。地球上的化石能源储量有限且不可再生，有限的化石能源、有限的环境承载能力和无限的人类社会发展需求三者之间存在着不可调和的天然矛盾。长期单一的化石能源依赖和大量消耗必然超出大自然的自我净化能力和生态环境的承载能力，导致人与人、人与自然的矛盾越来越尖锐，最终危及人类社会自身的生存和发展。科学研究监测表明，这种影响主要体现在可能引发生态危机、气候危机和经济危机三种直接危机，并引发贫困危机、地缘政治危机两种次生风险。

一是生态危机。化石能源的长期大量使用，给人类的生态系统造成巨大损害，化石能源的开采和储运直接破坏了地表植被、地下径流和海洋生态，造成地面沉降、地下水污染，在提炼转化、燃烧分解过程中会释放出大量二氧化硫、氮氧化物等有害气体和有毒粉尘，生产和储运过程中的泄漏常会引发区域性的生态灾难。

二是气候危机。化石能源是远古碳基生物形成的化石，其燃烧产生的二氧化碳是最主要的温室气体，燃烧1吨标准煤可产生约2.7吨的二氧化碳，过多的温室气体超过了自然的消纳转化能力，造成全球性气候变暖，影响整个地球生态系统的运转,最终影响人类的生存。

三是经济危机。能源危机通常是经济危机的前兆。以第一次石油危机为例,1973年12月,海湾国家石油禁运最严重的时期,美国工业产值下降了14%,严重依赖石油进口的日本工业产值下降了20%以上,全球所有工业化国家的经济增长都明显放慢甚至衰退。这次石油危机直接引发了第二次世界大战之后最严重的全球经济危机,甚至结束了西方经济发展的黄金时代。

四是贫困危机。化石能源的埋藏是随机的,空间分布储量不均衡。在经济全球化的背景下,全球工业体系、经济体系都是围绕化石能源的开发利用所构建,一些国家或地区天然地缺乏化石能源,造成这些国家或地区支撑经济社会发展的基础动能缺失,直接导致了国家和地区之间越来越大的贫富差距,长期贫困又引发了更深层次、更大范围的次生危机,如战乱、饥荒、瘟疫等,并从局部危机演化为全球风险。

五是地缘政治危机。对国家而言,掌握了能源的主动权就掌握了发展的主动权。工业革命之后,化石能源成为国与国之间竞争、博弈、结盟、媾和的焦点。无论是近代德法之间对萨尔煤矿的百年争夺,还是现代以来的两伊战争、海湾战争、伊拉克战争,地缘政治危机以及军事冲突,背后都是有关国家对煤炭、石油等化石能源资源主导权的争夺和博弈。

全球能源战略和供需格局已进入深度调整变革期,构建以清洁能源为主体的清洁低碳、安全高效能源体系,已成为全世界的共识和新一轮能源革命不可逆转的必然趋势。随着世界化石能源消费量的不断增大,化石能源对环境的污染和全球气候的影响日趋严重,摆脱对化石能源的依赖和大量消耗已经成为全球共识和各国能源战略的一致选择。2016年4月22日,170多个国家领导人齐聚联合国总部,共同签署了气候变化问题《巴黎协定》,共同承诺将2020年全球气温升高幅度控制在2摄氏度之内。

从国家自身发展角度看,能源的低碳化、清洁化、安全化、高效化是保障国家能源供给安全、经济安全和生态安全的重要手段。从人类命运共同体和经济全球化视角看,这是人类社会实现可持续发展的必然趋势。

第三章 深化"双碳"改革 缔造生态未来

逐步替代化石能源不仅是全世界的发展共识，而且已经成为全球一致的实际行动。从存量结构调整看，1977—2017 年的 40 年间，全球能源消费结构呈现石油降、煤炭稳、清洁能源快速发展的趋势。其中，石油消费占一次能源比例由 49% 下降至 34%，煤炭消费占比稳定在 26%～28%，天然气消费占比由 18% 提高至 23%，其他能源（如核能、水能、风能、热能、太阳能、生物质能等）占比由 7% 提高至 15%。从增量结构占比看，根据国际可再生能源机构（IRENA）数据，2020 年全球所有新增发电产能中有 80% 以上是可再生能源，是化石能源发电新增装机量的 4 倍多。

从全球能源供需格局的变化中可以看出，石油、煤炭等传统化石能源作为社会主体能源的份额正在被热值更高、排放更少的天然气、核能等清洁化的化石能源和不产生碳排放的水电、风电、光伏等可再生能源所逐步替代，这不仅标志着新一轮能源革命的到来，也预示着新一轮能源革命的发展趋势，即清洁低碳、安全高效。

大力发展清洁能源特别是可再生能源，是弥补、解决化石能源固有缺陷弊端的关键。清洁能源中的可再生能源具有弥补化石能源固有弊端和先天不足的优势。化石能源与可再生能源在性质上有着截然不同的特点和天然互补性。可再生能源只是水动能或势能、风动能、光辐射能的物理转换（核电的辐射能也属于物理能源），没有物质的消耗、没有化学反应过程和化合物产生，没有多余的能量释放，在低纬度地区往往水能资源丰富，在高纬度地区或低纬度沙漠地区往往风能、太阳能资源丰富，且在地球上大体呈均匀分布状态，对所有国家都相对公平。

清洁能源与传统化石能源不是相对的概念，两者存在交集。清洁能源不仅包括水电、风电、光伏、潮汐能、地热能等无碳排放、无物质消耗的可再生能源，还包括核能等无碳排放但有物质消耗和废料处理的新型化石能源，以及经过净化处理的低碳排放的清洁煤、清洁油、天然气等传统化石能源。清洁能源是指对环境友好、碳排放少、污染程度小的能源，仅仅是对能源使用结果的描述，而非能源性质的描述。

新一代社会主体能源对上一代社会主体能源的替代是一个渐进过程。

油气能源作为人类社会主体能源后并没有完全取代煤炭能源，核能、风电、光伏的出现和发展也没有立刻全部取代煤炭、油气和水电能源，尽管新发现的能源载体越来越多，但替代原有社会主体能源却越来越困难，因为上一代社会主体能源已经决定和塑造了一个国家乃至一个时代的社会主体技术群和建立在这个技术群基础之上的产业结构以及经济发展范式。如果短时间内对社会主体能源系统进行全盘颠覆，将引发产业革命和经济发展范式的强烈震动，无论是就经济性还是技术可行性而言都不现实，其替代过程通常是渐进式变革和渗透式改造。

能源组成的多样化有利于能源系统的稳定性和安全性，而且也有利于提高和增强能源系统的适应性。尽管可再生能源从整体上和长远看都具备成为社会主体能源的潜力和条件，但可再生能源也存在着出力不均衡、间歇性大、稳定性不高和可控性不好、难以精准预测、经济性不高等技术性短板。不同国家社会生产力发展水平和资源禀赋各异，没有一个国家选择一次性"连根拔起"式的社会主体能源替代方式，上一代社会主体能源通过技术改造和其他方式仍然可以成为新一代社会能源体系中的重要辅助部分。从某种意义上讲，能源的多样化也是能源体系安全化的重要形式，为了维持目前的现代化生活和经济社会发展繁荣，必须保有一定量经过低碳化、清洁化、安全化、高效化处理的化石能源作为过渡期基荷[①]能源。

当前，新一轮世界能源革命的路径是不断扩大可再生能源在现有能源结构中的比重，逐步替代落后的、高碳排放的煤电、柴油、柴碳等低热值化石能源并最终成为下一代社会主体能源，实现能源供给侧的结构均衡和技术优化，推动人类社会发展、资源储量和自然生态三元关系的动态平衡。目前，主要发达国家和经济体都已将可再生能源替代战略上升为国家战略，并根据本国国情选择了各自不同的发展路径。

---

① "基荷"是能源系统稳定运行的一个基本概念。——编者注

二、碳达峰、碳中和目标事关中国崛起和中华民族伟大复兴，是中国对构建人类命运共同体的重要贡献

第一次工业革命以来，化石能源的获取和使用在很大程度上决定了大国的崛起和兴衰。新社会主体能源的替代过程往往需要半个多世纪或更长的时间才能达到广泛的渗透，但今天的清洁可再生能源替代化石能源的过程和时间将大大缩短。人类没有经历过在如此短的时间内实现一种新能源的完全替代，这将重塑中国经济发展范式，重塑中国崛起和实现民族复兴的路径方式，低碳时代的到来也将重塑未来世界的发展格局。

碳达峰、碳中和目标的提出将加快重构我国社会主体能源体系，倒逼我国加快实现产业升级和高质量发展，重塑未来四十年经济社会发展范式。从发达国家的经验看，实现碳达峰是经济发展和技术进步良性互动后的自然过程。但对发展中国家尤其是碳排放总量高、人均碳排放量低的中国而言，要在短短 40 年内分别实现碳达峰和碳中和是主动自我加压，是对国家现有经济发展范式的内生性主动调整和深刻重塑。

世界上大部分发达国家都已于 1990 年前后完成了工业化和城镇化进程并实现了碳达峰，其工业领域和基础设施建设领域等高排放行业都处于饱和状态并且陆续将高碳排放产业向发展中国家转移。从碳排放达峰到碳中和，欧盟需要 60 年，美国需要 45 年，对这些发达国家而言转型压力并不大。但目前我国仍处于城镇化和工业化的"进行时"，我国力争用 40 年实现碳达峰、碳中和目标，意味着我国将经历一场广泛而深刻的社会经济系统性变革和发展范式变革，意味着以化石能源为基础的能源体系和相关基础设施的重构，也是社会利益重组和再分配过程，在技术、经济、社会乃至政治层面都面临着重大挑战。由于能源和工业基础设施对社会经济发展范式有较强的锁定效应[1]，因此从碳达峰到碳中和的时间越短，转型压力也会越大。正如习近平总书记强调："这意味着我国作为世界上最大的发展中

---

[1] 是指一旦形成行为规划就很难改变这种规则的现象。——编者注

国家，将完成全球最高碳排放强度降幅，用全球历史上最短的时间实现从碳达峰到碳中和。"

碳达峰、碳中和目标既是我国顺应并引领未来国际发展潮流提升我国未来国际地位和竞争力，也是助推我国发展转型、实现社会主义现代化目标的重大战略决策。碳达峰、碳中和目标为中国加速经济转型升级提供了倒逼机制，预示着我国经济发展范式调整正在加速到来。在这个过程中，高碳排放的传统能源产业和重化工业将首先触及产能发展的天花板，大量资产将面临被搁置和淘汰的压力，一大批产业工人将被分流安置，这将在一定程度上影响我国经济增长速度和经济增长方式。党的十八大以来，我国在"生态优先、绿色发展"和"绿水青山就是金山银山"理念的指引下，已经探索实现了经济社会发展与碳排放初步脱钩，走上一条符合国情的绿色低碳循环的高质量发展道路。截至2020年底，我国已经实现全面脱贫目标，碳排放强度较2005年降低约48.4%，非化石能源占一次能源消费比重达15.9%，风电、光伏并网装机合计达到5.3亿千瓦，约占全国总发电装机的24%，连续八年成为全球可再生能源投资第一大国，实现了生态文明与国民经济的协调发展。

我国通过一系列实践证明，主动抑制和淘汰落后产能、不断加大减碳力度，积极推动经济发展动能升级，有利于提高经济增长质量，培育带动新的产业和市场，扩大就业，改善民生，保护环境，提高人民健康水平，塑造适应我国发展需要的经济发展范式。未来我国需要做的就是坚持既定路线，更加坚决地贯彻和执行碳达峰、碳中和目标，通过碳达峰、碳中和实现社会经济的系统性变革升级。

碳达峰、碳中和目标的提出标志着中国崛起和中华民族伟大复兴将以减碳、低碳和零碳的方式实现，这是自第一次工业革命以来，世界大国崛起过程中从未有过的伟大壮举。人类在工业文明时代所成就的经济繁荣是建立在以化石能源为社会主体能源基础上的"碳繁荣"。化石能源是地球远古生物亿万年所转化储备积累的太阳能，经过简单的氧化燃烧反应，其能量和价值在人类进入工业文明时代短短的两百年间集中爆发，支撑并推动

第三章 深化"双碳"改革 缔造生态未来

了工业革命以来人类文明跨越式的高速发展。

在化石能源成为社会主体能源以后,化石能源消耗量与国家综合实力之间就形成了高度正相关关系。正如煤炭成就了英国崛起,石油成就了美国强大,第一次工业革命以来所有崛起的世界大国都无一例外是能耗大国和碳排放大国,化石能源的消耗量与工业产值画上了等号,俨然成为衡量一个国家发展成就的标志。第一次工业革命以来,世界上还尚未有一个国家能够实现经济增长与化石能源消费量的"脱钩",实现"低碳富强"。

党的十八大以来,中国的经济发展由追求速度和规模的高速增长转为追求质量和效益的高质量发展,在推动落后产能升级的同时,中国已经在努力实践将经济发展效能与化石能源消耗量脱钩,主动抑制高排放、低效能的经济增量。我国目前仍处在工业化和城市化阶段的中后期,对能源的发展需求在未来一段时间内还会增长,从2030年实现碳达峰直至2060年实现碳中和,正是我国向社会主义现代化强国迈进的关键时期,我国的经济发展不能停滞、发展动能不能衰减,中国的崛起必须依靠低碳排放的清洁可再生能源实现,中国将首次书写第一次工业革命以来世界大国实现"低碳崛起、绿色富强"的发展奇迹。

习近平主席代表中国政府向国际社会提出碳达峰、碳中和目标的庄严承诺,充分展示了重诺守信顺大势的"中国担当"。中国已经用改革开放40多年的时间向全世界展示了一个贫困落后的农业国发展成为世界第二大经济体的发展奇迹。从现在起到2060年,中国将再用40年的时间,重构一个从减碳到低碳再到零碳的经济发展范式,并创造新的经济社会发展奇迹。中国的"绿色崛起"和"低碳崛起"将为全球气候环境改善和全人类可持续发展作出新的巨大贡献。

碳达峰、碳中和目标的提出是我国以负责任的世界大国姿态,为全人类可持续发展和构建人类命运共同体作出的重大贡献。新中国成立以来,特别是改革开放以来,我国经济社会的快速发展进步不仅使人民稳定地走上了小康之路,而且为世界经济发展和人类文明进步作出了重大贡献,其中有三项最为突出的历史性贡献,即对全球经济和贸易增长的拉动作用,对经济全球化和构建人类命运共同体的推动作用，以及对全世界减少贫困人口的贡献。

中国工业化进程还未完成，仍担当着"世界工厂"的重要角色，从2030年碳达峰到2060年碳中和的过渡期只有30年，远远低于发达国家60～70年的时间，并且中国也没有像西方国家那样将落后产能向其他发展中国家转移，因此中国的减排难度远高于西方发达国家，不得不以牺牲部分经济增长为代价。这是中国负责任的大国担当，更是对人类应对气候变化的贡献。

应对气候变化不仅是中国可持续发展的内在要求，也是负责任大国应尽的国际义务。中国用自身行动，成为全球环境保护与可持续发展事业的积极参与者和推动者，得到了国际社会的一致认可。当今时代，世界各国已经成为唇齿相依的生态共同体、发展共同体和命运共同体。一个时期以来，温室气体排放、臭氧层破坏、生物多样性减少已成为困扰世界各国可持续发展的重大环境问题。经过一代又一代人的不懈努力，"十三五"期间，我国应对气候变化取得显著成效。截至2019年底，我国碳排放强度较2005年下降48.1%、较2015年下降18.2%，提前完成了阶段性目标。"绿水青山就是金山银山"的发展理念和碳达峰、碳中和目标既是对世界各国的庄严承诺，更体现了我国始终坚持以全球视野、全局高度、全面思考，扛起应对全球气候变化、共建人类命运共同体的责任担当。

我国在推动建立公平合理的全球气候治理体系过程中发挥了不可替代的积极作用，作出了全球认可的重要贡献。全球环境气候和可持续发展问题需要各国协同行动，但不同国家所处发展阶段、资源禀赋、经济发展范式、受气候问题影响和约束程度以及应对气候变化的能力不同，必须提出一个各方都可以接受的原则以协调各国共同行动。中国始终倡导共同但有区别的责任原则、公平原则和各自能力原则，作为连接发展中国家和发达国家的桥梁，积极协调化解发达国家和发展中国家间关于融资、技术等操作性问题上的分歧，并直接给予发展中国家以经济和技术援助，有力地推动了各国在应对气候变化的理念和原则问题上达成目标与行动一致。

三、我国能源产业必须从国家战略和国家安全高度，以碳达峰、碳中和目标为引领，坚定不移地走清洁低碳、安全高效的发展之路

我国作为世界上最大的能源消费国、第一人口大国和第二大经济体，能源战略和能源观必须要有全球视野、大国格局。

从世界能源发展历史和各国能源发展战略方向看，能源的低碳化、清洁化、安全化、高效化是主流趋势。不同国家的资源禀赋和经济社会发展程度决定了其能源政策和未来发展路径，我国必须把握世界发展大势，根据自身能源资源禀赋和国情实际，以"2030年前实现碳达峰、2060年前实现碳中和"为目标，科学制定能源战略和发展路径，把握好社会主体能源变革和逐步替代的节奏、节点和节律，筑牢高质量可持续发展的能源根基，这是加快国家发展强大，实现中华民族走向伟大复兴的关键。

"多煤、贫油、少气"的资源禀赋、长期占主导地位的化石能源体系和世界第一能耗大国的现状共同决定了我国能源的清洁低碳、安全高效发展之路将充满挑战。从陆地面积、人口数量和油气资源探明储量看，我国是典型的多煤、贫油、少气国家。因此，无论是从巨大的能源需求还是天然的资源禀赋来看，以煤炭为社会主体能源是基于我国国情出发的必然选择，这也决定了我国的能源体系和工业体系的基本格局。

煤炭在我国能源体系中长期占据绝对主体地位，为我国的经济发展和民生福祉改善作出了重要贡献。煤炭支撑了我国74%的电力、8亿多吨粗钢、24亿吨水泥、7000万吨合成氨以及煤制油、烯烃、乙二醇、甲醇等现代工业发展的基本需要，为我们这个人口大国、工业大国和农业大国提供了重要的能源、原材料和化工产品。《能源发展战略行动计划（2014—2020年）》提出，到2020年，国内一次能源消费总量控制在48亿吨标准煤左右，煤炭消耗总量控制在42亿吨左右。煤炭仍是我国的主体能源。长期以来形成的以煤炭为主体的能源体系奠定了支撑我国工业发展的主体技术群，产业发展成熟、产业链配套齐全、经济带动力强，有庞大的产业工人队伍，

这是国民经济快速发展的主要动力和发展成就，也是国计民生所系。

以煤炭为主体能源，长期形成的庞大产业体系路径依赖和发展惯性成为我国由煤炭经济向低碳经济转型的重点和难点所在。同为化石能源，煤炭比石油和天然气的热效率更低、碳排放量更高。20世纪中叶以来，石油、天然气逐步取代煤炭成为主要发达国家的社会主体能源，煤炭在其能源消费总量中仅占10%～20%，而我国煤炭在一次能源消费占比高达60%，为全世界最高。我国在从煤炭经济向油气经济转型的过程中已经显露出资源禀赋差、转型包袱重、升级阻力大等短板，构建以清洁可再生能源为主的清洁低碳、安全高效能源体系必然将充满挑战。

按照《零碳社会》(*The Zero Marginal Cost Society*)作者杰里米·里夫金的观点，当太阳能和风能等清洁可再生能源在一个国家能源中的占比达到14%时，资本就会不可逆地从化石能源产业流向清洁可再生能源领域。基于这种推断，我国未来的社会主体能源低碳化和转型升级之路充满挑战，出现许多不容回避也不能忽视的社会主体能源变革所引发的连锁震荡反应，这是我国实现碳达峰、碳中和目标所必然付出的代价。

在碳达峰、碳中和目标的倒逼下，我国有可能将跳过油气经济，直接实现从煤炭经济向低碳经济的转型升级，这在世界发达国家中尚无先例，对我们这个全世界最大的发展中国家来说，这样的转型压力和升级难度将更大。

能源安全关系国家安全，以碳达峰、碳中和为目标，加快发展清洁可再生能源、推动电能替代是保障国家安全的重要战略举措。碳达峰、碳中和目标的提出不仅体现大国责任的担当，也是出于维护我国能源安全的战略需要。

能源安全是国家安全的重要组成部分，我国现在仍处于并将长期处于工业化时代，能源对我国具有不可替代的重要作用。能源是维护国家安全的重要保障，是经济繁荣发展和社会进步的重要推动力量，是生态文明建设和可持续发展的重要支撑，是提高国家竞争力、增加社会财富，保障并提高人民生活质量的重要基础。

第三章 深化"双碳"改革 缔造生态未来

大力发展清洁可再生能源对优化我国能源结构，建立多元化能源供应体系具有重大意义。多元化的能源体系能够带来能源系统内的相对稳定，而能源稳定就是最大的安全。对我国来说必须建立以清洁可再生能源为主体，多种能源互供互补的能源体系，调整变革以化石能源为主体的单一能源结构，这是我国应对系统性风险和维护国家安全的重要保障手段。

我国石油、天然气对外依存度很高，大力发展清洁可再生能源，可以降低我国能源对外依存度，提高能源自给能力，保障国家能源供给安全。基于石油和天然气的主体能源体系、科技体系、经贸体系和运输体系长期以来都由西方主导，极容易被西方反华势力作为打压我国经济发展的杀手锏。化石能源的价值和作用不仅在于保障日常能源供应，而且是重要的化工原材料和极为重要的战略资源储备。多开发、多使用一些可再生能源，就能为我国多储备一些宝贵的、不可再生的化石能源，减少一些进口环节的外部风险。从能源供给安全角度看，发展清洁可再生能源将有效提升我国经济发展抵御海外能源市场波动风险的能力。

我国能源及化工产业长期依赖煤炭，通过发展清洁可再生能源，加快掌握不同类型能源的关键核心技术，确保对能源及工业体系的完全控制，是保障国家经济整体安全的关键。当前，我国已经在化石能源开发利用领域取得了令世界瞩目的发展成就，如超超临界火电机组、煤化工、石油化工等很早就已经具备世界领先水平。在水电以外的清洁可再生能源领域，我国仍然需要不断加快突破关键核心技术，全力实现从规模引领到技术引领。一旦清洁可再生能源相关核心关键技术被西方国家优先掌握并形成垄断优势，特别是核心部件、关键设计软件和控制系统如果依赖国外，我国能源产业的转型发展将会受制于人，被人"卡脖子"。

大力发展清洁可再生能源，减少污染物排放、降低化石能源生产消费带来的环境问题，是维护国家生态安全、构建生态安全屏障的关键。生态问题是系统性问题，解决系统性问题必须首先解决结构性问题，构建合理的能源结构是破题的关键。保持生态系统的长期稳定和正常功能，是我国从工业文明走向生态文明建设的关键，任何生态环境问题最终都会演化为社会问题、发展问题和资源问题,并最终发展成为国家安全问题。因此,大力发展清洁可再生能源是从源头上保护环境、修复生态的有效途径,也是保障国家生态安全的切实举措。

加快推进清洁能源替代和电能替代,从源头上消除化石能源作为一次能源所产生的碳排放,是实现碳达峰、碳中和目标的治本之策。目前,我国化石能源占一次能源比重为85%,占全社会碳排放总量的近90%。清洁替代,即在能源生产环节以清洁能源替代化石能源发电,加快形成以清洁能源为主体的能源供应体系。电能替代,即在能源消费环节以清洁电能替代煤炭、石油和天然气,不断降低化石能源在一次能源中的比重,培养全社会的绿色、低碳用电需求、用电习惯,加快形成以清洁电能为社会主体能源的能源生产和消费体系。

构建我国清洁低碳、安全高效能源体系的战略路径思考。以习近平同志为核心的党中央对我国能源体系建设高度重视,已将能源战略上升为国家战略。能源体系始终处于发展变动之中,必须要有全球视野和长远眼光,要不断摆脱传统思维的桎梏,不断摆脱落后主体能源的发展惯性和路径依赖。我国不能等待新一轮能源革命发生、定型后才有所行动,必须要有见微知著的敏锐察觉和超前的战略布局,提前做好顶层设计,加大基础研究投入,实现战略引领,不为短期的发展利益所惑、也不为发展转型的艰难所困,加快推动能源科技创新与产业变革、经济发展的全面融合互动,通过新一轮能源革命的创新发展,打造新型能源产业和优势产业集群,创造新产业、新业态,推动实现军民融合,塑造我国高质量发展的强大新动能。

构建清洁低碳、安全高效的能源体系,清洁低碳是基础,安全高效是核心。我国的能源形式必须多元化、结构化,传统化石能源要清洁化、低碳化,清洁可再生能源要规模化、经济化,能源传输和储能要数字化、智能化,用电终端要安全化、高效化。我国能源清洁化的重点是煤炭等传统化石能源要加快实现清洁化利用;能源的低碳化主要是通过大力发展可再生能源对化石能源的替代来实现;能源的安全化主要是通过加快突破清洁可再生能源的关键核心技术,不断完善能源供给侧的多元化结构,不断降

第三章 深化"双碳"改革 缔造生态未来

低化石能源对外依存度来实现；能源的高效化主要是通过降低化石能源在一次能源中的比重、发展智能电网、储能装置和电能替代等方式实现。根据我国的能源资源禀赋和发展格局现状，我国清洁可再生能源当前发展的重点应当在西南大水电、西北光伏、沿海风电等领域集中发力，并形成集中高效规模化开发模式。

我国不仅是世界水电大国，也是世界水电强国。水电是我国清洁可再生能源体系中的重要组成部分，具有特殊优势，应当成为构建我国清洁低碳、安全高效能源体系的优先发展对象。水电工程可以实现多目标、多功能、多效益，除发电目标外，还可以实现防洪、航运、生态、水资源综合利用和扶贫开发等多重目标。水电和火电同时诞生，是目前技术最成熟的能源开发利用形式，也是目前开发的最经济的清洁可再生能源，其经济性仅次于火电。水电是调度最灵活的清洁能源，是行业公认的电网"稳定器""压舱石"。我国水电资源禀赋好、可集中大规模开发利用成为社会主体清洁能源，破解资源、发展与生态保护之间的矛盾。

我国海上风电具备独特优势，可以发展成为一种替代落后煤电、不依赖国家补贴、可大规模集中开发的新型主体清洁可再生能源。海上风电与陆上风电、光伏、水电、核电等清洁能源相比，除都具有绿色低碳等特征外，还具有其特殊的优势：海上风电资源禀赋好，资源储量大，可以集中连片大规模开发，是未来最具开发潜力并成为沿海地区主体能源的清洁可再生能源。海上风资源集中、风速大、风功密度高，可驱动大容量海上风机，出力较稳定，发电质量可媲美大水电。海上风电场靠近我国东部沿海用电负荷中心，电能消纳条件好。我国海洋面积十分广阔，不占用耕地和林地，未来发展空间巨大。开发海上风电不使用海水，不影响航道和景观，对海洋生态环境的影响极小。海上风电产业带动能力强，有利于发展养殖、造船、通信、海水淡化、制氢储能等海洋经济。此外，海上风电开发对于我国巩固领海防御和开发具有战略意义的远海孤岛意义重大。随着人类对海洋认识的不断深入，以及开发技术不断取得突破并日趋成熟，海上风电的优势特性将更加凸显，未来具有广阔发展前景和巨大市场空间，我国必须加快科技创新，推动海上风电规模化经济性开发，打造一种新型的清洁可再生主体能源。

重点开发太阳能资源禀赋优越地区，采用大规模集中连片开发和分布式开发两种方式，不断提高太阳能利用的经济性和电能输出质量。我国太阳能资源丰富，其中，宁夏北部、甘肃北部、新疆东南部、青海西部和西藏西部等地都具备大规模集中连片开发条件。根据清华大学能源互联网创新研究院《2035年全民光伏发展研究报告》的测算，将城市建设用地、交通建设用地、农业光伏也作为光伏可利用资源进行评估，在基本开发强度下，基于我国已开发土地的光伏装机资源，到2030年和2035年分别可达到31.65亿千瓦和33.7亿千瓦，仅光伏发电就可以满足我国基本能源供应需求。未来，以光伏为代表的新能源将是成本下降最快、经济性提高最显著的能源类型，并且还有继续降低的巨大潜力。目前，在青海等光资源丰富、土地成本较低的区域已经基本具备平价上网的条件，已经初步形成了与煤电的价格竞争优势。

四、加快建设五条清洁可再生能源走廊，构建以清洁可再生能源为主体的新型电力系统，为我国如期实现碳达峰、碳中和目标构建稳固的低碳能源基础

我国要构建清洁低碳、安全高效的能源体系、适应碳达峰、碳中和目标的需要，必然要对现有能源体系进行深度调整变革和系统性重构，构建以清洁可再生能源为主体的新型能源供应系统，加快推动用清洁电能替代煤炭、石油等一次化石能源。构建这一系统的关键就是要为国家打造一套系统稳定、结构多元、资源丰沛、经济性高并且在核心技术方面具备全球引领地位的基础性能源。

基于我国独特的地理特征、资源禀赋和发展需要，国家可以聚焦建设五条清洁可再生能源走廊，即长江中上游水电清洁可再生能源走廊、三北

"风光"清洁可再生能源走廊、海上风电清洁可再生能源走廊、东部沿海核电清洁能源走廊和"一带一路"清洁可再生能源走廊。这五条清洁可再生能源走廊中，三北"风光"清洁可再生能源走廊贯通西北、华北和东北，长江中上游水电清洁可再生能源走廊贯穿西南和华中、华东，海上风电清洁可再生能源走廊和核电清洁能源走廊连接了渤海、黄海、东海和南海，"一带一路"清洁可再生能源走廊连通了东亚、南亚、中亚、非洲和欧洲，这五条能源走廊横贯东西、贯穿南北、连接中外、辐射全球，未来3～5年内，将形成超过10亿千瓦的清洁可再生能源装机规模，相当于我国2020年电力装机的一半，形成我国最重要的清洁可再生能源基地、产业发展平台和维护我国能源安全的战略保障，成为构建我国清洁低碳、安全高效能源体系和替代落后煤电的重要基石，以及我国未来引领全球低碳经济发展的重要战略资源。

加快建设以三峡工程为核心骨干的长江中上游水电清洁可再生能源走廊，为国家打造清洁可再生能源基地和骨干基荷电源。我国现有12大水电基地，分别为金沙江、长江上游、黄河上游、黄河中游北部干流、南盘江—红水河、雅砻江、大渡河、乌江、澜沧江干流、湘西、闽浙赣、东北。其中，长江中上游和金沙江是装机容量最大的水电基地，这一条横贯我国东西、总装机近1亿千瓦并且不产生任何碳排放的水电清洁可再生能源走廊目前已经基本形成，长江水电清洁可再生能源走廊的成功建设，为国家打造了一个强大的清洁主体能源，为经济发展注入了强大且廉价的清洁动能，同时形成了开发治理长江的新格局。

长江中上游水电清洁可再生能源走廊在构建清洁低碳、安全高效的现代化国家能源体系中具有压舱石、定海神针的重要基础保障作用。长江中上游水电走廊目前已建、在建的水电总装机容量占全国水电总装机容量的26%，占全国电力总装机的5.6%，这条水电走廊的建设运行不仅有力解决了西南和中东部地区缺煤缺油的能源发展短板，同时也为这条水电走廊周边风电和光伏提供了调峰手段和特高压送出通道，为未来实现水风光互补能源发展模式创造了条件，更为重要的是推动形成了我国西电东送、南北互供、水火互补的全国电力联网和供电格局，为国家经济建设、节能减排、维护电网稳定作出了重大贡献。

长江水电清洁可再生能源走廊的成功建设和运行，标志着长江治理开发已经实现了从洪水肆虐到洪水控制的重大转变，并正在实现向洪水管理和洪水资源化利用的重大转变，为长江经济带经济社会发展、产业优化布局、生态治理修复提供了重要基础保障。

长江水电清洁可再生能源走廊还将构建形成一个总量近千亿立方米的国家战略淡水资源库。长江入海多年平均年径流量约9916亿立方米，借助三峡工程及上游一系列高坝大库水电站的巨大库容，依托长江水电清洁可再生能源走廊，可为国家建设近千亿立方米的战略淡水资源库，这一战略淡水资源库位于我国第二至第三地理阶梯，且处于我国腹地中心，便于向北方调水，对于我国在未来全球竞争中掌握主动权具有重要的战略意义。

长江水电清洁可再生能源走廊还将形成服务长江经济带绿色发展的有利格局，显著改善了西南航运物流条件，推动我国西部区域经济社会发展，在支持少数民族地区乡村振兴和水库移民发展致富方面将发挥重大作用。

加快技术进步、集中连片开发利用我国陆上风能和太阳能资源，为国家打造三北"风光"清洁可再生能源走廊，形成我国新能源体系中的主体能源。西北、华北、东北三北"风光"清洁可再生能源走廊是我国清洁可再生能源发展战略的重要支点，地位重要。三北地区因其纬度适中、光照条件好、风功率密度大、土地平整开阔、人口密度低，有大量天然的戈壁、草原、林地，风电资源占全国陆上风电资源储量的80%，年日照小时数不低于2200小时，是我国风能和太阳能资源最为丰富的地区，成就了我国打造陆上风电和光伏发电清洁可再生能源走廊的重要优势。

三北"风光"清洁可再生能源走廊将为我国打造全球最大的陆上新能源基地，推动构建完备的产业链体系和具有全球竞争力的产业集群，培育一大批具有全球竞争力的能源开发企业和设备制造企业，成就我国可再生能源大国和强国的引领地位。目前，全球风机装备制造企业15强中，我国有7家，全球光伏各环节产量前十名的企业一半以上来自我国，全世界四分之三的光伏组件产自我国。

基于三北地区巨大的资源优势，我国正积极鼓励各大企业集中连片规模化开发风电和光伏资源，不断加大优质资源集中度，并加快特高压送出通道、储能系统等配套设施建设，三北地区风电、光伏等新能源的经济性和稳定性将极大提升，已经具备了平价上网、成为未来新能源的主体能源的条件，成为构建我国清洁低碳、安全高效能源体系的又一重要战略支撑。

三北地区有 70 万平方公里的沙漠和 50 万平方公里的戈壁，如果能够全部铺设光伏发电设备，按最保守的估计也可每年为全国提供 36000 亿千瓦时的电能，相当于 2020 年全国全年用电量的一半，如果未来同海上风电和长江大水电有机结合在一起，将使我国能源供给结构产生质的飞跃。

创新发展、集中连片规模化开发我国海上风能资源，为国家打造海上风电清洁可再生能源走廊。我国具有优质的海上风电资源禀赋、得天独厚的区位条件和长期形成的产业基础，具备大力发展海上风电的优势，目前已经取得了令全世界瞩目的发展成果。从资源禀赋看，我国大陆海岸线总长度 1.8 万公里，可利用海域面积 300 万平方公里，海上风电资源储量丰富。根据风能资源普查成果，我国水深 5～25 米、50 米高度海上风电开发潜力约 2 亿千瓦，5～50 米水深、70 米高海上风电开发潜力可以达到 5 亿千瓦，若增加离岸距离和高度，我国海上风电开发还有更大资源储量。截至 2021 年 4 月底，我国海上风电并网容量达到 1042 万千瓦，已经超越英国成为继德国之后全球第二大海上风电开发市场。我国海上风电呈现了爆发式、跨越式发展，各项技术水平不断提升，配套产业规模不断扩大，政策体系不断完备。

集中连片规模化开发海上风电、打造海上风电清洁可再生能源走廊，可以为我国打造一种替代落后煤电、零碳排放、无污染的新型主体清洁可再生能源。海上风电是开发利用海洋清洁能源的重大科技成果，具有储量丰富、不占用土地、靠近沿海电力负荷中心、风功率密度大、可利用小时数高等众多优势，通过集中连片规模化开发，可以大幅度降低造价，最终实现零排放、无污染、零补贴、可持续、人民用得起的新型主体清洁可再生能源，逐步取代煤电等化石能源，为我国沿海城市群提供清洁、稳定、安全的电能。

走向深海、征服远海，是全球海上风电未来发展的共识和重要趋势。深远海海域范围更广、空间更大，风能资源更丰富、风速更稳定，也不会与海上渔场、航线、军事设施发生冲突。随着近海海域资源开发完毕，海上风电未来发展将逐步摆脱对风机基础的束缚，实现重大突破。

漂浮式基础和柔性直流输电技术是让海上风机摆脱海床条件和离岸距离束缚的关键。从经济视角看，漂浮式基础和柔性直流输电技术能大大减少海洋施工的难度和降低造价；从行业发展角度看，这两项技术将推动海上风电开发空间和市场空间实现倍数级增长；从技术角度看，这两项技术将对海上风电发展方向产生革命性的影响。掌握这两项核心技术也为我国向大洋更深更远处挺进，开发、保护蓝色领海提供重要的技术支撑。

通过为国家打造海上风电清洁可再生能源走廊实践，我们有充足的理由相信，21 世纪将是海上风电大规模发展的时代，是以海上风电为代表的清洁可再生能源产业创新发展成为主体能源的时代，也是我国认识海洋、开发海洋、保护海洋、经略海洋，从海洋大国向海洋强国跨越的时代。

在确保安全的前提下积极有序发展核电，打造沿海核电清洁能源走廊，为国家构建清洁低碳、安全高效的能源体系提供零碳、稳定、高效、安全的基荷电源。我国要构建以清洁可再生能源为主体的新型社会主体能源，选择一种清洁低碳、安全高效的基荷电源尤为必要，这是破解除大水电之外的风电、光伏等新能源间歇性固有短板、替代煤电成为社会主体能源的关键。

核电具有清洁低碳、能量密度大、换料周期长、高负荷因子、供给可靠性高等特点，在清洁替代和电能替代中具有突出优势，可作为唯一大规模替代化石能源的优质基荷电源，核电将与风电、光伏发电等清洁能源形成互为补充、协同发展的格局。在我国东部沿海地区新建安全、先进并且具有自主知识产权的国产化三代核电机组，可以增加电力高负荷地区的低碳电力供应和电网稳定性，与西南大水电一起成为替代煤电机组的主力电网基荷，缓解风电、光伏等新能源的调峰压力。

第三章　深化"双碳"改革　缔造生态未来

我国东部地区人口密集、经济发达、能源需求旺盛且增长迅速，而我国的煤炭、油气和水能资源多分布于西部地区，能源生产与消费存在很大的区域失衡和逆向分布，发电量不足已成为制约东部地区经济发展的瓶颈。除环渤海经济圈外，长三角地区和珠江三角洲地区都属于化石能源资源贫乏地区，高度依赖外部供给。据测算，一座100万千瓦级的火电站年耗煤300万吨，排放二氧化碳810万吨，而同样装机容量的核电仅消耗185吨核燃料且不产生任何碳排放。可以肯定的是，在完成碳达峰、碳中和目标的过程中，一大批技术落后的煤电机组将被淘汰，而取代煤电机组发挥基荷和调峰功能的主力电源必将是东部沿海的核电和西部的大水电。

同时，东部沿海负荷集中、经济发达，在我国东部地区特别是长三角地区和珠江三角洲地区打造核电清洁能源走廊，符合我国碳达峰、碳中和目标发展的需要，并且对优化我国电源结构、促进区域经济发展起到巨大作用。

长期以来，核电的安全性一直饱受争议，这是核电能否成为我国社会主体能源、清洁能源和取代煤电的新一代基荷调峰能源的关键。事实上，盘点世界核电发展史上的三次事故（美国三里岛、苏联切尔诺贝利和日本福岛），其事故的起因并非是核电技术存在重大设计缺陷，而均是人为违规操作的结果。我国始终将核安全作为核电发展的生命线，始终坚持发展与安全并重，实行安全有序发展核电的方针，加强核电规划、选址、设计、建造、运行和退役等全生命周期管理和监督，坚持采用最先进的技术、最严格的标准发展核电。目前，我国的第三代非能动核电机组和高温气冷堆系统已经在极端工况下反应堆堆芯熔化这一核电安全核心问题上取得重大突破，我国的东部沿海核电清洁能源走廊建设即将迎来大发展。

我国核电走过了一个渐进与积极发展的历程，相继提出了"积极推进核电建设""安全高效发展核电"的方针。目前，我国已建与在建核电机组共54台，装机容量超过5300万千瓦，占世界核电机组总台数的10.7%、总装机容量的11.8%，居世界第三，对新建核电采用了最严格的安全标准，核应急能力也达到了世界最高水平。但我国核电比重仍然较低，核电作为清洁能源、调峰主力和基荷电源的作用仍未有效发挥。在碳达峰、碳中和目标的约束下，我们需要统一认识，继续推进CAP1400[①]、华龙一号[②]和高温气冷堆的研究开发和商业化运行，积极推动核聚变研究，为我国成为核电大国、核电强国继续努力。

与具备互联互通条件的国家和地区携手打造"一带一路"清洁可再生能源走廊。面对全球气候的演变，任何国家都无法独善其身，唯有进一步加强国际能源合作，建立能源安全的全球"命运共同体"才能应对挑战。根据世界能源理事会（WEC）2016年发布的报告，目前全球仍有12亿人口无法获得电力供应，其中大部分分布在"一带一路"沿线的亚、非发展中国家。这些沿线国家迫切需要提升自身的清洁能源开发能力，从而更加有效地应对环境容量紧迫、能源安全威胁以及国内可持续发展等问题。

"一带一路"倡议为我国与"一带一路"沿线国家共同推动清洁可再生能源产业发展搭建了重要的国际合作平台和互利共赢机制，在我国积极推动碳中和、碳达峰的道路上，我国与周边国家具有很强的目标一致性、资源互补性、战略协同性和互利共赢性。"一带一路"倡议明确将清洁能源视为构建"绿色丝绸之路"的重要依托，旨在根据优势互补和互利共赢原则来推进并强化沿线国家与地区在清洁能源技术和产业领域的深入合作，利用我国的优势来推进地区能源向绿色、低碳转型，完善全球能源治理体系，共同推动形成绿色低碳发展新格局。

2015年9月，习近平主席在联合国发展峰会上，正式向全世界宣布了"全球能源互联网"这一解决方案。构建"全球能源互联网"，能够将"一带一路"沿线国家和地区的水、风、光等各类能源转化为电力并进行远距离传输，最大程度提高清洁可再生能源的效率和经济性，从而带动一大批战略性新兴产业发展。

我国是为全球最大的可再生能源生产国和应用国，来自我国的清洁能源产业、技术和投资在"一带一路"沿线国家受到普遍欢迎，成为推动

---

① "国和一号"（CAP1400）是我国大型先进压水堆电站重大专项示范工程。——编者注
② 是我国中核集团具有完全自主知识产权三代压水堆核电技术。——编者注

第三章 深化"双碳"改革 缔造生态未来

"一带一路"沿线国家社会主体能源转型的主要驱动力之一,为改善沿线国家能源结构,促进当地减碳、减贫、环保以及可持续发展作出了直接贡献,同时也极大促进了我国清洁可再生能源产业打造国内国际双循环的发展需要。

"一带一路"倡议提出以来,我国企业在海外能源领域的年投资额从2005年的83亿美元猛增至2019年的196.7亿美元,其中化石能源占比已降至56.1%,而可再生能源占比升至43.9%。新冠肺炎疫情之下的2020年上半年,我国在"一带一路"沿线国家能源领域投资仍在持续,总投资额为88.1亿美元,可再生能源占比首次超过化石能源达58.1%。

"一带一路"倡议使我国真正拥有了自己完整的国际能源发展视野,而不再只是全球能源合作中的一环。我国在国际能源合作中,更加注重构建国际能源合作的新秩序,通过能源外交和能源服务向"一带一路"沿线国家和地区提供公共清洁能源产品,提供能够满足清洁低碳、安全高效需要的社会主体能源解决方案,深入推动清洁能源领域的国际合作,把沿线国家的能源资源优势转变为经济社会发展优势,推动"一带一路"沿线国家和区域的能源体系向绿色低碳转型,构建能源安全的全球"命运共同体",为完善世界全球能源治理体系转型增添强大动力。

碳达峰、碳中和目标的提出不仅有着重大的生态意义和国际影响,更是国家发展战略的重大调整,也是国家经济发展范式的深度变革。对任何一个国家来说,能源战略都是核心战略,能源安全都是国家安全,能源问题都是底线问题,能源革命都是发展范式的革命。中国的清洁可再生能源关键技术正面临重大突破,传统化石能源支撑的"碳繁荣"必然会加快向"低碳繁荣""无碳繁荣"转型升级,因而能源结构转型发展的谋划和实施事关国本、影响国运,必须给予高度重视和充分研究。

试论碳达峰与碳中和

杜祥琬

中国工程院原副院长，中国工程院院士

2020年9月22日，习近平主席在第七十五届联合国大会一般性辩论上宣布，中国将提高国家自主贡献力度，采取更加有力的政策和措施，二氧化碳排放力争于2030年前达到峰值，努力争取2060年前实现碳中和。同年12月12日，习近平主席在气候雄心峰会上进一步宣布了我国自主贡献的一系列新举措，并强调中国历来重信守诺，将促进经济社会发展全面绿色转型，为全球应对气候变化作出更大贡献。碳达峰、碳中和目标，是我国基于科学论证的自主承诺，也是积极应对气候变化的国策；是从我国实情出发的行动目标，也是高瞻远瞩的长期发展战略；是生态文明建设和构建人类命运共同体的融合点，也是推动国内国际双循环，促进新发展格局的抓手。它清晰界定了我国"能源革命"的阶段目标，也要求我们为能源低碳转型作出更为扎实、积极的努力。

碳达峰、碳中和目标的来历和含义

《巴黎协定》是"最低限度行动"。新冠肺炎疫情启示我们，人类需要一场自我革命。气候变化是另一种全球性非传统安全问题，全球平均温度持续上升、山地冰川明显减少、北极海冰范围显著缩减、海平面上升、极端天气增多增强等气候变化的事实强烈地警示并呼唤人类采取紧迫行动。正如《100个即将消失的地方》一书发出的警告："如果世界平均气温上升2摄氏度，从威尼斯、巴黎到曼谷、东京，从好望角、爱琴海再到天山冰川、亚马孙雨林，都将面临灭顶之灾，那些美丽的自然风光，那些悠久的文明古城，那些与人类长期相伴的物种，将可能不复存在。"在此背景下，世界各国共同努力达成的《巴黎协定》，是人类近代史上少有的理性成果，是气候变化全球治理的里程碑和新起点，代表了全球绿色低碳转型的大方向，是保护地球家园需要采取的最低限度行动，为此，各国必须迈出决定性步伐。

现代气候变化的主因是人类活动排放的温室气体。大气中的温室气体包括二氧化碳、甲烷和氮氧化物等，但主要是二氧化碳（约占73%），而二氧化碳排放的90%来自化石燃料（煤炭、石油、天然气）的燃烧。当前，全球一次能源利用中84%来自化石能源，其二氧化碳排放375亿吨（2018年），其次是甲烷排放等。

根据荷兰环境评估署（PBL）2020年发布的数据，自2010年以来，全球温室气体排放总量平均每年增长1.4%。2019年创下历史新高，不包括土地利用变化的排放总量达到524亿吨二氧化碳当量，分别比2000年和1990年高出44%和59%。世界资源研究所的研究表明，全球已经有57个国家实现了碳排放（温室气体排放的简称）达峰，占全球碳排放总量的36%，预计到2030年实现碳排放达峰的国家将有59个，将占到全球碳排放总量的三分之二。根据2018年联合国政府间气候变化专门委员会（IPCC）发布的《全球升温1.5摄氏度特别报告》的主要结论，要实现2015年《巴黎协定》的"全球2摄氏度温升目标"（到21世纪末将全球平均温升控制在工业化前水平2摄氏度以内，并为追求将其控制在1.5摄氏度以内而付出努力），要求全球在2030年比2010年减排25%，在2070年左右实现碳中和。而实现1.5摄氏度目标，则要求全球在2030年比2010年减排45%，在2050年左右实现碳中和。同时，根据联合国环境规划署最新发布的《排放差距报告2020》，要实现2摄氏度和1.5摄氏度的温控目标，则2030年全球温室气体排放量必须比各国的国家自主贡献再多减少150亿吨和320亿吨，整体减排力度须在现有的《巴黎协定》承诺基础上有更大决心的提升，因此，各国要给出更进一步的目标，这是我国主动提出碳减排双目标的国际大背景。

理念和实践的发展变化。高碳、粗放的发展方式使我国在承受气候灾害和风险的同时，也付出了沉重的资源、环境代价，制约着我国的可持续发展。积极应对气候变化不仅是为了规避气候变化的风险，而且是为了提高我国经济增长的质量和效益，破解资源、环境的约束，事关国家的全局和未来。

我国"十一五"规划第一次提出了节能减排的概念；2014年，中央提出了"能源革命"，并且明确"应对气候变化是我们自己要做，不是别人要我们做"；2015年，我国向联合国提交了国家自主贡献（NDC），并为《巴黎协定》的达成作出了重要贡献；党的十八届五中全会提出了"创新、协调、绿色、开放、共享"的新发展理念；"十三五"规划提出能耗总量和能源强度双控目标，并将能源强度、碳强度列入了各地考核指标；2019年，我国超额完成了承诺的2020年碳强度比2005年下降40%~45%的指标，实际上达到48%；2020年，我国提出了碳达峰、碳中和目标，既立足于现实和发展阶段，又体现"共区"原则。

"十四五"和"十五五"是关键期。中国经济社会发展已经进入一个新阶段，已经从高速增长阶段转向高质量发展阶段，从外延扩张型的平面发展走向更注重质量的立体深度发展。能源是经济和社会发展的基础，能源行业高质量发展是国家高质量发展的必然要求。碳达峰、碳中和目标是能源革命的两个里程碑，是有机联系的两个目标，其实质都是低碳转型，二者相辅相成。碳达峰瞄准碳中和，碳达峰不是冲高峰，是走向碳中和的基础步骤。要在2030年前实现碳达峰，仅剩不足10年，"十四五"和"十五五"时期是碳达峰关键期。

"十四五"和"十五五"时期能源行业要走上高质量发展的新征程。"十四五"期间：能源的增量主要依靠非化石能源（可再生能源和核能）和天然气提供。因此，要大力调整产业结构，特别是要抑制高耗能产业发展的冲动，利用技术创新，推动节能提效取得更好成效。要迈开能源转型的坚实步伐，除了优先发展非化石能源外，要增强电力、热力系统灵活性，为新能源更高比例做好准备。"十四五"期间煤炭消耗不再增长，要做到煤达峰。积极推动核电发展，走出新局面。"十五五"期间：非化石能源进一步增长与再电气化进一步发展，开始部分替代煤和油的存量。在此期间，"煤炭+石油"的消耗要尽早达峰，中东部比较发达的地区要率先实现2030年前碳达峰，逐步建立我国的新能源电力体系、能源体系，基于这个能源体系的经济体系将支撑我国的生态文明社会的建设和发展。

关于碳中和。碳中和意味着全球"净"温室气体排放需要大致下降到零，即在进入大气的温室气体排放和吸收的汇之间达到平衡，本文中的碳中和主要针对二氧化碳，可以用一张图（图3-1）和三个公式（图3-2）简单归纳。

公式（1）是能源的碳排放，需对煤炭、石油、天然气分别计算后加和。公式（2）意味着碳汇主要来自林业碳汇、碳捕集与封存，含碳捕集、利用与封存（Carbon Capture, Utilization and Storage, CCUS）。碳中和，即能源的碳排放降低至等于碳汇，亦可说碳汇足以抵消剩余碳排放，即公式（3），也就意味着图3-1天平左右两边秤砣相当。当今世界和中国的现实是，公式（1）的排放值都远远大于公式（2）的碳汇值。要做到碳中和，主要的着力点应该在减排，关键在于能源。

由此可以得出碳中和三要素。第一，节能提效，降低能源消费总量。在化石能源为主的今天，节能提效是全球和中国降碳的首要措施，交通、工业、电力、建筑这些领域的潜力都很大。第二，替代，在能源结构中降

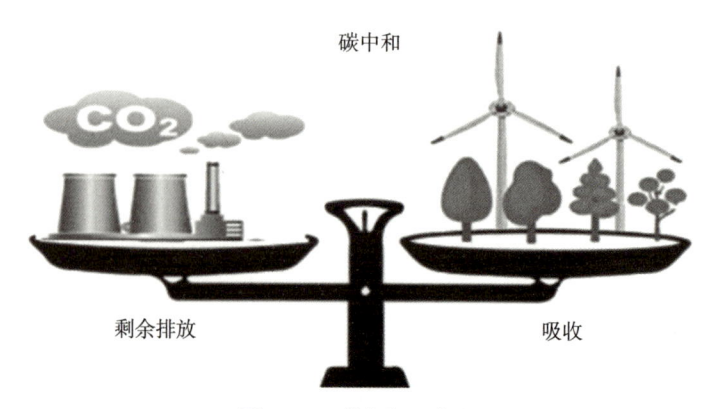

图 3-1 碳中和示意图

来源：顾佰和的《碳中和的几个认识误区》。

$$\begin{cases} 碳排放 \approx 能源消费量 \times 化石能源占比 \times 单位化石能源碳排放量 & (1) \\ 碳汇 \approx 林业碳汇量 + 碳捕集与封存（碳捕集、利用与封存）等碳移除和碳利用技术利用量 & (2) \\ 碳排放 \approx 碳汇 & (3) \end{cases}$$

图 3-2 碳中和公式

注：作者自制。

低化石能源（特别是煤炭），高比例发展非化石能源，使它成为高质量的能源。第三，移除，增加碳汇（及碳捕集、利用与封存）。

2030 年前碳达峰是具体的近期目标，要与国家宣布的 2030 年碳强度比 2005 年降低 65% 以上，非化石能源占一次能源消费比重达到 25% 左右，风电、太阳能总装机容量达到 12 亿千瓦以上等目标统一理解、协同推进。在确保经济高质量发展的同时，峰值应尽可能低，有条件的地区率先达峰，为下一步实现碳中和打下基础，减少实现碳中和的代价。碳中和是中长期的远景目标，碳达峰以后需要更有力度的减排才能实现碳中和。目前，全球已有约 126 个国家不同形式提出或承诺了碳中和目标，发达国家的普遍时间点是 2050 年（或更早），从碳达峰走向碳中和，发达国家一般要用 45～70 年，而我们国家仅预留了 30 年时间，困难更大，更富有挑战性，但也将是新型发展的机遇。

实现碳达峰、碳中和目标的路径

从人类文明形态进步的高度来认识能源革命。人类文明形态的不断进步是历史的必然，能源革命是基础和动力。化石能源的发现和利用极大地提高了劳动生产率，使人类由农耕文明进入了工业文明，这是一轮全球性的能源革命。二百多年来，工业文明在促进社会巨大进步的同时，也带来了日益严重的环境问题、气候变化问题和发展的不可持续性。现代非化石能源技术的巨大进步正在推动人类由工业文明走向生态文明，这是又一轮深刻的能源革命。"能源低碳化事关人类未来"已经成为全球共识。欧盟于2020年提出了"绿色复苏计划"，决定投入18200亿欧元，努力成为第一个碳中性大陆；美国新一届政府已经宣布重返《巴黎协定》；德国宣布2050年要实现温室气体净零排放。企业层面，近期国内外众多能源公司纷纷发布碳中和目标和行动方案。

树立新的能源安全观。能源安全很重要的方面是供需安全，要以"科学供给"满足"合理需求"。目前阶段，一方面要调整化石能源供给，另一方面要逐步倚重自己可以掌控的非化石能源供给。值得强调的是，可再生能源资源的利用是我国自己可以掌控的，它不依赖国际地缘政治的变幻，有利于实现能源体系的独立性和安全性。牵引可再生能源快速增长的，是经济社会可持续发展的需求，而支撑其稳定、快速增长的是其背后的自然资源和开发这些资源的技术能力的提升及成本的不断下降。能源安全除包括供需安全外，还应当包括环境安全、气候安全，能源造成的环境问题（大气、水、资源可持续等）和气候问题要解决好。

重新认识我国的能源资源禀赋。在化石能源资源"富煤、缺油、少气"的同时，丰富的非化石能源资源是我国能源资源禀赋的重要组成部分，我国应逐步建成以非化石能源为主的低碳能源体系。我国中东部的能源供给可以按"身边取和远方来"相结合、"分布式与集中式"相结合的思路发展。在西北地区建电力大基地，通过特高压西电东送（集中式、远方来）只是一种模式，而"分布式、身边取"将提高中东部能源自给比例，论证表明：这种模式的资源可供性、技术可行性和经济可行性都是成立的，不仅有助于"源网荷储一体化"的局域电网，"微网"和"虚拟电厂"的批量生长，可减缓"西电东送"和"北煤南运"的压力，而且对我国能源结构低碳化、空间格局的趋于平衡、城乡一体化的能源基础设施升级都是有利的。重新认识我国的能源资源禀赋，是正确认识我国国情的要素，对于确保国家长远的能源安全、引导能源转型具有方向性、战略性的意义。

能源转型中的化石能源。实现公平、公正的能源转型，能源安全保障与低碳转型并行不悖。据《BP 世界能源统计年鉴 2020》公布的数据显示，2019 年我国煤炭产量超过全球总产量的 47%，而煤炭消费量在全球的占比高达近 52%。我国是世界最大的煤炭生产和消费国，煤炭目前仍是我国能源供应的基础性能源，应坚持清洁、高效利用，发电为主，通过技术进步，减少非发电用煤；发展清洁供暖，更大力度替代散烧煤，煤炭消耗总量在"十四五"时期尽早达峰；同时，与非化石能源协调互补，支持能源结构优化。国家统计局数据显示，2019 年我国煤炭消费占能源消费总量比重为 57.7%，能源结构偏煤转型有困难的一面，但也恰恰可以在低碳转型中从能效方面获益更多。技术进步加上能源结构转型，能源强度预计到 2050 年将会下降 40%。稳油增气，要常非并重、陆海并举、加强勘探、增加储备，提高天然气消费的比例，预计 2025 年前后石油消费将进入平台期。

实现碳达峰、碳中和目标的九个抓手。实现碳达峰、碳中和目标，需克服诸多困难，主要是目前我国产业偏重（以重化工业为主的产业结构）、能源偏煤（以煤为主的能源结构）、效率偏低、以高耗能产业拉动国内生产总值的传统发展方式惯性很大，对地方发展影响颇深。经过几十年的发展，现在走到了"两个一百年"奋斗目标的历史交汇点上，如果按照惯性思维，转型不力将导致技术与系统落后、低效投资等方向性风险；如果按照新发展理念，以双目标牵引，针对难点施策，实现有力度的转型，将真正走上高质量发展之路。

（1）"能源减碳"与"蓝天保卫战"协同推进。虽然温室气体排放和污染排放是两个不同的概念，但在中国以化石能源为主的能源结构下，它们

第三章 深化"双碳"改革 缔造生态未来

基本同根、同源，走向绿色和走向低碳采取的实际行动是高度一致的。随着碳达峰和进一步降碳，化石能源将逐步减量，空气质量的特征量 PM2.5 将逐渐下降，首先达到国家标准 35 微克/立方米[①]，并进一步达到全球标准 15 微克/立方米。这个指标，美丽中国建设和生态文明建设均不可少。因此，将碳减排双目标的实现纳入大气环境监管，可收到协同之效。

（2）节能提效。节能提效是中国能源战略之首，是国家能源供需安全和环境安全的要素。效能是一个国家能源体系先进性的标志。我国节能成绩很大，但据全球碳计划（Global Carbon Project）数据显示，2019 年我国单位国内生产总值的碳排放强度是世界平均水平的 1.3 倍，是经合组织国家的 2.7 倍。在当前消费水平和化石能源为主结构下，能耗降 1%，就可减 0.5 亿吨标煤，减排 1 亿多吨二氧化碳。首先，最大的潜力在产业结构调整，高耗能产业占比过大，传统高耗能产业已进入总量达峰和下降期，抑制发展高耗能产业的冲动是当务之急。其次，管理和政策节能、技术进步节能、生活方式节能等潜力也不小。节能提效是降碳的首要举措，控制高碳化石能源总量是重点。现代化的美丽中国，必须是一个节能的、高能效的国家。

（3）电力行业减排。当前，我国电力行业占碳排放总量的 40% 左右，主要是煤电。要在推动煤电高效洁净化利用、热电联产、生物质掺烧的同时，逐步、有序减少煤电。要大力开发非化石能源电力，发展智能电网，提升配电网服务水平。可再生能源除提供电力外，还可提供"绿氢"供热（冷）。根据国家"安全前提下，积极有序发展"的要求，核电可以作出新贡献。美丽中国将拥有一个以非化石能源电力为主的新能源电力系统，这就要求电力系统在体制、机制、管理运行等方面作出一系列革命性变革。

（4）交通行业减排。预计 2025 年前后，石油消费总量将达到峰值区。应大力发展公共交通，切实提倡绿色出行；公路、铁路交通走电气化之路，培育电动车和氢燃料电池车，以电代油或以氢代油，实质上是以可再生零碳燃料替代石油；不易电动的航空动力，可以由生物航空燃油和合成航空

---

① 微克/立方米，浓度单位，常用于表示气体污染物浓度。——编者注

燃油及氨代替石油，逐步建成脱碳的美丽中国交通能源体系。

（5）工业减排。相关数据显示，工业耗能占到全社会能耗的60%，高耗能工业占工业能耗的70%，占工业煤耗的92%。[①] 实现碳减排双目标，需要工业部门尽早碳达峰和深度减排。通过产业结构调整，继续推进工业节能，抑制发展高耗能产业的冲动，同时，大幅度提高电力化的水平。在轻工业方面可以发展热泵、电加热来取代锅炉。技术进步可带来明显的减排效益，以钢铁行业为例，电炉炼铁技术的碳强度远低于高炉生产技术，长流程进步到短流程可大大降低碳排放；再进一步，氢还原炉炼铁将成为绿色炼铁的主流，这将带来行业颠覆性转型和产业重新布局。冶金可以从煤炭时代走向绿氢冶金时代。

（6）建筑（包括建造和运行）减排。电气化是关键，供暖、制冷、照明、烹饪、家用电器等均可电气化，电则主要来自可再生能源，还可利用工业余热。推行超低能耗建筑，建筑的改造（如护围）不仅可以节能，还能产能，利用光伏建筑一体化（BIPV，与建筑结合的光伏），电力自发自用，潜力巨大，"能源产消一体化"国内外已有成功案例。要提高灵活性电源、储电、电动车等成为一体化的新型建筑配电系统。同时数字化、智能化的应用，智能家居、智能家用电器的普及会加速建筑业的脱碳。美丽中国将拥有一大批能源"产消者"，不仅改变和优化能源结构，还将培育新的能源业态和格局。

（7）循环经济——固废资源化利用，把废弃物分类资源利用程度作为现代化的一个必备的标志。减少垃圾填埋、高比例资源化，将减少填埋垃圾产生的温室气体；能源转型产生新型固废、新冠肺炎疫情产生的新型固废，要做好循环利用；固废中再生资源（如金属）利用，可大幅降低冶金的煤炭消耗，为实现碳中和目标作贡献。

（8）发展碳汇，鼓励碳捕集、利用与封存等碳移除和碳循环技术。目前，我国生态系统的碳汇能力大约为每年12亿吨二氧化碳，我们国家也宣

---

① 数据来自中国工程院"我国碳达峰、碳中和战略及路径研究"项目。

布了森林蓄积量 2030 年将比 2005 年增加 60 亿立方米，碳汇还有增长的空间。同时，各种碳捕集、利用与封存等碳移除和碳循环技术也将为实现碳中和目标作出贡献。

（9）将碳交易、气候投融资，能源转型基金、碳中和促进法作为引导碳减排的政策工具。

▶ 结　语

碳达峰、碳中和目标是基于我国国情和科学论证确立的目标，不仅有路径、可操作，而且将带动一系列技术进步与发展，带来新投资、新产业、新交通、新建筑、新能源等，形成新的发展方式，深刻推动经济和社会进步及生态文明建设，助力实现经济、能源、环境、气候的共赢和可持续发展。

实现碳达峰与碳中和是一项复杂的系统工程，须谋划最优的战略路径，掌握好工作的节奏，积极而稳妥地把握好实现碳达峰、碳中和双目标的节奏。

碳达峰、碳中和，是参与全球的世纪大考，是从工业文明时代走向生态文明时代，是人类文明的赶考，中国不能落伍，历史要我们考出好成绩！

参考文献

［1］陈迎，巢清尘，等 . 碳达峰、碳中和 100 问 [M]. 北京：人民日报出版社 ,2021.

［2］United Nations Environment Programme (UNEP). Emissions Gap Report 2020[R]. Nairobi.(2020–12–09).

［3］邓旭，谢俊，滕飞 . 何谓"碳中和"？[J]. 气候变化研究进展 ,2021,17(01):107–113.

［4］中国工程院中国能源中长期发展战略研究项目组 . 中国能源中长期（2030、2050）发展战略研究综合卷 [M]. 北京：科学出版社 ,2011.

我国实现"双碳"目标面临的挑战及对策

庄贵阳

中国社会科学院生态文明研究所副所长、研究员

▶▶ "双碳"目标的内涵及实现基础

2030年前实现碳达峰、2060年前实现碳中和(简称"双碳"目标)是党中央经过深思熟虑作出的重大战略部署,也是有世界意义的应对气候变化的庄严承诺。实现碳达峰、碳中和,需要对现行社会经济体系进行一场广泛而深刻的系统性变革。不仅在中央层面把碳达峰、碳中和纳入生态文明建设整体布局,各地方各部门更要以抓铁有痕的劲头,明确时间表和路线图。"双碳"目标的提出将把我国的绿色发展之路提升到新的高度,成为我国未来数十年内社会经济发展的主基调之一。

"双碳"目标是我国按照《巴黎协定》规定更新的国家自主贡献强化目标以及面向21世纪中叶的长期温室气体低排放发展战略,表现为二氧化碳排放(广义的碳排放包括所有温室气体)水平由快到慢不断攀升、在年增长率为零的拐点处波动后持续下降,直到人为排放源和吸收汇相抵。从碳达峰到碳中和的过程就是经济增长与二氧化碳排放从相对脱钩走向绝对脱

钩的过程。

可以说，我国"双碳"目标实现的基本思路是清晰的。我国力争于 2030 年前实现二氧化碳排放达峰，单位国内生产总值二氧化碳排放将比 2005 年下降 65% 以上，非化石能源占一次能源消费比重将达到 25% 左右，风电、太阳能发电总装机容量将达到 12 亿千瓦以上，2060 年前实现碳中和。在"十四五"期间，单位国内生产总值能耗和二氧化碳排放分别降低 13.5%、18%。促进能源电力系统低碳化、电气化、智能化，（无法电气化的领域）低碳燃料转化以及应用负排放技术是 2060 年前实现碳中和的基本路径。

近年来，我国正在寻求更具可持续性、包容性和韧性的经济增长方式，已经具备了实现 2030 年前碳排放达峰的客观条件。作为 2020 年唯一实现经济正增长的主要经济体，我国担负引领世界经济"绿色复苏"的大国重任。2020 年我国经济总量约占世界总量的 17.39%，二氧化碳排放约占世界总排放的 29%。2020 年，我国经济总量已迈上百万亿元的大台阶，强大的国家综合实力为实现"双碳"目标奠定坚实经济基础。

作为一个负责任的发展中大国，从"十一五"开始，我国根据自身国情国力，把节能降碳纳入国民经济和社会发展规划之中，成为从中央到地方各级政府的一项常规性工作。通过积极推动产业结构调整、能源结构优化、重点行业能效提升，节能减排取得显著成效，为实现"双碳"目标奠定了经验基础。截至 2019 年底，我国碳强度较 2005 年降低约 48.1%，非化石能源占一次能源消费比重达 15.3%，基本扭转了碳排放快速增长的局面，提前完成中国政府在哥本哈根气候变化大会上作出的自主减排承诺。

随着我国生态文明建设的不断推进，"绿水青山就是金山银山"的理念日益深入人心。以顶层设计结合试点示范的工作模式，我国从 2010 年开始，先后启动各类低碳试点工作，推动落实中国政府所承诺的二氧化碳排放强度下降目标。通过以点带面的政策示范效应，充分调动了各方面低碳发展的积极性、主动性和创造性，为"双碳"目标的实现注入强大动力。独具中国特色的政策设计逻辑，以及全力打好污染防治攻坚战的政治执行力，充分彰显了我国制度优势，尤其是集中力量办大事的优势。只要我国继续秉持新发展理念，凝聚全社会智慧和力量共同行动，打赢这场硬仗并不是天方夜谭。

"双碳"目标推进过程中，以新能源为重点的可再生能源推广的核心问题在于成本和应用便利程度。我国具备强大的装备制造能力与国内超大规模市场，掌握核心技术和关键产业链优势，为清洁能源技术的成本降低和推广应用带来无可比拟的优势。2020年我国新增风电装机容量57.8吉瓦，占全球新增装机容量的60%，新增太阳能光伏装机容量为48.2吉瓦，可再生能源的开发利用规模稳居世界第一。除此之外，我国在人工智能、能源互联网、清洁能源技术为代表的新一轮工业革命中，很多领域处于领先地位，为实现"双碳"目标奠定了技术基础。

实现"双碳"目标面临的挑战

实现碳达峰、碳中和是一场广泛而深刻的经济社会变革，党中央对这场大考有着清醒的认识。与发达国家相比，我国实现"双碳"目标时间更紧、幅度更大、困难更多、任务异常艰巨，既要有勇气直面调整，又要有智慧克服困难，智勇双全才能行稳致远。

打造发展新范式任重道远。我国整体处于工业化中后期阶段，传统"三高一低"（高投入、高能耗、高污染、低效益）产业仍占较高比例。相当规模的制造业在国际产业链中还处于中低端，存在生产管理粗放、高碳燃料用量大、产品能耗物耗高、产品附加值低等问题。新形势下我国产业结构转型升级面临自主创新不足、关键技术"卡脖子"、能源资源利用效率低、各类生产要素成本上升等挑战，亟待转变建立在化石能源基础上的工业体系以及依赖资源、劳动力等要素驱动的传统增长模式。一方面，传统产业发展存在锁定效应和路径依赖；另一方面，新兴市场有待进一步激发。如今，我国开启了全面建设社会主义现代化国家新征程，在新发展阶段不仅要防范潜在增长率快速下降，还要避免需求制约导致实际增长率大幅低于潜在增长率。新动能培育在顺应工业体系调整、稳经济保就业的宏观环境中面临一系列客观压力，经济结构调整和产业升级任务艰巨，短期内实现碳排放与经济增长脱钩压力巨大。供给侧与需求侧都要不断改革，推动社会经济发展全面绿色转型。

煤炭煤电转型关乎民生大局。碳达峰碳中和的深层次问题是能源问题，可再生能源替代化石能源是实现"双碳"目标的主导方向。但长久以来，我国能源资源禀赋被概括为"一煤独大"，呈"富煤贫油少气"的特征，严重制约减排进程。经国家统计局核算，2020年我国全年能源消费总量49.8亿吨标准煤，占能源消费总量的56.8%，相比2019年增长2.2%。我国煤炭消费量能源生产总量与煤炭消费量都居世界第一，石油和天然气对外依存度分别达到73%和43%，能源保障压力大。集能源生产者和消费者于一体的电力行业特别是火电行业，在供给和需求两端受到压力。2019年底，我国煤电装机容量高达10.4亿千瓦，占全球煤电装机的50%，煤电占据了我国约54%的煤炭使用量。联合国秘书长古特雷斯再三呼吁：取消全球所有计划中的煤炭项目，所有国家都需在2040年前淘汰煤炭；停止对于煤炭发电厂的国际资助，将投资转向可持续能源项目；启动全球努力，一家一家煤电厂地过渡，并最终实现公平转型。面对碳减排要求，我国大量的化石能源基础设施将带来高额的退出成本。作为传统劳动密集型产业，煤电退出涉及数百万人，若延伸至上游煤炭行业则波及的人数会更加庞大。员工安置、社会保障问题事关社会稳定的民生大局。

可再生能源消纳及存储障碍待解。"双碳"目标时间线轮廓清晰，构建清洁低碳高效安全的能源生产和消费体系是必然趋势。2019年我国非化石能源占一次能源比重仅为15.3%，超过三分之二的新增能源需求仍主要由化石能源满足。非化石能源规模化、产业化的普遍应用不仅面临诸如调峰、远距离输送、储能等技术问题，还面临电网体制机制问题。种种原因在一定程度上抬高可再生能源电力成本，进而影响消纳，制约了可再生能源长远健康发展。从自身技术特性来看，风电、光伏、光热、地热、潮汐能受限于昼夜和气象条件等不可控的自然条件，不确定性大；生物质供应源头分散，原料收集困难；核电则存在核燃料资源限制和核安全问题。近中期内我国能源系统的转型依然要发挥煤电的兜底作用，保证电力供应的经济性、安全性、连续性。可再生能源发电具有波动性、随机性和间歇性的特点，电源与负荷集中距离较远。同时，我国尚未建立全国性的电力市场，电力长期以省域平衡为主，跨省跨区配置能力不足，严重制约了可再生能源大范围优化配置。从化石能源向可再生能源转变，需要在技术装备、系统结构、体制机制、投融资等方面进行全面变革。

深度脱碳技术成本高且不成熟。从能源系统的角度看，实现碳中和，要求能源系统从工业革命以来建立的以化石能源为主体的能源体系转变为以可再生能源为主体的能源体系，实现能源体系的净零排放甚至负排放（生物质能源+碳捕集、利用与封存）。从科技创新的角度看，低碳、零碳、负碳技术的发展尚不成熟，各类技术系统集成难，环节构成复杂，技术种类多，成本昂贵，急需系统性的技术创新。低碳技术体系涉及可再生能源、负排放技术等领域，不同低碳技术的技术特性、应用领域、边际减排成本和减排潜力差异很大。我国脱碳成本曲线显示，可再生能源电力可为我国最初约50%的人类活动温室气体排放低成本脱碳，年度减排成本估算值约为2200亿美元。可再生能源电力的发展对诸多行业（包括发电和其他需要电气化的行业）减排提供支撑，而且在中长期内对制备"绿色"氢能十分关键。在达到75%脱碳后，曲线将进入"高成本脱碳"区间，实现90%脱碳的年成本可能高达约18000亿美元。如果仅延续当前政策、投资和碳减排目标等，现有低碳、零碳和负排放技术难以支撑我国到2060年实现碳中和。被寄予期望的碳捕集、利用与封存技术，成本十分高昂，动辄数亿甚至数十亿的投资和运行成本以及收益不足，卡住了碳捕集、利用与封存项目的顺利建设。

实现"双碳"目标的对策建议

我国要用短短30年时间实现从碳达峰到碳中和的过程，挑战无疑是巨

第三章 深化"双碳"改革 缔造生态未来

大的。打造新发展范式,既要以培育壮大新动能促进产业结构快速平稳转型,防范转型过程中出现的阵痛,也要设计协调适配的一揽子政策,建立激励约束机制,充分发挥政府和市场的作用。

首先,以政治站位保持战略定力。实现碳达峰、碳中和,应尽早布局,各地方各部门加快部署行动方案,将碳达峰纳入中央环保督察。抓住从现在开始到碳达峰的窗口期,采取强有力措施转变发展方式,既可以避免被锁定在高碳路径,又可以避免攀高峰之后深度脱碳的高昂成本。

"十四五"期间,为实现碳达峰、碳中和目标开好局、起好步,要深入学习贯彻习近平生态文明思想,切实增强使命感、责任感,不断提高政治判断力、政治领悟力、政治执行力。各级党委政府要从中华民族永续发展、构建人类命运共同体的高度,充分认识做好碳达峰、碳中和工作的重大意义,尤其有长远战略眼光,不能只看短期利益,要有打耐力战和持久战的准备。

立足新发展阶段、贯彻新发展理念、构建新发展格局,因地制宜制定政策和行动方案。实现"双碳"目标要求统筹落实、一体推进,统筹处理好发展与安全、稳健与进取、自强与开放、短期与长期、减污与降碳的关系,明确各项任务时间节点和实现路径,做到当前任务和长远发展紧密衔接。"双碳"目标重在落实,必须以习近平生态文明思想为指引,保持生态文明建设的战略定力,统筹考虑能源安全、经济增长、社会民生、成本投入等诸多因素,实现碳达峰、碳中和目标愿景。

其次,以系统思维统筹落实战略部署。实现碳达峰、碳中和是一项极具挑战的系统工程,涵盖经济社会众多领域,涉及政府、企业、公众等多个层面。把"双碳"目标纳入生态文明建设整体布局,融入经济建设、政治建设、文化建设、社会建设各方面和全过程,需要秉持新发展理念,统筹发展与安全、减排、稳定的关系,凝聚全社会智慧和力量,团结协作、共同行动。

关注重点部门,以"全国一盘棋"的思维优化资源配置。各部门各行业各地区"自下而上"制定各自的碳达峰、碳中和行动方案,国家层面

"自上而下"统筹协同区域发展和产业布局,统筹处理好局部与全局的利益关系,突破区域壁垒。其中,能源、工业、交通、建筑是推进碳达峰、碳中和的重点部门,兼具供给侧的生产行为和需求侧的消费行为,涉及传统行业转型、区域经济发展、个人消费观改变等多方面问题,需要重点关注。

统筹部署,推动资源禀赋深度融合。碳达峰、碳中和在全国的布局必然要依据经济基础和碳排放情况进行差异化安排,保障有条件的地区率先达峰。我国在府际合作、东西部省市对口协作方面积累了很多经验,新发展阶段"双碳"目标要纳入合作内容之中。比如,化解可再生能源资源供给和需求空间不匹配的矛盾,需要国家层面统筹部署,突破体制机制障碍,将西部北部地区的资源优势转化为经济优势,促进全国加快碳减排。

推进碳达峰、碳中和目标的实现,不仅是生产者的责任,也是全社会成员的共同责任。当前各地区各部门各行业主要从生产领域探索形成制度机制和行动方案。然而,随着我国正式步入高收入国家行列,消费对经济发展的作用至关重要。应在生产领域减排的同时,强化从消费者责任的角度探索倒逼碳达峰、碳中和的实现路径。探索对广大消费者的消费偏好和消费倾向有引导和督促作用的制度机制和利益机制。通过引导消费者的绿色消费偏好"倒逼"企业技术升级,采取绿色生产方式。

最后,以碳定价推动碳达峰、碳中和。碳定价政策是解决气候变化经济影响负外部性、纠正市场失灵的一种手段,改变将排放空间视为公共物品的传统认知,赋予二氧化碳排放量以市场属性,刺激技术创新和市场创新,给经济增长注入新的低碳动力,被认为是应对气候变化最主要的市场化政策工具。

碳定价在执行层面主要有碳税和碳交易机制两种形式,前者是政府通过税收直接确定碳价格,以弥补碳的市场价格缺失;后者是创造一个交易市场,在政策设定的排放总量限制下由参与市场的交易主体形成价格。作为纠正碳排放负外部性的工具,两者各具优势和劣势,都有其价值,两者之间也不排斥,如果政策设计得当,都可以发挥有效作用。

碳定价是减少排放所需的气候政策一揽子计划之一。在碳定价政策下,

第三章 深化"双碳"改革 缔造生态未来

企业通过评估碳价格对其运营的影响，识别潜在气候风险和盈利机会。长期投资者使用碳定价来分析气候变化政策对其投资组合的潜在影响，使他们能够重新评估投资策略并将资本重新分配给低碳或适应气候的项目。足够高的碳价格是实现脱碳的关键要素，需要政府"看得见的手"和市场"看不见的手"共同发力，从供需两端助力，以能源脱碳带动经济社会整体绿色低碳转型。

我国自2013年起在七个试点省市探索碳交易机制，预计于2021年中启动全国碳交易市场（限于火电行业），石化、化工、建材、钢铁、有色、造纸、航空等重点行业将陆续纳入碳交易体系之中。根据试点市场多年现货交易数据，碳市场呈现交易量过低、市场不活跃、碳价格的市场化属性体现不明显等问题。在继续建设全国碳市场的前提下，碳交易市场体系设计需要收紧配额总量，也需要在一级市场逐步提升"拍卖"形式的有偿分配比例。针对碳市场未纳入的碳排放源，可以考虑适时引入碳税作为碳市场的补充。特别需要注意碳定价战略不是政治中立的，许多行业可能会利用其影响力抵制和削弱严格的碳定价措施。同时，碳定价政策设计也需要关注低收入群体由于商品价格上升等可能面临的生计问题。

参考文献

［1］中金公司.碳中和经济学：新约束下的宏观与行业分析[R].(2021-03-21).

［2］全球能源互联网发展合作组织.中国2060年前碳中和研究报告[R].2021-03-18.

［3］项目综合报告编写组.《中国长期低碳发展战略与转型路径研究》综合报告[R].中国人口资源与环境，2020(2020-10-12).

［4］庄贵阳，窦晓铭.新发展格局下碳排放达峰的政策内涵与实现路径[J].新疆师范大学学报（哲学社会科学版），2021,42(06):124-133.

［5］柴麒敏,郭虹宇,刘昌义,等.全球气候变化与中国行动方案——"十四五"规划期间中国气候治理（笔谈）[J].阅江学刊,2020,12(06):36-58.

［6］周宏春,霍黎明,李长征,等.开拓创新 努力实现我国碳达峰与碳中和目标[J].城市与环境研究,2021(01):35-51.

［7］World Bank Group.State and Trends of Carbon Pricing 2020[R].Washington DC,2020(2020-05).

［8］Goldman Sachs Research. China net zero: The clean tech revolution[R].Carbonomicas,2021(2021-01-21).

"双碳"目标推进过程中的主要风险及防范对策

钟茂初

南开大学经济研究所教授，全国政协委员

2021年10月发布的《中共中央 国务院关于完整准确全面贯彻新发展理念做好碳达峰碳中和工作的意见》(以下简称《意见》)提出："实现碳达峰、碳中和目标，要坚持'全国统筹、节约优先、双轮驱动、内外畅通、防范风险'原则。"《意见》对"防范风险"原则也作出了指引："处理好减污降碳和能源安全、产业链供应链安全、粮食安全、群众正常生活的关系，有效应对绿色低碳转型可能伴随的经济、金融、社会风险，防止过度反应，确保安全降碳。"本文针对当前各地在推进碳达峰、碳中和工作中存在的认识误区、可能引发的风险以及如何防范，展开理论分析与实践探讨。

▶ 当前对碳达峰、碳中和的若干认识误区

一是对"碳达峰"存在认识误区。一些地方误以为，既然即将"碳达

峰"，那么，在"碳达峰"之前应加大排放，以获得一个较高的碳排放额度"峰值"基数，进而在这个"峰值"基数上进行碳减排。这种认识的问题在于，没有认识到碳峰值越大，此后的碳减排难度则越高，为之付出的成本也就越大，此后的经济和民生将难以承受碳减排压力过大带来的影响。换言之，在碳达峰之前增加碳排放带来的经济利益，相比此后碳减排要付出的成本，是得不偿失的。

二是对"碳中和"缺乏整体性认识。"碳中和"的内涵是：持续的碳减排，使经济活动中的碳排放量持续下降到能够被生态系统完全吸纳的水平。凡是偏离了"持续碳减排"的说法，都是存在认识误区的。此外，"碳中和"是一个整体性的概念，只能在宏观层面讨论才有意义，任何微观主体无从核算其是否达成"碳中和"目标。现实中某些企业自称已实现"碳中和"或即将实现"碳中和"，他们没有认识到"碳中和"是一个整体性指标，尤其是没有认识到，"碳中和"对企业而言就是持续强化"碳排放额度"对其经济活动的约束，直至整体上"碳中和"目标的实现。

三是对"双碳"目标与经济新增长存在认识误区。一些人认为"双碳"目标将带来类似于"改革"那样促进经济新增长的巨大效应。但实际上，在"碳排放额度"刚性约束下，各种生产要素不可能出现显著的扩张，否则就将与持续碳减排的目标背道而驰。增长主要来源于"碳排放额度"使用效率的提升（简称"碳效率提升"）。凡是认为"双碳"目标下将出现更大经济增长机会的说法，都是违背理性逻辑的。

四是在通过技术创新实现"碳中和"方面存在认识误区。在"碳中和"目标下，一些企业、科研机构提出了零碳技术、固碳技术等创新方向。对此，目前研究者仅从技术可能性的角度来认识，而缺乏从经济可行性角度的考量，没有认识到，相关技术开发、产业化的投资，必然要挤占"提高碳效率"的技术开发和产业低碳化资金。只有在碳捕集、利用与封存对二氧化碳的吸纳效率大大超过既有方式"碳效率"改进水平时，才是有效的路径。当下"双碳"目标要更多地从前端减排着手，而不宜寄希望于末端治理的技术突破。

五是对碳减排与其他污染排放的关联性存在认识误区。在某些碳减排路径下，碳排放与其他污染物排放存在替代关系，即碳减排将转化为其他污染排放的增加。例如，电动汽车在使用过程中的确可起到碳减排的作用，但是电池制造和报废过程中却会增加大量的其他污染；小水电的发展在带来可再生能源生产能力的同时，也会对周边的生态环境造成破坏性影响；在某些特殊区域进行不当的植树造林活动，也可能影响区域气候条件和空气质量。

▶ "双碳"目标推进过程中存在的问题及可能引发的若干风险

推进碳达峰、碳中和，是"十四五"时期乃至中远期的重要发展目标。随着各项政策推进，国民经济各领域绿色低碳转型取得进展。但在现实发展中，由于认识误区的存在，一些地方、一些领域出现问题苗头，可能引发一系列风险，值得警惕。

片面强调发展低碳产业、削减高碳产业，可能影响"双循环"新发展格局的产业目标。某些地区和领域片面强调发展低碳产业、削减高碳产业，可能不利于"国内可循环""打造自主可控、安全可靠的产业链、供应链""保持制造业比重基本稳定"等"双循环"产业目标的实现。"高碳产业""低碳产业"是产业本身的性质，都是国民经济体系的必要组成部分，不能仅从碳排放程度的产业特性来决定是否发展某一产业。在产业支持政策方面，也不应只根据产业性质鼓励发展特定名录的"绿色低碳产业"。

低碳产业无序发展，可能引发多方面风险。以新能源汽车产业为例，近年来，众多企业投入新能源汽车研发制造，资本市场上也形成了相关概念的巨量资金炒作。众多企业、巨量资金投入一个市场规模基本限定的产业之中，存在以下风险：一是形成产业无序竞争，即使寻求到合乎市场需求的产业技术创新路径，也会因无序竞争而迅速吞噬其利润空间，不利于我国做强这一产业；二是众多企业和资金投入于此，会重蹈"尚未成熟发展就已经产能过剩"的覆辙；三是大量资本炒作该产业，将导致该产业虚拟化，破坏产业正常发展态势，累积金融风险；四是新能源汽车产业与传统汽车产业同步发展，可能增加产能过剩风险。

单纯从生产领域推进"双碳"目标，缺乏从消费领域倒逼绿色低碳转型的诱导机制。面对"双碳"目标，当前政策主要从生产领域形成制度机制和行动方案。面对"碳额度"约束，各区域、各市场主体必然会想方设法通过投资、贸易等方式转嫁其碳排放。如果消费领域没有相应的"碳额度"约束机制，那么，民众的消费模式并不受"双碳"目标的影响而改变。生产者需要迎合消费者的高碳消费偏好，势必影响生产者绿色低碳转型的主动性和积极性。如果对消费者采取"碳额度"机制，在引导低碳消费转型的同时，可"倒逼"企业主动推进绿色低碳生产方式。企业如果不迎合消费者需求变化，就将失去市场需求、损失利润。所以，推进"双碳"目标，有必要探索消费领域的碳减排机制。

对于"双碳"目标引致经济新增长机会的认识误区，可能误导碳投资、碳金融方面的风险。一是宣称"双碳"目标将带来万亿级的投资规模、若干万亿的经济增长。没有认识到"双碳"目标的本质是"产能替代"——碳效率较高的新产能对碳效率较低的传统产能的替代，新增投资是对传统产能的替代，而不是"净增"。二是宣称"双碳"目标能够为"碳金融"提供巨大规模的发展空间，没有认识到"双碳"目标不可能带来各种要素显著扩张，也就不可能带来要素扩张所需的资本市场规模。如果把可交易的"碳排放权"发展成为金融衍生品，势必会扭曲"碳排放权"的价格，既影响实体经济的融资成本，也影响"碳排放权"的减碳成效。

绿色低碳政策措施缺乏对经济合理性、民生承受力的综合考量，造成绿色低碳与经济民生的顾此失彼。随着减碳降耗等目标任务的层层下达，部分地方急于求成而采取"短促"举措，对经济发展和民生保障造成负面影响。一些地方出现的"运动式减碳""短促减碳""一刀切""层层加码"等现象，根本问题在于只考虑如何完成低碳环保考核目标，而没有兼顾考虑采取的措施、治理成效是否具有经济合理性，经济运行能否承受其影响，就业等民生能否承受其后果。与之相关的一个问题是，一些地方的低碳环

第三章 深化"双碳"改革 缔造生态未来

保标准不是事先确定的,而是在实践中(企业投资或运营过程中)不断追加,导致企业等市场主体无所适从,缺乏稳定的政策预期。

"双碳"目标实现过程中防范风险的对策建议

针对片面强调发展低碳产业、削减高碳产业的问题,建议改变以往主观规定"低碳产业""环保产业"名录并大力支持的政策思路,重新界定政策支持的目标对象。首先,政策支持对象,不应仅考虑产业本身是不是"低碳""环保",而要考虑支持该产业发展能否带来产业链整体的生态效率提升。只有能够整体性地提高生态效率的产业,才应纳入"低碳环保产业支持政策"之中。其次,即使本身是高碳产业、高污染产业,只要其为国民经济所需,且有不断提升碳效率、生态效率的潜力,也应纳入产业政策支持范围。

为防范低碳产业无序发展而带来的风险,建议形成发展低碳产能与削减高碳产能的"挂钩机制"。以新能源汽车的发展为例,新能源汽车发展规模应与传统汽车削减形成联动关系,国家层面、地区层面、企业层面,新能源汽车发展规模必须与传统汽车规模削减挂钩,这样才能保障新能源汽车不形成新的产业过剩。全国应根据行业碳减排目标和行业技术替代进展态势,确定年度及中长期新能源汽车增长总量规模额度与传统汽车削减额度;各省市区、各企业获得新能源汽车规模额度,应与其传统汽车削减规模挂钩。原本不生产汽车的企业,可联合既有的汽车生产企业以完成其挂钩削减任务。

为解决单纯从生产领域推进"双碳"目标而缺乏减排积极性的问题,建议宏观政策层面积极探索消费领域的碳减排机制,试点"消费碳额度"(消费碳票)制度。既可以直接促进消费领域的碳减排,也能倒逼消费者的低碳消费转型,进而倒逼低碳绿色生产方式的转型。以住房消费为例,"消费碳票"可对居民拥有住房套数、住房面积、选择绿色低碳建筑、租购选择等方面起到调节作用,进而引导房地产行业的低碳绿色转型。在推进碳排放权交易市场建设时,也应同步考虑"消费碳票"交易市场的试点。可先行针对住房的"消费碳票",进行市场交易试点。试点取得成效后,可以进一步推广到更多消费品领域,进而普及多数消费品领域,为全面形成绿色生活方式探索有效路径。

为解决对"双碳"目标认识误区导致的相关问题,建议明确"双碳"相关政策,应以"持续碳减排"为根本目标、"碳排放额度"为核心工具、"新旧产能替代""全产业链碳效率提升"为根本的考量依据。凡是违背这些原则的,都是发展误区,应予纠正。"碳金融"发展的原则是从金融角度促进碳效率较高产能对碳效率较低产能的有效替代,碳金融不能脱离实体经济的"新旧产能替代"而虚拟化发展。碳捕集、利用与封存等技术推广,应充分考虑其经济可行性。

为解决低碳环保政策措施没有兼顾经济合理性、民生承受力的问题,有以下建议:与经济项目推出前的生态环境影响评估相对应,低碳环保政策出台前也应进行经济—民生影响评估,从而作出经济—民生—生态的平衡性决策。低碳环保标准应当在事前依法明确,不应在企业运营过程中追加。事先明确企业进入的低碳环保门槛,尽可能减少事后的关停整改。低碳环保相关的治理,应追求长效机制,一般不作短期性的目标考核,以避免基层部门采取不考虑经济合理性和民生影响的短促减排措施。

参考文献

［1］习近平. 在第七十五届联合国大会一般性辩论上的讲话[N]. 人民日报, 2020-09-23(003).

［2］中共中央国务院关于完整准确全面贯彻新发展理念做好碳达峰碳中和工作的意见[N]. 人民日报, 2021-10-25(001).

［3］2030 年前碳达峰行动方案[N]. 人民日报, 2021-10-27(007).

推动新能源革命促进实现碳中和目标

李十中

清华大学核能与新能源技术研究院教授

碳达峰、碳中和已经成为关系国家战略实现的重要工作与目标。2021年4月30日召开的中央政治局会议强调，要有序推进碳达峰、碳中和工作，积极发展新能源。在诸多新能源中，唯有生物能源与农业密切相关。通过利用秸秆和调整种植结构、利用边际土地种植能源作物、生产清洁燃料与合成材料可带动农业发展、增加农民收入，让绿水青山变金山银山；作物生长的同时还会吸收二氧化碳，实现负碳排放。石油不仅是交通燃料，而且是最主要的化工原料，还是塑料、合成橡胶、合成纤维三大合成材料的原材料。我国要在2060年前实现"碳中和"，就必须在交通和工业原料方面不再依赖化石能源，从石油经济向建立在生物技术和产品之上的生物经济转型。因此，用生物质替代石油是一场新能源革命。

新能源革命是国家从石油经济向生物经济转型、实现碳中和目标的必经之路

实现油气行业的碳中和，是人类面临的巨大挑战。既要保障燃料和材料产品的供应，又要把对环境的影响降到最低。如何解决？开发与利用生物能源是目前最有潜力的人类从根本上改善环境、提供燃料和材料产品的发展方向。生物能源的优势不仅在于可再生、植物自身吸收二氧化碳，还在于其"物质性"特质使其可替代化石能源提供人类所需的燃料和材料，拓宽农产品市场，使绿水青山变成金山银山。我国是农业大国，生物质资源丰富，大力发展生物能源符合国情，在保证粮饲供应的前提下，通过调整种植结构和在边际土地上种植能源作物、利用秸秆生产清洁燃料与合成材料，既可减少石油进口，又可带动农业发展和乡村振兴。

用生物质替代石油生产人类必需的燃料和材料是目前石油化工领域实现碳中和的唯一途径。从能源安全和气候变化的角度考虑，各国都把减少化石能源消耗、发展可再生能源、保护人类共同家园作为首要任务，发达国家已把用生物质替代石油作为国家能源战略。生物燃料和生物基材料是以可再生的生物质为原料，利用生物化学转化技术生产的材料和燃料，其原料源自"生物"，转化过程是能耗低的"生物过程"。新能源革命推动了生物和化工领域的技术进步，促进了燃料与材料变革，使化石燃料逐步向乙醇、氢等生物燃料以及电、合成燃料转变；石化材料逐步向生物基材料转变。

根据国际能源署（International Energy Agency，简称 IEA）发布的《能源技术展望 2020》(*Energy Technology Perspectives* 2020)，在交通领域，电替代了 1% 的化石燃料，生物燃料（燃料乙醇和生物柴油）则替代了 3% 的化石燃料。欧盟在 2021 年 7 月发布的"Fit for 55"计划中承诺，2030 年比 1999 年减排 55% 的温室气体，在交通领域，其实现主要还是依靠以基于作物的乙醇为代表的生物燃料。虽然车辆电动化掀起热潮，但在难以实现电气化和降低碳密度的商用车、海运和航运领域，则只能依靠生物燃料替代化石燃料。航运方面，欧盟确定了 2050 年实现航空碳中和的目标。法国最

第三章 深化"双碳"改革 缔造生态未来

新立法规定到 2025 年和 2030 年生物煤（bio-jet fuels）占航煤的比例要分别达到 2% 和 5%，2050 年实现航空碳中和。道达尔、壳牌、英国石油等石油巨头纷纷开始生产生物航煤；亚马逊的航空货运公司已订购 600 万加仑[①]壳牌生物航煤；航空发动机巨头罗尔·罗伊斯（Rolls Royce）已在下一代发动机上测试生物航煤，并认为到 2050 年全球生物航煤需求将达到 5 亿吨/年。海运方面，国际海事组织制定了到 2050 年海运排放比 2008 年减少 50% 的目标；物流公司 DHL 已在集装箱船上使用船用生物燃油；鹿特丹港早在 2018 年就开始为荷兰内河航线提供船用生物燃油，与化石燃料相比可减排 90% 的二氧化碳、100% 的硫。由于生物柴油以油脂为原料，其生产规模受到资源制约，目前欧洲生产的生物柴油或氢化生物柴油（航煤）原料中的 34% 来自中国的地沟油、19% 是东南亚的棕榈油。2019 年全球 1.3 亿吨生物燃料产量中，生物柴油不到 4000 万吨，而燃料乙醇达 9143 万吨，64 个国家和地区使用乙醇汽油作为燃料。

用生物质替代石油生产的塑料、合成橡胶、合成纤维三大合成材料，称为生物基材料，主要包括生物基聚烯烃、生物基聚酯、生物基尼龙（聚酰胺）等。2020 年，全球生物基材料产量为 210 万吨，并将在未来 5 年内增长 36%。生物基材料具有优秀的减排能力，其二氧化碳排放量只相当于传统石油基高分子的 20%。根据多伦多大学生物材料与复合中心的研究成果：每吨生物基聚合物可减排 3.2 吨二氧化碳。可生物降解聚酯类材料解决了石油基塑料造成的污染问题，其中聚乳酸在价格和可供性方面前景最好，价格最贴近石油基产品，应用范围广，性价比高，占据可生物降解塑料市场份额的 80% 以上。烯烃是石化行业的基础原料，用生物乙醇可以生产聚烯烃、顺丁橡胶等。巴西 Braskem 公司正在将年产 20 万吨乙醇脱水制乙烯工厂扩建到 26 万吨的规模，该公司还在世界上首次推出可再生聚乙烯石蜡，用乙醇生产可再生乙烯比传统石油基乙烯节能 80%；国内的安徽丰原集团、中石化等公司亦有生物基乙烯生产装置在运转之中。发酵生产的乳

---

① 1 加仑 =4.54609 升。——编者注

酸还可脱水转化为丙烯酸，作为重要的有机合成原料及合成树脂单体，用于环保油漆、涂料的制备。

生物燃料和生物基材料产业具备战略性新兴产业的全部特征，有利于解决我国农产品价格和市场波动问题，聚焦每年进口5亿多吨石油和2百多万吨牛肉的巨大市场，可培育"三农"的自身"造血"功能与成长机制，进而显著增加农民收入，解决数千万农民工就业问题，促进乡村振兴，让绿水青山真正成为金山银山。

生物燃料和生物基材料产业已经形成。第一，生物燃料有利于温室气体、颗粒物减排，带动农业发展。首先，生物燃料产业在能源安全、环保、控制气候变化领域作用巨大。全球64个国家和地区使用了乙醇汽油，掺混比例从5%（惯称E5，体积分数）到85%（惯称E85，体积分数）不等，其中美国生产了4740万吨燃料乙醇，占美国汽油消耗总量的10.12%，减少原油消耗5亿桶。以乙醇为燃料的汽车尾气中颗粒物仅为汽油车的十分之一，可显著改善大气环境。根据欧洲数据，插电式电动车平均产生的二氧化碳为92克/千米，而巴西用含27%乙醇的汽油做燃料，其平均产生的二氧化碳仅为87克/千米，因此乙醇汽油减排效果优于插电式电动车。哈佛大学等单位2021年2月发布最新研究成果证明，美国的玉米乙醇可比汽油减排46%的温室气体；美国能源部阿贡实验室研究发现，2005—2019年美国玉米乙醇累计减排温室气体5亿吨。

其次，发展生物燃料产业还扩大了农产品市场、增加农民收入。美国在20世纪70年代为了解决农业和农民问题，用玉米加工乙醇替代汽油以保持玉米价格稳定，并就地创造就业岗位，保障农民收入，"歪打正着"的同时解决了能源、环境、玉米价格三个棘手问题，使美国在主导全球气候变化方面有了资本。2019年，美国玉米产量3.7亿吨，其中1.42亿吨用于生产4740万吨乙醇，创造了430亿美元国内生产总值、35万个就业岗位；使玉米价格长期维持在3.6美元/蒲式耳[①]以上，2020—2021年度，玉米平均价格为

[①] 蒲式耳是计量单位。在英国，1蒲式耳约为36.37升；在美国，1蒲式耳约为35.24升。——编者注

5.7 美元/蒲式耳，保证了农民收入。

我国生物燃料乙醇生产和车用乙醇汽油使用试点均始于 21 世纪初，已建成生物燃料乙醇产能规模约 296 万吨/年，并在 11 个试点省（直辖市、自治区）的 31 个地市基本实现车用乙醇汽油的封闭推广，初步奠定了生物燃料乙醇产业发展基础，成功探索了适应国情的发展模式，取得了显著的社会、经济、环境效益。2018 年 8 月，国务院批准实施《全国生物燃料乙醇产业总体布局方案》，该方案要求到 2020 年全国范围内基本实现车用乙醇汽油全覆盖。

第二，生物基材料性能优异，可生物降解塑料还解决了石油基塑料造成的污染问题。生物基高分子材料具有优异的性能。聚羟基脂肪酸酯系列材料有非常好的生物相容性和可降解性，广泛应用于骨钉、缝合线、药物载体等医药材料及塑料、纤维领域；生物基聚氨酯环保无毒，性能比石油基产品更优异，用其生产的人造革、油漆涂料等具有透气、无毒的特点；生物基聚碳酸酯通过利用二氧化碳与生物发酵产生的二元醇催化聚合制备而成，不再使用有毒的双酚 A，因此环保无毒；聚乳酸无毒，既可用于一次性餐饮用具、食品包装材料等以解决石油基塑料造成的污染问题，又因亲肤、抑菌、抗螨、防臭、阻燃等特性可替代化学纤维，且在服装、床上用品等方面的应用效果优于棉织品。

《科学美国人》和世界经济论坛把可生物降解塑料排在 2019 年全球十大新兴技术的第 1 位。在生物基可降解材料中，聚乳酸产业化最成熟，其成本可与以 70 美元/桶的石油制造的石油基塑料、化学纤维相当，具备了替代石油基塑料、化学纤维的经济竞争性，并且性能优良。目前，国际上有两家公司生产聚乳酸：一家是美国的嘉吉公司，年产量 15 万吨；另一家是欧洲的道达尔-科碧恩公司，其在泰国建有年产 7.5 万吨的聚乳酸工厂，并占据了丙交酯（聚乳酸中间体）全球市场的 60%～70%。国内现有四家企业生产聚乳酸，除其中一家具有从乳酸到丙交酯，再聚合成高分子的全产业链制备技术和装备外，另外三家都是以进口丙交酯为原料生产聚乳酸。例如，吉林中粮生物材料有限公司的聚乳酸生产线，因原料供应商道达尔-

科碧恩公司停止供货而被迫停车18个月，直到有了国产丙交酯供应后，才于2021年6月正式恢复投产运营。

中国在技术上取得突破，具备了"换道超车"条件。大规模用玉米生产乙醇，会影响粮饲安全，而利用秸秆等木质纤维素生产的第二代生物燃料——纤维素乙醇尚不能商业化。相较而言用高粱生产乙醇则优势明显。高粱原产于非洲，具有耐旱、耐涝、耐盐碱、生长期短等特性，可在全球范围内种植。甜高粱是高粱的一个品种，适应性强，哪都能种，在南方还可"一种三收"；对农民而言，种植甜高粱无须高深的技术，谁都会种。甜高粱茎秆和甘蔗的蔗糖含量一样，达到10%～15%，是能同时提供粮食、饲料和能源的多功能作物。我国自主创新的"连续固体发酵生产甜高粱秆乙醇技术"日臻成熟，已示范成功。甜高粱秆乙醇发酵时间仅为24小时（玉米乙醇发酵时间为50小时），乙醇收率达91%；其生产过程无发酵废水排放；分离乙醇后的酒糟营养成分与青贮玉米相同，替代青贮玉米喂牛可日增重1.08千克。每生产1万吨甜高粱乙醇可带动相关产业新增经济效益4.3亿元、提供2000个就业岗位，使农民种植收入增加1倍以上，既可提供清洁燃料和饲料，又可推动乡村振兴，让绿水青山变金山银山。

氢能被认为是未来能源系统的重要组成部分。但是，氢气不好储存和运输，极易爆炸，存在安全隐患，并且占地面积大、基建成本高，这些都制约了氢燃料电池汽车的发展。目前，其发展面临两个瓶颈：一是加氢站成本高，我国还须进口高压加氢站装备；二是氢主要来自化石能源。在低成本的甜高粱乙醇基础上，用46%乙醇水溶液在线重整制氢解决了可再生氢源和加氢基础设施问题。利用现有加油站，仅把汽、柴油换成46%乙醇，车载重整反应器即可在线制氢供燃料电池发电，这样就无须像日本车那样背负着700千克/平方厘米高压氢气罐行驶，安全无忧，更无须建设昂贵、复杂的加氢站和贮运设施；用自主创新技术生产的46%甜高粱乙醇可使车的燃料成本与用汽、柴油相同。因此，集成甜高粱乙醇重整制氢和氢动力系统（电堆或氢发动机），有可能使我国汽车产业后来居上。

在生物基材料方面，国家发改委发布的《增强制造业核心竞争力三年行动计划（2018—2020年）》中所确定的重点化工新材料关键技术产业化项目就包括新型可降解材料；中国石油和化学工业联合会在《石油和化学工业"十三五"发展规划指南》中将可生物降解材料作为战略新兴产业列入优先发展领域，立足自主创新，鼓励企业推进科技成果转化。现我国已开发出从玉米到聚乳酸，再到下游可生物降解塑料和纤维的全产业链新材料制备技术，成为与美国、荷兰并驾齐驱掌握核心技术与装备的三个国家之一。安徽丰原集团年产 5 万吨的聚乳酸工厂已于 2020 年 10 月成功运行，预计到 2021 年年底，其聚乳酸产量将达到 40 万吨 / 年，成为全球最大的聚乳酸生产企业，而其 50 万吨乳酸、30 万吨聚乳酸模块是世界上单体最大的乳酸、聚乳酸生产线。此外，聚酰胺（尼龙）广泛应用于纺织、汽车、电子电器、机械设备、建筑等行业，当前我国生物尼龙已实现了商业化生产，如用生物基戊二胺可以分别与生物基乙二酸、生物基丁二酸合成制备尼龙 52、尼龙 54。聚氨酯也实现了从石油基向生物基的转变，我国已打通从乳酸制备多元醇，再与生物基异氰酸酯聚合生产聚氨酯工艺，首批产品已经用于黏合剂、涂料的生产。

▶ 用生物质替代石油是"换道超车"、大规模发展生物经济需具备的条件

欧美具有上百年开发地下石油资源的历史，而我国遵循"绿水青山就是金山银山"理念，"换道超车"，开发地上生物质资源，自主研发出国际领先的技术、装备，支撑生物燃料和生物基材料产业，解决能源与农业问题。我国每年约有 9 亿吨秸秆，如利用其中 40% 就能生产 1 亿吨聚乳酸，替代石油基塑料和化学纤维；再利用 8000 万亩[①]盐碱化耕地、1.2 亿亩成片连方盐碱荒地、1 亿亩需压采地下水的耕地、5000 万亩青贮玉米地，调整

---

① 1 亩 ≈ 666.67 平方米。——编者注

种植结构，种植耐盐碱、耐干旱作物甜高粱，则可生产1.5亿吨乙醇。因此，我国大规模发展生物经济有技术和原料保障，可以使绿水青山成为金山银山，形成具有中国特色、引领全球的碳中和之路。

依托自主创新技术生产的乙醇、聚乳酸经济性较强。甜高粱耐贫瘠，水肥用量是玉米的一半。采用国际领先的连续固体发酵技术，16吨含糖13%～14%的茎秆可生产1吨乙醇；蒸馏分离乙醇后的酒糟除替代青贮玉米喂牛（羊）外，还可用于机械法造纸，能耗比现行机械磨浆工艺低31%，或可用于改良重度盐碱地，每亩施用2～4吨酒糟，2～3年即可将其改造成良田；通过蒸馏时加碱破坏甜高粱秸秆结构，节省预处理能耗，可经济地生产纤维素乙醇、乳酸或纳米纤维素，并副产木质素，而每千克木质素可治理20平方米沙漠。由于甜高粱得到充分利用，没有废水处理问题，所以乙醇成本能与油价50美元/桶的汽油相竞争。乙醇可先满足全国使用乙醇汽油的需求，再扩大产量为氢燃料电池或氢发动机汽车提供燃料。我国开发的过渡金属催化剂乙醇重整制氢技术居国际领先水平，氢收率高达90%，再结合低成本的甜高粱乙醇，有望在绿氢领域先拔头筹。

我国不仅是三个掌握聚乳酸全产业链生产技术、装备的国家之一，而且我国聚乳酸生产成本比国外产品低20%。2.2吨玉米可生产1吨聚乳酸，当玉米价格为2800元/吨时，聚乳酸成本为17000元/吨；3.5吨玉米秸秆生产1吨聚乳酸，秸秆收购价600元/吨时，聚乳酸成本为20000元/吨，而目前国际市场聚乳酸价格在30000元/吨左右。尽管生物基材料比石油基高分子成本高，但是碳中和需要减少石油消耗，更重要的是聚乳酸能解决传统石油基塑料所造成的环境污染问题。全球限塑、禁塑已达成共识。我国从2020年起，将率先在部分地区、部分领域禁止、限制部分塑料制品的生产、销售和使用。政策法规保障加之聚乳酸环保、无毒、阻燃等优点，可以使民众接受以聚乳酸替代一次性塑料制品；聚乳酸纤维成本已低于天丝、莫代尔等天然植物纤维，与棉花相近，但性能优于棉织品，具备一定的市场竞争优势，因此有望使传统的轻纺工业重获新生。

用甜高粱生产乙醇和牛羊饲料相得益彰。目前，我国主要以玉米为原料生产燃料乙醇，因临储玉米消耗殆尽和价格上涨，导致乙醇原料供应受限和成本升高，2020年全国使用乙醇汽油的目标没有实现。当前，我国肉奶消费水平只有发达国家的三分之一，农业农村部制定了《推进肉牛肉羊生产发展五年行动方案》，而肉牛肉羊生产的发展则意味着对饲料需求的提高。甜高粱和连续固体发酵生产乙醇技术可以同时解决乙醇原料和牲畜饲料两个难题，乙醇替代汽油还可减排二氧化碳。

调整种植结构，将青贮玉米改为甜高粱，可提高饲料供给能力。根据北京大学苏都莫日根教授的研究成果，用甜高粱替代青贮玉米可在不增加种植面积的前提下增加1倍的青贮饲料供应量，这意味着3000万亩青贮玉米改种甜高粱后，饲养肉牛数量可从1500万头提高到3000万头；农民种植收入提高1倍；同时，利用甜高粱秆中的糖可生产至少1000万吨乙醇，能弥补全国使用乙醇汽油的乙醇市场缺口，进而使国务院批准的《关于扩大生物燃料乙醇生产和推广使用车用乙醇汽油的实施方案》得以落实。

甜高粱已被农业农村部纳入《粮改饲工作实施方案》和《2017年推进北方农牧交错带农业结构调整工作方案》之中。预计到2030年，全国将种植1亿亩青贮玉米，如果改种甜高粱，可饲养6000万头牛、副产3300万吨乙醇。再通过种植甜高粱改造8000万亩盐碱化耕地、利用1.2亿亩盐碱荒地、调整1亿亩压采地下水耕地种植结构，又可以生产1.1~1.2亿吨乙醇，副产饲料、土壤改良剂、纸浆、纤维素乙醇或乳酸等产品。每吨甜高粱乙醇替代汽油能减排2吨二氧化碳，1.5亿吨乙醇就可减排3亿吨二氧化碳。

用玉米和秸秆生产聚乳酸带动一、二、三产业融合发展。可生物降解聚乳酸塑料能够推动农业供给侧结构性改革，使农业减排二氧化碳成为现实。聚乳酸是可生物降解高分子，能替代塑料、化学纤维，解决塑料污染问题。2.2吨玉米能生产1吨聚乳酸，约2.75吨秸秆又可生产0.8吨聚乳酸和90千克木质素，按目前聚乳酸市场价格3万元/吨计，1.8吨聚乳酸价值5.4万元。保守估算镰刀弯地区（包括东北冷凉区、北方农牧交错区、西北风沙干旱区、太行山沿线区及西南石漠化区）的玉米产量为500千克/亩，则每亩玉米可创造价值 1.2 万元。基于我国当前玉米 15753 万吨饲用、8152 万吨深加工用的现状，通过发展聚乳酸产业来调整玉米加工业结构，拉动玉米市场、维持玉米的高价位，激发农民种粮积极性，提高农民收入，既能达到保障粮饲供应的目的，又能满足全球限塑、禁塑需求，还能带动轻纺、服装工业，形成产业集群，进而新增万亿元国内生产总值经济规模，实现新时代东北振兴、形成西部大开发新格局。

同时，聚乳酸还能和甜高粱乙醇联产。甜高粱耐盐碱、耐干旱，适合在边际土地上生长，高粱米可为粮饲，并可采用自主研发技术把甜高粱秆中的蔗糖转化为乙醇，用剩余的秸秆生产乳酸，再聚合为聚乳酸。1 吨鲜甜高粱秆可生产 65 千克乙醇、50 千克聚乳酸和 8 千克木质素。由于玉米、秸秆和甜高粱秆全部转化为聚乳酸材料和木质素，玉米、甜高粱生长过程吸收的二氧化碳都被固定，不再经过粮饲利用后释放到大气中，因此可产生显著的二氧化碳减排效果。1 吨玉米聚乳酸能固定 8.24 吨二氧化碳、1 吨甜高粱聚乳酸可固定 11.22 吨二氧化碳。

推广以乙醇为动力的农业机械，促进石油农业向生态农业转型。现代农业大量使用以石油产品为动力的农机和以石油制品为原料的化肥、农药等农用化学品，被称为"石油农业"。欧盟在"Fit for 55"计划[①] 中强调要提高土壤固碳能力，美国也正考虑调整相关政策，发挥玉米吸收和储存二氧化碳的优势，让农民种植玉米和生产乙醇，并从固碳中获得收益。

我国农机每年消耗 1468 万吨柴油，既排放二氧化碳，又增加农民负担。农机亦属于难以电动化的领域。落实 2021 年中央一号文件"强化现代农业科技和物质装备支撑"的要求与部署，可利用我国在国际上领先的"压燃式高辛烷值燃料发动机"技术，开发乙醇替代以柴油为动力的农机，使农业不仅可以通过光合作用吸收二氧化碳，而且可提供农业自身生产过程所需能源，实现"负碳"排放。种植甜高粱生产饲料和乙醇，再把"压燃式高辛烷值燃料发动机"装备农业机械，热效率大于 50%。乙醇的辛烷

---

① 该计划是欧盟委员会落实"欧盟绿色新政"最核心政策，该计划承诺欧盟到 2030 年将温室气体净排放量与 1990 年的水平相比至少减少 55%。

值为113，"压燃式高辛烷值燃料发动机"用乙醇做燃料，热效率会更高。构建"甜高粱种植/低成本饲料和燃料/乙醇农机/优质肉奶"低碳农工生态产业，可"一举多得"地解决粮食和饲料、农民增收、低成本农机用油、农业二氧化碳减排等多重问题，引领世界农业从石油农业向生态农业过渡。

▶ 加快以生物质替代石油带动乡村振兴、改善生态环境意义重大

2020年，我国自产原油1.95亿吨、进口原油5.42亿吨；塑料表观消费量约1亿吨/年，化学纤维产量约5000万吨/年，汽柴油消耗约3亿吨；牛肉进口达212万吨；每年千万左右的高校毕业生需要就业岗位。在上述背景下，发展生物经济既可减少石油进口，又可带动农业发展和乡村振兴，创造就业机会，更能促进石化行业的碳中和，意义重大。

有利于解决"三农"问题，规避石油断供风险。用生物质替代石油与"三农"问题的解决密切相关，既能保证粮饲供应，又能从根本上解决农产品市场出路问题，显著增加农民收入，带动乡村振兴。同时，减少进口石油，能有效规避石油断供风险，从国际地缘政治角度看，可改变因石油进口受制于人的局面，增加外交主动权；从军事角度看，可避免为石油保供而发生武装冲突的风险。

有利于实现碳中和目标，消除大气污染。一方面，生物质在生长过程中吸收二氧化碳，利用边际土地改善生态环境，替代石油生产的燃料与材料又可减少二氧化碳的排放；另一方面，汽车尾气是造成雾霾等大气污染的主要原因之一，使用乙醇燃料，尾气排放颗粒物仅是使用汽油的十分之一，而氢作为燃料时尾气排放颗粒物更是低为"零"。

有利于经济转型，发展新兴产业、创造就业机会。利用现有资源生产生物燃料和生物基材料，可替代1.5亿吨汽柴油和1亿吨石油基塑料、化

学纤维，并使传统的纺织服装行业获得新生，形成 500000 亿元级生物经济链，提供 5000 万个就业岗位。同时，有利于培育"三农"的自身"造血功能"和"成长机制"，增加农民收入，进而维系社会公平与稳定。

有利于全球减排，落实"一带一路"倡议。从石油经济向生物经济转型是全球发展需要，中国"换道超车"输出生物燃料和生物基材料技术、装备，可以引领全球碳中和，帮助沿线国家发展经济、改善民生，更好地落实"一带一路"倡议。

尽管发展生物燃料和生物基材料产业与国计民生密切相关、意义重大，但当前我国还存在发展瓶颈。首先，因涉及"三农"，带动面广、产业链长、环节多，单个政府部门和企业也无法协调。其次，相关配套政策及产业发展体制机制不完善，例如，禁塑措施落实不到位；用可生物降解塑料替代一次性塑料产品的标准缺失，生物基材料进入市场困难；生物燃料和生物基材料在国家科技计划中未予重点支持等。上述问题导致处于起步阶段的新兴生物燃料和生物基材料产业举步维艰。

▶ 几点建议

"力争 2030 年前实现碳达峰，2060 年前实现碳中和"是中国对世界的承诺。发展生物燃料和生物基材料产业是履行诺言、"换道超车"引领全球碳中和、关乎国运的大事，应当采取强力措施尽快推进，具体建议如下。

制定国家长期发展战略规划。建议将发展生物经济作为"十四五"经济社会发展工作的重点，在"碳达峰碳中和工作领导小组"下设"生物燃料与生物基材料产业办公室"，协调各部门、行业做好产业规划和布局，制定扶持政策，筹措资金支持；设立国家科技专项，通过重点研发计划，突破关键核心技术，建立产业化技术体系，实现全产业链集群式快速发展。

出台产业发展引导性扶持政策。建议相关部门出台引导产业发展的扶持性政策，包括补贴、土地、专项资金、税收等，调动农民、相关企业、科研机构、各级政府的积极性。例如，恢复燃料乙醇的免税政策；提供聚乳酸等生物基材料享受增值税、所得税减免优惠；加大固定资产投资奖励及银行低利息长期贷款政策支持力度。在产业起步前期，可适时增加玉米进口配额和降低玉米进口关税税率。对使用秸秆等农林废弃物为原料的生产企业，增加秸秆收储运补贴，给予其更加优惠的相关补贴和税收政策。鼓励并支持专业学会和行业协会制定相关产品的生产和检测标准。

做好区域全产业链示范。建议在海南省、吉林省两个不同资源条件的省份试点发展生物燃料和生物基材料产业，包括建设生物乙醇及乙醇制氢、聚乳酸材料示范工厂，实现从农林废弃物和边际土地利用、乙醇与聚乳酸加工、可生物降解材料产品及乙醇动力农机或氢动力（燃料电池或氢发动机）车船的全产业链综合示范应用，取得经验后再向全国推广。

参考文献

[1] 石元春. 决胜生物质[M]. 北京：中国农业大学出版社，2010.

[2] 李春喜，骆婷婷，闫广轩，等. 河南省不同生态区小麦–玉米两熟制农田碳足迹分析[J]. 生态环境学报，2020，29(05):918-925.

[3] 周陶，高明，谢德体，等. 重庆市农田系统碳源/汇特征及碳足迹分析[J]. 西南大学学报（自然科学版），2014,36(01):96-102.

[4] 徐东. 新一代高级生物燃料正成为欧洲国际大石油公司低碳转型利器[J]. 中国石油报，2021,13(04):06.

[5] 鲁小珍，金永灿，杨益琴，等. 木质素固沙材料应用于沙漠化地区植被恢复的研究[J]. 林业科学，2005(04):67-71.

[6] 苏万华. 高效率压燃汽油技术 [C]. 上海：中国第 6 届汽车与环境创新论坛, 2018.

[7] International Energy Agency (IEA).Energy Technologies Perspectives 2020[R].(2020).

[8] European Commission. "Fit for 55":Delivering the EU's 2030 Climate Target on the Way to Climate Neutrality[R]. Brussels,2021(2021-07-14).

[9] Biofuels International. Aviation Industry Proposes New Framework for Net Zero by 2050[R].(2021-02-12).

[10] Biofuels International. Total Ramps up SAF Production at French sites[R]. (2021-04-09).

[11] Biofuels International. Shell's Rhinel and Refinery to Produce SAF[R].(2021-03-03).

[12] Biofuels International. Amazon Air Takes off with Sustainable Aviation Fuel[R].(2020-07-13).

[13] Business Green. Sustainable Aviation Fuel to Partly Power Heathrow Jets as Airport Moves to Reduce Emissions[R]. (2021-06-03).

[14] Biofuels International. Researchers Probe Greater Usage of Marine Biofuels[R].(2021-05-18).

[15] Biofuels International. DHL adds Sustainable Marine Fuel Option for Container Shipments[R].(2021-06-16).

[16] Biofuels International. Marine Biofuels for Port of Rotterdam and Netherlands' Inland Shipping Routes[R].(2018-01-26).

[17] Biofuels International. Europe's Surging Demand for UCO Raises Supply Concerns, Report Finds[R].(2021-04-21).

[18] IEA, Renewables 2020: Analysis and Forecast to 2025[R]. IEA,Paris.(2020).

[19] European Bioplastics. Market Update 2020: Bioplastics Continue to Become Mainstream as the Global Bioplastics Market is Set to Grow by 36 Percent Over the Next 5 Years[R].Berlin,2020(2020-12-02).

[20] M. Pervaiz, M. Sain. Biorefinery:opportunities and barriers for petro-chemical industries[J]. Pulp and paper Canada, 2006,107(6).

[21] Sapp M. Braskem to Spend $61M on Renewable Polymer Expansion[J].Biofuels Digest,2021-24(02).

[22] Wallin S. Biofuels Public Transportation Emissions in Stockholm[J].Sino-Japan Symposium on Advanced Biofuels,2014-17(12).

[23] Argus Biofuels. Brazil's Ethanol Producers Push Back on EVs[R].(2021-03-22).

[24] Biofuels International. University Research Reveals Benefits of Corn Ethanol[R].(2021-02-17).

[25] Lee U., Hawkins R. T., Yoo E., et al. Using Waste CO_2 from Corn Ethanol BiorefiNeries for Additional Ethanol Production: Life-Cycle Analysis[J].Bioproducts and Biorefining,2021(15):468-480.

[26] Biofuels International. US Ethanol Industry Generated $43 Billion in 2019[R].(2020-02-14).

[27] Biofuels International. USDA Approves €577 Million Grants to Hard-Hit Biofuel Producers[R].(2021-06-16).

[28] Footwear News. Peter Verry, Allbirds and Adidas Will Raffle 100 Pairs of Their Sustainable Shoe Before Releasing 10,000 Pairs This Fall[R].(2021-05-12).

[29] Li Shizhogn, Li Guangming, Zhang Lei, et al. A demonstration study of ethanol production from sweet sorghum stems with advanced solid state fermentation technology[J]. Applied Energy,2013,102.

[30] Li Jihong, Li Shizhong, Han Bing, et al. A novel cost-effective technology to convert sucrose and homocelluloses in sweet sorghum stalks into ethanol[J].Biotechnology for biofuels,2013,6(1).

[31] Yu Menghui, Li Jihong, Chang Sandra et al. Bioethanol production using the sodium hydroxide pretreated sweet sorghum bagasse without washing[J].Fuel,2016,175.

[32] Perkins J. Corn Farmers Captured, Stored Carbon Before it was Cool, Industry Leader Says[R].Successful Farming.(2021-07-15).

碳中和目标引领下的消费责任与政策建议

庄贵阳

中国社会科学院生态文明研究所副所长、研究员、博士生导师

碳达峰、碳中和目标的实现需要一场深刻的社会经济系统性绿色变革，这将成为中国中长期经济社会发展的主基调。经过改革开放40余年的发展，中国经济增长模式逐渐由投资导向型转变为消费导向型。在新发展阶段，消费是拉动经济增长的主要动力。《中国共产党第十九届中央委员会第五次全体会议公报》提出"广泛形成绿色生产生活方式，碳排放达峰后稳中有降"的目标。制定碳达峰碳中和整体规划，推进经济社会发展新旧动能转换，不仅需要生产端的持续技术创新和体制机制改革，也应强化消费者责任，倒逼能源结构、产业结构转型升级。

▶ 推进消费端碳减排的重要性

居民消费是经济活动的终端，也是工业化生产的动力和二氧化碳等温室气体排放的根源。居民消费产生的碳排放包括两个方面：一是生活中的

直接能源消费造成的直接碳排放，如驾驶燃油汽车、冬季燃煤取暖等；二是生活中消费产品和服务造成的间接碳排放。在市场经济条件下，随着人口增加和工业化、城镇化进程持续加速，居民收入水平提升，消费导致的居民生活碳排放占比不断提升。基于此，在绘制碳达峰、碳中和目标时间表和路线图的过程中，消费端碳减排的重要性不容忽视。

碳达峰、碳中和目标的实现离不开科学、理性的碳排放核算。现阶段，碳排放核算方法包括生产端核算（Production-based Accounting，PBA）和消费端核算（Consumption-based Accounting，CBA），两类核算方法的底层逻辑和结果存在较大差异。由于生产端排放更集中、数据基础更优、政策执行更便利，《京都议定书》[①]和《巴黎协定》等国际气候协定下各国减排责任的确定以及国内节能低碳目标的确定均基于生产端核算。相应的，现有减排措施也主要集中在生产领域，将能源电力、工业制造、交通、建筑等行业作为减排行动的重点对象。然而，生产端核算忽视了产品和服务的最终消费者和目的地，将碳排放责任归因于产品生产地而不考虑在域外（境外）消费这些产品对二氧化碳排放的间接影响。

相较而言，消费端核算评估居民终端消费活动导致的碳排放以及消费能力、消费结构与碳足迹的关系，能更好地揭示终端消费领域人类活动对全球气候变化的影响。消费端碳排放核算强化了政府、居民对"碳排放责任来源于消费者"的认知，将直接排放责任压实至消费者。在国际层面上，由于产业分工和发展阶段的不同，一些发展中国家被劳动密集型和资源密集型的生产模式"锁定"，成为发达国家的"污染物避难所"。然而，发达国家却以"碳泄漏"的后果向发展中国家施压，要求发展中国家承担因发达国家消费造成的减排责任。从发展中国家的视角来看，"碳泄漏"是进出口贸易中的隐含碳问题，基于消费端核算的碳排放责任认定将得出完全不同的结论。在国内，消费端核算在促进绿色低碳消费、鼓励绿色技术扩

---

① 1997年12月在日本京都由联合国气候变化框架公约参加国三次会议制定。其目标是"将大气中的温室气体含量稳定在一个适当水平，进而防止剧烈的气候改变对人类造成伤害"。——编者注

散、提升政策的成本有效性和公平性等方面发挥重要作用。研究结果表明，基于消费型的模式来制定碳排放政策可能是减少全球碳排放的最有效途径，正受到越来越多的关注。

消费端减排需要平衡以消费与投资共同拉动的经济增长模式与节约绿色低碳双重目标，取舍不当将对长期可持续发展能力造成负面影响。一方面，中国进入新消费时代，加快构建以国内大循环为主体、国内国际双循环相互促进的新发展格局的关键在于扩大内需、释放14亿多人的消费潜力。由消费拉动的投资往往更有效率。经济发展带来消费者收入提升和需求转变，当前居民实物消费需求下降，服务型消费需求上升，人们已经不满足于单纯的物质消费，更需要文化、教育、医疗、旅游、信息等能满足美好生活需求的消费。预计到2025年，中国居民服务型消费占比将超过50%，中国将逐步进入服务型消费社会。14亿人的消费结构正从以物质型消费为主向以服务型消费为主升级，由此引发社会生活方式、生产方式、商业模式的深刻变革。另一方面，包括生活消费在内的人类生产生活的各个环节都将消费能源，很大一部分是化石燃料。随着居民消费目的逐渐由生存资料消费转向发展资料乃至享受资料消费，在现有能源结构、产业结构条件下，碳排放的增加将不可避免。现阶段，居民消费快速扩张导致超前消费、过度消费、奢侈消费，消费主义、享乐主义的导向萌芽，同时存在"由俭入奢易，由奢入俭难"的粘性特征。在市场化条件下，如果消费者随着收入提升不断增加高耗能产品的消费，往往会增加能耗，抵消生产侧技术进步带来的能源利用效率提升，使二氧化碳排放总量居高不下。基于此，如何满足不断提升的消费需求又不出现供给过剩，如何刺激消费拉动经济增长又兼顾碳达峰、碳中和目标，是深化经济体制改革中正在面临的问题。

消费从需求端影响市场供需关系，倒逼能源、产业结构转型。一方面，随着经济发展和居民生活水平提高，个人消费支出不断增加，消费者态度和行为成为降低直接消费碳排放的关键。在消费习惯的影响下，短期内消费量波动较小，但消费者行为偏好从"质"上决定消费活动碳排放量，对生产部门的生产决策产生一定的引导和制约作用。同时，消费活动受"示范效应"[①]和"棘轮效应"[②]的影响，可能存在相互攀比的倾向和不可逆性，导致消费碳排放逐渐增长和锁定效应。因此，消费者的绿色意识，对碳达峰、碳中和目标的行为反应以及支付意愿会通过消费行为进行表达。这不仅直接抑制消费碳排放，也"用脚投票"[③]为企业技术、流程、商业模式绿色低碳转型提供资金。另一方面，碳达峰、碳中和不仅仅是二氧化碳减排行动的问题，生产端的碳排放下降也不是最终目标，而要通过对经济社会发展方向的重新规划，寻求绿色低碳可持续的社会发展范式，以替代"从摇篮到坟墓"的传统线型经济模式下的末端治理，最终实现地球物理边界内的经济社会繁荣。这需要供需两端同时发力，通过发展共享经济、循环经济，完善能效标准、节能补贴和回收制度等，以消费端减排促使服务型消费与人们的需求相适应，促进科技变革，倒逼能源、产业转型升级，塑造绿色低碳可持续的社会文化氛围。

▶ 消费端碳排放特征及作用机制

包括消费活动在内的人类活动均涉及能源消费。从能源消费的角度看，生活中的直接能源消费造成的碳排放与生活中消费产品和服务造成的间接碳排放，分别与消费领域用能和生产领域用能相关联。前者不生产产品，而是为消费者提供直接的、瞬时的服务，此类服务不具有"转移"的特性，目的是提升消费者舒适度。建筑和交通是碳达峰、碳中和目标实现过程所重点关注的四大部门中重要的消费领域用能部门，其碳排放比重随着工业化和城镇化进程的发展逐步上升。而生产领域用能的目的在于制造产品，在物质与信息等产品生产过程中产生能耗。其价值会在制造出来的产品中

[①] 消费者的消费行为要受周围人们消费水准的影响。——编者注
[②] 指人的消费习惯形成之后有不可逆性，即易于向上调整，而难于向下调整。——编者注
[③] 是指资本、人才、技术流向能够提供更加优越的公共服务的行政区域。——编者注

第三章 深化"双碳"改革 缔造生态未来

得到体现，产品的产出可用产量或产值来衡量。除此之外，差异性还体现在直接消费能源导致二氧化碳等温室气体排放的责任人和受益人往往是同一群体，而由于商品流通会导致碳排放转移，生产领域用能导致的能耗和碳排放的责任人和受益人可能存在差异。举例来说，中国本土生产商品的碳排放量高于国内商品消耗的碳排放量，2018年中国进出口贸易中隐含的碳排放大约占中国碳排放总量的13%。研究表明，一个地区的产业结构是以制造业为主还是以服务业为主决定了该地区进出口贸易隐含碳的流向和量级。

在生产领域，能源消费是为了进行物质生产，创造了国内生产总值。按照修正后的KAYA恒等式[①]的逻辑，二氧化碳排放量与人口、人均国内生产总值、单位国内生产总值能耗以及单位能源消费二氧化碳排放量相关。在短期生产规模相对稳定的情况下，作为终端能源消费者之一，企业有动力促进以节能增效为导向的生产技术创新以降低单位产品能源消费。长期来看，企业如果不促进生产方式向集约型转变，那么严格的环境规制会迫使高投入、高耗能、高排放的"三高"企业退出市场，以此实现产业结构转型升级。同时，降低单位能源消费二氧化碳排放的需要也将促使生产领域倒逼能源电力系统低碳化、电气化、智能化转型，推动以可再生能源为主体能源和主体电源的能源电力系统建设。

在消费领域，能源消耗的产出在于满足人们日益增长的消费需求，为人们提供优质的服务。由政府与居民主导的最终消费变革是碳中和目标下引导供需关系，推动经济社会系统性转型的关键。消费者体量庞大但分散，个体间差异较大且对服务水平存在一定的可接受区间。因此，除了建筑保温、新能源汽车动力电池升级以及能效标准、节能补贴和回收制度等技术、政策"硬约束"，驱动消费领域碳减排更多地依靠新消费热点以及新消费观念、消费偏好、消费方式等公众意识"软约束"。在工业化、城镇化发展到

---

① 也称KAYA碳排放恒等式，其公式为：全球人类排放的二氧化碳总量＝全球人口 × 全球人均国内生产总值 × 单位国内生产总值能耗 × 单位能源供应的碳排放强度——编者注

一定阶段的时期，消费者选择的主导作用逐渐凸显，有益于居民文化素质和生活质量提高的交通通信、教育文化娱乐服务和医疗保健等消费比重上升迅速，能耗极差较大。因此，生态文明理念提倡理性、适度消费，从消费需求规模和消费需求结构两方面进行合理引导，避免非理性消费带来的消费污染。

根据《BP 世界能源统计年鉴（2020）》，2019 年中国碳排放在全球碳排放中的占比近 30%，是碳排放占比最高的国家，且不排除未来有进一步上升的可能性。对当前的中国而言，通过技术创新实现由高碳向低碳发展方式的飞跃，将长期面临突破传统经济发展方式下技术和资本锁定效应的双重压力。中国脱碳成本曲线显示，实现 90% 的脱碳目标所需的年成本可能高达 18000 亿美元。尽管消费模式变革对低碳技术具有一定的依赖性，但成本相对低廉。根据消费习惯理论，消费习惯的形成受到其他消费者、现期收入、过去消费水平以及过去最高消费水平的影响，存在消费刚性。因此，一旦人们培养起公交出行、节约用电、适度消费等绿色低碳的消费模式，便倾向于长期保持，从而使低碳生活方式超越技术条件的限制，成为引领低碳时代消费价值取向的"新潮流"。

▶ 消费领域碳减排的主要路径

在生态文明新时代，消费决定生产，对生产结构的调整和升级起着导向作用。大众的低碳消费理念和行为主导着市场的价值取向，成为企业决策过程中最重要的考量依据和影响因子。在供大于需的买方市场上，由于商品之间存在一定程度的替代性，当企业的目标是通过满足消费者需求而获得利润时，消费者的需求行为偏好便会影响到企业的技术创新行为，需求对技术创新就会产生拉动作用。企业的技术创新行为是一个不断地挖掘和发现潜在市场需求，研究和开发新产品、新功能以满足该需求，从而获得竞争优势和收益的过程。消费对技术创新的拉动作用不仅仅体现在推动新技术在实验室中可行，更强调技术成本的大幅下降能保证其变现和广泛应用、部署。如果消费者一致选择低碳产品，生产高碳产品、高投入高耗能高排放企业就会逐渐被市场淘汰，从而起到对供给端生产过程的倒逼作用。

推广绿色生活方式、培养绿色消费意识、在衣食住行各方面杜绝浪费都能从消费端拉动二氧化碳减排。从能源终端消费出发，工业、交通与建筑运行三个部门占据了绝对比重，其中后两者有进一步上升的趋势。其中，工业部门的能耗属于物质生产领域用能，包括工农业生产以及建筑与基础设施建设产生的能耗，目的是提升工农业和建造业的产值。交通部门包括货运交通与客运交通，前者属于物质生产领域，而后者主要是为乘客服务的，属于消费领域用能。建筑运行部门能源消耗提升了居民在家中的舒适度。由于消费者在追求商品的使用价值方面拥有较大自主权，因此，交通和建筑是引导消费变革的重要领域。

随着社会经济的不断发展，中国交通运输碳排放上行压力较大，承担着既要满足不断增长的移动出行需求，又要减少碳排放的双重挑战。交通运输是碳排放的主要领域之一，占到全球化石能源碳排放总量的四分之一，在我国占全国终端碳排放的15%。交通运输领域的碳排放下行不仅需要无人驾驶和共享出行等一系列的科技创新和突破，更依赖能耗改进。交通部门电动化、低碳化、智能化是大势所趋，而新能源新技术的运用将加速这一进程。以消费推动新能源替代传统燃油是其实现路径之一。除了大力发展公共交通，通过优化交通运输结构，降低交通运输整体能耗，从消费端降低碳排放的重要举措之一是以新能源领域的优势带动乘用车行业转型。为了实现"碳中和"，不少发达国家正在进行交通电动化规划并试探禁售燃油车政策。

建筑部门是能源消费的三大领域（工业、交通、建筑）之一，也是造成直接和间接碳排放的主要责任领域之一，其引起的碳排放包括运行直接碳排放和间接碳排放、建造和维修导致的间接碳排放及运行导致的非二氧化碳类温室气体排放。2019年，中国建筑运行用电量为18900亿千瓦时，约占全社会用电总量的四分之一，排放二氧化碳约为11亿吨。在建材生产、建筑施工和建筑运行三阶段，消费端碳减排主要关注建筑运行阶段。取暖、制冷、照明、通风等建筑运行活动所需的用电量的70%左右来自燃煤、燃气发电。在建筑规模不断扩大的基础上，节能是从消费端减少建筑运行阶段二氧化碳排放的首要条件，其次是建筑节能改造和可再生能源电力供应。具体而言，除了随手关灯等降低用能需求的日常生活行为，实现建筑运行阶段二氧化碳减排的重要措施还包括：通过墙壁、窗户、屋顶和隔热层的升级进行节能改造，提高建筑物的能源需求效率；加装分布式可再生能源基础设施，通过灵活的运营模式满足清洁电力需求；提高建筑智能化，优化建筑运营用能时间、时长。综上，实现消费领域建筑部门碳减排，重点是通过散煤治理等政策和措施减少乃至消除直接燃烧和直接排放，协助减少电力和热力使用导致的间接碳排放，通过革命性变化和关键低碳技术的应用，推动中国建筑行业的技术进步和跨越式发展。

▶ 促进低碳消费的着力点与对策建议

单纯依靠强制性环境规制不是推进生产方式绿色低碳化转型的有效途径。同理，形成绿色低碳生活方式，仅靠倡导也难以实现。探索对广大消费者的消费偏好和消费倾向有引导和督促作用的制度机制和利益机制，引导消费模式绿色转型，才是"倒逼"企业采取绿色生产方式的长效方式以及从消费端推动碳达峰碳中和的有效途径。

一是更新消费者对消费端碳减排能力的公众认知。低碳发展离不开公众参与，需要将低碳理念转变为居民的自觉行动和主动选择。不同于以往以生产端节能降碳为主的碳减排目标，碳中和涉及经济社会的系统性绿色低碳转型，需要消费者共同参与。提升公众认知能力、增强消费者对碳中和目标的理解是消费者转变生活方式，积极参与碳减排的基础。在居民普遍对气候、碳减排的认知呈现"依赖"心理，认为"这是全球性的问题和政府的工作"时，应关注不同消费群体的低碳需求，从气候、高碳消费的

第三章 深化"双碳"改革 缔造生态未来

影响结果等入手进行差异化宣传教育,并通过配套政策工具,倒逼消费者低碳行为决策。

二是政府的减排政策设计要兼顾消费侧。在碳中和目标下,忽略消费端减排潜力、仅依靠生产端碳减排推动能源结构和产业结构转型不仅面临高额成本,还有可能抵消减排成果。而且,生产端减排终究不能覆盖全部的碳排放源。例如,作为调节性电源的绿色煤电仍会造成一定的碳排放,但其有存在必要性。又如,考虑到成本问题,节能降碳政策和措施倾向于"抓大放小",体量小而碳排放监测、报告、核查困难的企业仍按照原有模式进行生产也会在总量上带来不小的碳排放。此类不可避免和难以替代的碳排放源需要消费端的碳减排机制加以配合应对。因此,未来的政策设计需要加大对消费端碳排放的关注,适时选择具有减排效率、可操作性和可接受性的政策措施,在提升公众认知的基础上,有效、常态化地引导居民低碳消费,辨识非低碳消费行为背后的碳能力障碍,通过政策设计倒逼低碳预期。例如,逐步减少城市加油站,合理规划并增加"充电桩"等基础设施数量是引导消费者在选购乘用车时以新能源车替代传统燃油车的重要举措之一。

三是把城市作为变革消费排放的重点。进入新发展阶段,城市承载的消费功能逐步增强,人口和消费向中心城市和都市圈集聚的特点日益突出,中国有望涌现一批区域性消费中心城市和国际性消费中心城市。在可预见的未来,城市居民能源消费将逐渐成为中国未来二氧化碳排放的主要增长来源,消费端的低碳减排刻不容缓。城市能源消费引起的二氧化碳排放量的增长,开始不断抵消技术进步和产业升级等因素带来的减排效应,只停留在工业生产领域已不能实现有效减排,挖掘居民消费所蕴含的低碳减排潜力也成为低碳经济领域的重要议题。例如,北京和上海的消费端排放分别是生产端排放的 1.7 和 1.4 倍。目前,在一些以工业为主的城市,仍是生产端的碳排放占较大比重,比如石家庄和唐山生产端排放是消费端排放的 1.8 倍。但长期来看,生产型城市会随着社会经济发展向消费型城市转化。

四是发挥低碳消费中非正式制度因素的作用。影响低碳消费发展的因素是多方面的,包括经济发展水平、居民收入状况、法律监管、文化意识、消费政策等。政府政策、法律、法规、标准、管理条例等正式制度，对低碳消费无疑具有指引导向作用，但包括文化观念、社会习俗、伦理道德等在内的非正式制度因素也非常重要。现实生活中，推动消费偏好绿色化、消费规模适度化、消费结构非物质化、消费资源可循环化、消费方式共享化，要注重发挥非政府组织和社区在推动绿色低碳消费中的独特优势。非政府组织专业性强、灵活度大、与基层群众贴合度高，政府可购买服务对其进行培育。社区组织水平强、渗透度高、综合服务能力强，可以居民为主体培育低碳生活共同体。

五是激励交通与建筑领域低碳消费。驱动建筑与交通领域能耗增长的因素来自两方面：一是服务水平的提高；二是系统设备的转变。控制这一领域能耗需要合理引导服务水平，同时提高系统能效。服务水平的需求主要由城市模式和相关生活方式决定，而系统效率主要由技术水平决定。在建筑领域，应防止城市建筑规模的非理性高速增长，同时提倡居民在建筑中保持绿色的生活方式，积极发展与绿色生活模式相适应的技术措施。在交通领域，要控制个人交通需求的高速膨胀，适度控制小汽车的增长速度，反对盲目追求大排量汽车，鼓励新能源汽车的使用；合理进行城镇规划，居民区与商业区合理分布，减少居民日常工作生活出行距离；为自行车、行人提供良好的交通环境，为低碳出行提供人性化的服务设施。

中国社会科学院大学博士研究生窦晓铭对此文亦有贡献。

参考文献

［1］Mi Zhifu, Zheng Jiali, Meng Jing, et al. Carbon emissions of cities from a consumption-based perspective[J].Applied Energy,2019,235.

［2］刘伟,蔡志洲.经济周期与长期经济增长——中国的经验和特点（1978-2018）[J].经济学动态,2019(07):20-36.

[3] 魏礼群. 构建新发展格局要以促进消费为重点[J]. 经济日报,2021,26(05):06.

[4] 林伯强. 实现"碳中和",消费者行为不容忽视[J].21世纪经济报道,2021,8(01):04.

[5] 翟天昶,胡冰川. 消费习惯形成理论研究述评[J]. 经济评论,2017(02):138-149.

[6] 郭偲悦,朱安东,燕达,等. 类消费领域用能的提出与用能特征[J]. 中国能源,2017,39(12):35-39.

[7] 江亿,朱安东,郭偲悦. 消费领域用能特征探究[J]. 中国工程科学,2015,17(08):122-131.

[8] 中国经济增长前沿课题组,张平,刘霞辉,等. 突破经济增长减速的新要素供给理论、体制与政策选择[J]. 经济研究,2015,50(11):4-19.

[9] 于淑波,巩鲁宁. 基于外部性理论框架下的城镇居民消费污染探析[J]. 宏观经济研究,2015(03):134-142.

[10] 彭伟,李刚. 低碳消费:一场基于消费端的节能减排革命[J]. 开放导报,2011(02):61-64.

[11] Goldman Sachs Research. Carbonomics: China Net Zero: The Clean Tech Revolution[R].(2021-07-24).

[12] 姜百臣,覃劼,陈思宏,等. 技术创新的市场需求导向——来自消费者选择偏好的问卷分析[J]. 科学与管理,2009,29(01):20-25.

[13] 朱妍. 中国工程院院士江亿:让建筑成为新能源电力生产者[J]. 中国能源报,2021,5(04):02.

[14] 江亿,胡姗. 中国建筑部门实现碳中和的路径[J]. 暖通空调,2021,51(05):1-13.

［15］宋蕾.都市密集区的气候风险与适应性建设——以上海为例[J].中国人口·资源与环境,2012,22(11):6-12.

［16］武晓娟.消费侧碳减排发力点在居民碳能力[J].中国能源报,2017,04(12):02.

［17］张卓元.重视消费在构建新发展格局中的作用——评《中国消费》[J].光明日报,2021,27(04):15.

［18］Mi Zhifu, Zhang Yunkun, Guan Dabo, et al. Consumption-based emission accounting for Chinese cities[J]. Applied Energy,2016,184.

［19］刘敏.非正式制度视角下我国低碳消费发展探析[J].消费经济,2018,34(04):12-17.

［20］江亿,李强,薛澜,等.我国绿色消费战略研究[J].中国工程科学,2015,17(08):110-121.

第四章

推动数字经济　赋能改善民生

数字经济发展速度之快、辐射范围之广、影响程度之深前所未有，正推动生产方式、生活方式和治理方式的深刻变革。"十四五"时期，推动我国数字经济发展要坚持补短板与铸长板并重、消费端与产业端并重、自主可控与对外开放并重、效率效益与包容普惠并重、市场机制与制度优势并重、竞争政策与产业政策并重。

"十四五"时期数字经济发展的挑战和机遇

胡继晔

中国政法大学商学院资本金融系教授

近年来,我国十分重视数字经济的发展。2019年6月底,习近平主席在二十国集团大阪峰会的数字经济特别会议上指出,"要共同完善数据治理规则""要促进数字经济和实体经济融合发展"。

数字经济是随着互联网、云计算、大数据、物联网、金融科技与其他新型数字技术发展而发展的,在信息的采集、存储、分析和共享过程中,数字经济时代改变了传统社会的互动方式,数字化、网络化、智能化的信息通信技术使现代经济活动更加灵活、敏捷、智慧,数字经济因而成为现代经济发展中最突出的亮点,大幅改变甚至部分颠覆了传统经济的形态。我国的"十四五"规划将数字经济列为重点发展的领域之一适应了数字经济发展的新要求,也为数字经济发展带来了新机遇。

相比数字经济的发展进程、数字产业化的实现程度,我国产业数字化依然处于发展初期,特别是先进制造领域数字化应用程度亟待提高。中国经济正在进入从传统动力向新型动力转变的内涵式发展新常态,推动实体经济跨越式发展,必须正确处理实体经济与数字经济的关系。

数字经济在推动经济发展、提高劳动生产率、培育新市场和产业新增长点、实现包容性增长和可持续增长等诸多方面，都发挥着重要作用。目前，我国经济正处在转变发展方式、优化经济结构、转换增长动力的攻关期。"十四五"时期，我国产业结构将持续转型升级，经济社会发展以高质量发展为主题。这一背景为数字经济与实体经济融合发展带来了重大机遇，全国各地都在积极为数字化转型做努力。

数字经济和实体经济融合发展中面临的问题

当前我国数字经济与实体经济融合过程中还存在一些问题，如数字核心技术薄弱，数字平台潜在垄断风险对实体经济产生负面影响，二者的融合不平衡不充分等。研究在数字经济与实体经济的深度融合过程中如何发挥数字经济对实体经济的正面作用、消除负面影响，是推动高质量发展的必要之举。

第一是应明确数字经济与实体经济融合中数据要素的地位和作用。生产要素是不断演变的历史范畴，土地和劳动力是农业经济时代重要的生产要素。工业革命后，资本成为工业经济时代重要的生产要素，并且衍生出管理、技术等生产要素。随着数字经济时代的到来，数据要素成为经济发展的新引擎。数据是新的生产要素，是基础性资源和战略性资源，也是重要生产力。

数字经济是用数字化的知识和信息作为关键生产要素、以现代信息网络作为重要载体、以信息通信技术的有效使用作为效率提升和经济结构优化的重要推动力的一系列经济活动，只有和实体经济深度融合才能更好发挥其效能。数据已经成为数字经济时代最重要的生产要素之一，是企业进行决策、生产、营销、交易、配送、服务等商务活动中必不可少的投入品和重要的战略性资产，与实体经济的具体形态深度融合，就可以成为促进经济高质量发展的重要驱动力。与土地、劳动、资本、科技等生产要素不同，数据要素同时具有资源和资产双重属性。数据要素是数字经济最核心

第四章　推动数字经济　赋能改善民生

的资源，具有可共享、可复制、供给无限制等特点，这些特点打破了土地、资本等传统生产要素有限供给对经济增长推动作用的制约。对数据要素影响实体经济发展的路径进行深入探索，才能助推实体经济更好更快发展。

第二是，传统经济学的理论研究对数字经济发展的实践指导性有限。传统的单纯基于资本与劳动力等生产要素的宏观经济理论模型，已经不能很好地适用现有条件下的经济发展规律。同时，在数字经济时代传统微观经济学提出的各项假设及条件也已发生了不同程度的变化。未来数字经济的理论研究应当从宏观和微观两个维度，研究数字经济时代数据要素对传统经济学的假设和理论产生的影响，并通过科学方法对传统经济模型进行改进和创新，构建数字时代新的经济理论框架。应当进行对微观经济学中基本假设的修正，对消费者效用函数、厂商生产函数变化的研究。实践的快速发展亟待数字经济理论的指导，也是理论界研究的主要方向。

第三是数字经济发展对传统实体经济的影响。数字经济发达地区的资源虹吸效应进一步加深，传统工业城市、中西部经济落后地区的经济将受到影响。在发展数字经济的同时，也要采取相应的举措对冲技术发展带来的消极影响。美团买菜、京东到家、盒马鲜生等蔬菜生鲜软件的兴起，挤压了菜市场、小商贩等传统生意，美团外卖、饿了么等外卖软件使方便食品的需求量锐减。互联网平台通过其占有的大量数据优势以及雄厚的资本，以资本疯狂补贴打价格战的方式占领市场，并最终对社会公众福利造成了影响。在此背景下，市场监管总局联合商务部于 2020 年 12 月 22 日指导规范社区团购，阿里巴巴、腾讯、京东、美团、拼多多、滴滴 6 家互联网平台企业参加。会议要求互联网平台企业严格遵守"九不得"，包括滥用自主定价权进行恶性价格竞争、滥用市场支配地位、虚假宣传及商业诋毁、大数据"杀熟"、利用技术手段损害竞争秩序、非法收集消费者个人信息、销售假冒伪劣商品等方面。

第四是对就业结构的影响。从历史发展角度而言，技术革命导致失业是经济进步的组成部分。由于生产力提高，技术取代一些人工岗位，同时也提高其他劳动者以及新入职者的技能，把人力、财力资源释放到回报更高的行业。机器人的应用导致大量劳动密集型企业的工人失业，蓬勃发展的电子商务导致大量实体门店关闭，引起成千上万的终端零售人员失业，网约车的兴起冲击了出租车司机的工作。世界银行发布的《2016年世界发展报告：数字红利》认为，在未来，中国将有55%～77%的就业岗位容易因技能含量低而被取代，印度为43%～69%，经合组织国家的这一比例为57%。

第五是隐私安全方面的隐患。在大数据分布式计算、存储等新技术广泛应用的情况下，数据分析挖掘、共享交易等新应用场景不断出现，使得数据安全以及个人隐私泄露等问题日益凸显。大数据时代，人们的个人信息、消费需求，甚至生活习惯都会形成数据，由个人数据织成的信息网覆盖范围极广，且能产生巨大经济价值，网上甚至形成了贩卖用户信息的"黑色产业链"。大数据在采集、存储传输、共享使用等各环节都存在泄露用户隐私的风险。在采集阶段，存在未获得用户知情同意采集数据和过度采集数据，如家庭收入及生物识别数据等的问题；在存储传输环节，存在由于管理不当或技术不达标、软硬件有安全漏洞导致的泄露问题；在共享使用环节，存在过度挖掘用于精准投放广告等问题，甚至对用户的人身、财产安全等造成威胁。大企业在追求和获取用户数据时，在很大程度上都已经深度涉及了用户的隐私数据。随着数据变得越来越容易获取和个人化，重要的是要了解和应对大数据应用可能带来的任何隐患。

综上所述，数字经济无疑是中国经济发展的新动能，但数字经济的发展会对实体经济造成一定的影响，这是数字经济与实体经济融合过程中不可避免的问题。如何发挥数字经济的优势，最大限度减少数字经济对实体经济造成的冲击和影响，在我国经济结构升级、动能转换的新阶段，找准并利用好数字经济新动能，是我国经济发展的制胜关键。

▶ 我国数字经济发展的新机遇

虽然数字经济作为新生事物在发展中面临着诸多挑战，但近几年各国

第四章　推动数字经济　赋能改善民生

的数字经济发展实践表明：数字化密度越大的国家从数字化中获得的收益越大。根据埃森哲发布的《2018埃森哲中国消费者洞察——新消费 新力量》，数字化程度每提高10%，人均国内生产总值增长0.5%～0.62%。数字经济不仅为发达国家经济发展提供了动力，还为发展中国家提供了"弯道超车"甚至"换道超车"的战略机遇。这些机遇的重点包括：

第一，数字经济基础设施建设中，"新基建"带来新机遇。2020年2月14日，中央全面深化改革委员会第十二次会议指出，基础设施是经济社会发展的重要支撑，要以整体优化、协同融合为导向，统筹存量和增量、传统和新型基础设施发展，打造集约高效、经济适用、智能绿色、安全可靠的现代化基础设施体系。"新基建"的推进，可以解决我国数字经济与实体经济深度融合过程中所面临的基础设施缺乏的窘境，并进一步推动实体经济的数字化与数字经济的普及化，从根本上实现数据要素资源配置的优化。

第二，数字经济与实体经济融合中价值链重构和供应链管理面临新机遇。利用数字化手段对价值链进行重构，使大规模量身定制成为可能。以大数据应用为引领，发展数据采集、存储、处理、挖掘、应用、展示、衍生等产业，打造数字产业链条，培育数字产业集群，搭建培育数字技术创新联盟、产业联盟等，提升新一代信息技术产业发展能级，通过数字化技术改造传统优势产业，释放数字经济对传统经济的放大、叠加、倍增作用。

第三，数字经济加速产生新产品新服务，从而带来新机遇。基于信息化网络的加速升级，许多企业抓住机遇进一步发展。互联网时代造就了BAT（百度、阿里巴巴、腾讯）等企业，随着第四代移动通信技术（4G）技术的广泛应用，字节跳动、快手等短视频公司迅速崛起，并迅速遍及全球。基于互联网平台发展的微创新、微应用、微产品等大众创业、万众创新兴起，广泛开辟了新就业渠道，激发了多元创造。未来随着5G时代的到来，区块链、大数据、人工智能等技术的发展，数字经济将迎来新的辉煌。

新兴产业是引领未来发展和高质量发展的重要力量。加快打造具有核心竞争力的新兴数字产业链，对国家形成新的竞争优势，实现跨越式发展至关重要。"十四五"时期是我国新兴产业发展的关键时期，越来越多的数

- 255 -

字技术将进入大规模的产业化、商业化应用阶段，成为驱动数字产业变革和带动经济社会发展的重要力量。数字经济作为新兴产业成长的统领，面临挑战的同时也将迎来更大的机遇，促进数字经济与实体经济深度融合，将是我国"十四五"以及到 2035 年中长期规划期内都需坚持的重要战略，在这个战略机遇期，数字经济推动新兴产业高质量发展具有重要意义。

参考文献

［1］Lane N. Advancing the Digital Economy into the 21st Century[J].Information Systems Frontiers,1999,1(3):317–320.

［2］Mesenbourg T L. Measuring the Digital Economy[R].US Bureau of the Census,Suitland,MD,2001.

［3］杨新铭. 数字经济：传统经济深度转型的经济学逻辑[J]. 深圳大学学报（人文社会科学版）,2017,34(04):101–104.

"十四五"时期数字经济发展趋势、问题与政策建议

李晓华

中国社会科学院工业经济研究所研究员

"十三五"期间,我国数字经济保持了高速增长态势,成为推动经济增长的重要引擎。数字经济创新创业活跃,新科技、新模式、新业态不断涌现,数字企业蓬勃发展,数字技术与实体经济融合深入推进。我国已经成为全球数字经济中与美国两强并立的一极。特别是面对新冠肺炎疫情的冲击,数字科技在密切接触人群确认、加快复工复产等方面发挥了积极作用,成为我国抗疫取得胜利的重要保障。未来我国数字经济需要抓住新一轮科技革命和产业变革深入推进的机遇,积极应对"逆全球化"等外部环境变化带来的挑战,补短板、铸长板,破解产业链供应链的断点、堵点,加快向全球价值链高端攀升,实现更高质量的发展。

▶ 未来时期数字经济发展趋势探析

颠覆性科技创新排浪式涌现。当前，以数字科技为代表的新一轮科技革命和产业变革方兴未艾，在一些数字科技不断成熟，产业不断转化的同时，不断有新的颠覆性科技创新涌现出来，展现出催生新产品、新模式、新业态、新产业的巨大潜力。全球著名信息技术咨询公司 Gartner 根据对上千种新科技发展趋势的分析研判，每年会发布包括 30 项新兴技术和趋势的 Gartner 新兴技术成熟度曲线。每年都会有新的数字科技出现在曲线上，也会有老技术在曲线上消失，体现出数字科技颠覆性创新排浪式涌现的特点。颠覆性的数字科技及其带动的商业模式和产业业态创新不但会在中短期形成战略性新兴产业、带动经济增长，而且随着新一轮科技革命和产业变革的持续深入推进，还会形成代表更长期发展方向的未来产业。科技发展的方向具有很高的不确定性，后发国家和地区与先发国家和地区基本处于相同的起跑线上，这就为后来者带来"换道超车"的机遇，不断会有初创企业诞生并迅速成长为行业巨头。

对大型高科技公司反垄断加强。数字产业是典型的网络效应产业。由于直接网络效应、间接网络效应和跨边网络效应的存在，使得使用一种产品（服务）、一种技术、一个平台的用户数量、互补品数量或供应商数量越多，则该产品（服务）、技术或平台给它的参与者带来的价值就越大，因此会不断地吸引更多的参与者，形成正向反馈机制，最终出现"赢家通吃"的局面，行业中一两家企业占有绝大多数市场份额。大型高科技公司（Big Tech）的规模和数量也成为一个国家数字经济发展水平的重要标志。总体来看，市场份额向大型高科技公司的集中具有有利的一面，譬如数据的集中有利于更好地挖掘数据价值，也有利于通过集聚优秀人才推动新一代信息技术的发展，但是近年来，大型高科技公司的垄断和对竞争的遏制也引起许多国家监管机构的关注。2020 年 10 月，美国众议院司法委员会发布对脸书、亚马逊、苹果、谷歌的反垄断调查报告，其目的是保持在数字经济领域的创新活力，特别是在新的颠覆性创新领域孵化出新的大型高科技公司。美国监管机构的做法必将产生示范效应，对全球的大型高科技公司的发展产生重要影响。2020年11月，为预防和制止平台经济领域垄断行为，我国市场监管总局起草了《关于平台经济领域的反垄断指南（征求意见稿）》，向社会公开征求意见。

数字技术赋能产业的能力增强。与产业端的应用相比，消费端的市场规模大、容错能力强、专业知识要求低，因此互联网早期阶段的应用主要面向消费领域，如电子邮件、即时通信、电子商务等，国际金融危机之后的新一轮互联网热潮，也主要集中于传统互联网业务的移动化以及面向消费者的共享经济、O2O、短视频、直播等领域。产业领域应用的数字技术长期以工业软件、自动控制等信息化技术为主，发展速度、规模比较有限，大多数数字经济巨头也多出自消费领域。随着数字技术的不断成熟和完善，数字技术与实体经济的深度融合具备了条件。首先，传感器、机器人、数控机床等传统技术更加智能化、精准化，且成本不断呈现下降的趋势，具备了替代人工和大规模应用的经济基础。其次，在消费互联网发展过程中，大数据、云计算、物联网、移动互联网、人工智能等新技术更加成熟，逐步能够满足产业特别是工业生产活动高度精准性的要求。最后，随着日益广泛连接的建立与企业的跨界发展，消费领域的数据逐步与产业界数据打通，实现跨产业互联和从产品研发设计到用户使用的全生命周期的数据循环。随着消费互联网数字红利和流量增量的耗尽，产业互联网将成为数字经济发展的新蓝海。

国家间围绕数字经济竞争加剧。数字科技通用目的特征、数字经济的巨大发展潜力、数据以及数字产品和服务与国家安全的紧密关系等因素使得数字经济成为世界各国科技和产业竞争的焦点。云计算、大数据、物联网、移动互联网、人工智能、区块链等新一代信息技术都属于通用目的技术，具有技术新、应用范围广、对其他产业影响力大等特征，这就使得数字科技先进、数字经济发达的国家，在促进传统产业升级、推动社会治理现代化等方面具有显著优势。数字经济既是当下国民经济中增速最快、最具活力的新动能，也代表着未来的产业发展方向，数字经济的发展速度和水平将影响未来世界各国的经济地位和产业话语权。由于数字软硬件设施和服务系统渗透到国民经济、社会生活和政府治理的方方面面，伴随着海量数据生成和传输，一些国家担心如果不能实现核心数字科技和系统的自主，个人隐私与信息安全、产业安全、政治安全、国防安全等方面会面临巨大风险。因此，围绕数字科技和数字产业发展，世界主要国家不约而同地加强布局，不断推出支持数字经济发展的法律、战略和政策，甚至不惜采取违反国际经贸规则的做法对其他国家的技术和产业发展进行遏制。

▶ 探析当前我国数字经济发展存在的主要问题

得益于良好的数字基础设施、数量庞大且收入快速增长的人口、强大的制造能力和质优价廉的丰富工业产品等因素，中国数字经济和平台企业飞速发展。但是，我国数字经济发展也存在不少短板与痛点，这些短板和痛点也是下一步发展中需要重点加以解决的问题。

产业基础能力不强。尽管我国数字产业的创新能力有了长足提高，但是由于发展时间短、积累不够，基础能力不强的问题仍然比较突出，精密传感器、集成电路、工业软件、操作系统、数据库等基础数字产品和服务严重依赖进口。在"逆全球化"、科技产业竞争加剧和发达国家加强对高科技出口管制的情况下，我国数字经济的发展面临供应链断链的威胁，而且由于数字技术广泛应用的特点，还会产生影响其他产业供应链的放大效应。

先进技术存在差距。尽管我国在人工智能领域涌现出一批具有全球影响力的企业、在量子通信等前沿技术领域处于世界前列，但是与美国相比仍存在不小的差距。例如，前沿数字科技的基础理论大多由发达国家的科学家率先提出，新一代信息技术产品或服务原型由发达国家的科技公司原创；人工智能、操作系统等最重要的数字技术开源社区的运营方和主导者

第四章 推动数字经济 赋能改善民生

是硅谷的基金会和科技公司，我国许多数字科技企业在这些开源软件的基础上进行二次创新，对开源社区的贡献也比较有限。

国际化发展水平低。尽管我国已涌现出阿里巴巴、腾讯、百度、字节跳动、美团点评、滴滴等市值或估值超千亿美元的互联网公司，但总体上看，这些互联网巨头的市场主要是在国内，国际业务比重低，只有抖音国际版（TikTok）等少数应用在国外比较流行、拥有数量较大的海外用户。相比之下，谷歌、亚马逊、苹果、脸书等美国数字高科技公司进入世界许多国家并成为热门应用，国际业务收入在其营收中占有很高比例。

法律制度环境不完善。长期以来，我国对数字经济的发展秉承"包容审慎"的监管原则，较为宽松的发展环境对数字经济的高速增长发挥了重要的作用，但是数字经济有关的法律制度不完善正成为数字经济进一步发展的掣肘，人工智能等新一代数字技术的不合理应用可能会造成破坏性的影响。从国内看，由于缺少相应的法律规定，一些数字业务难以开展，例如，对数据确权法律的缺位造成数据交易难以推进；法律规定的欠缺还会加大一些数字业务创新可能带来的社会风险、金融风险。从国际看，数字领域的法律缺位会造成我国在未来数字经济国际规则制定和我国数字企业国际化中处于不利地位。

数字经济发展不平衡。虽然我国数字经济发展速度快、数字经济总量大，广义的数字经济增加值占GDP的比重达到36.2%，但数字经济发展不平衡的问题非常突出。从产业的地域分布来看，我国数字企业主要集中于一、二线大城市，未来数字经济的持续高增长可能会进一步拉大地区间的经济差距。从消费者使用情况看，我国数字经济的用户集中于城市地区，农村地区、老年人的智能终端普及率和互联网服务的使用率较低，数字服务的快速扩散可能会形成人群之间新的数字鸿沟，比如老年人在支付、打车、健康码等方面就遇到了很大困难。从企业数字化转型情况看，我国既有数字化水平世界领先的企业，同时也存在大量缺少互联网意识、数字化投入少、数字化人才匮乏、数字化水平低的企业。

▶ "十四五"时期我国数字经济发展的原则

第一,补短板与铸长板并重。既要针对我国在数字产业链的关键环节发力,突破芯片、操作系统、工业软件等基础性技术瓶颈,减轻对国际供应链的依赖,摆脱受制于人的局面;又要紧紧抓住新一轮科技革命和产业变革的历史契机,争取在颠覆性科技创新和战略性新兴产业、未来产业的一些领域实现全球领先。

第二,消费端与产业端并重。继续发展面向终端消费者的消费互联网,这既是我国数字经济发展的优势所在,是满足人民日益增长的美好生活需要的要求,也是迎合面向消费者与面向产业的互联网打通和跨界融合的趋势。同时,也要抓住新一代数字技术赋能水平不断提高的机遇,大力推动产业互联网的发展,在加快数字技术与实体经济深度融合和产业转型升级的同时,也为我国数字经济发展创造新的机遇、培育新的大型高科技企业。

第三,自主可控与对外开放并重。一方面,面对当前日益复杂严峻的国际环境,要保证我国供应链的顺畅运行、产业链平稳发展,需要解决关键数字技术的自主可控,畅通国内大循环;另一方面,也要充分利用全球科技、人才资源和市场,尽可能融入全球价值链,既整合全球资源创造、生产优质的数字产品和服务,也要把优质的数字产品和服务提供给全球客户,形成国内国际双循环相互促进的新发展格局。

第四,效率效益与包容普惠并重。既要继续保持数字经济的高速增长及其强大的赋能作用,带动整个经济的效率与效益提升,也要重视数字经济发展的包容和普惠性,关注欠发达地区数字技术设施和互联网服务的覆盖、关注弱势群体在数字经济时代的生活,使数字经济的发展能够惠及每一个国民,带来生活水平的全面改善,成为巩固全面建设小康社会成果的重要支撑。

第五,市场机制与制度优势并重。数字经济领域的科技创新、商业模式创新具有高度的不确定性,需要大量企业的试错找到最终成功的方向,我国数字经济的高速增长也得益于充分发挥了市场机制作用。在坚持市场发挥决定性作用的同时，也要重视发挥我国的制度优势，在关键核心技术特别是"卡脖子"问题上集中力量攻关、加快实现技术突破。

第六，竞争政策与产业政策并重。加快确立竞争政策的基础性地位，激发微观市场主体的创新创业活力。防范大型平台企业利用市场优势地位限制竞争、形成垄断，对数字经济的科技和商业模式造成影响。同时也要发挥产业政策的积极作用，对数字领域的科技创新、科技成果的产业转化、"卡脖子"领域的突破予以重点支持。但是需要注意产业政策作用的范围和力度，逐步从针对特定行业的选择性产业政策向完善发展环境的功能性产业政策转型。

▶ "十四五"期间促进数字经济发展的政策建议

加大数字科技研发投入。加大政府对数字经济领域的基础科学、产业共性技术以及"卡脖子"关键技术的研发投入。通过提高研发费用加计扣除比例、进口科研仪器关税减免等措施，鼓励企业加大研发投入特别是行业领军企业加大对基础研究的投入。支持开源社区发展，吸引国内外企业和高水平数字科技人才加入开源项目。

推动数字技术标准制定。加强政府主管部门、行业协会、领军企业、高校和科研院所密切合作，推动数字经济术语、新技术和数据格式、工业互联网平台架构等领域的标准制定，加快形成业界共识、实现兼容和互联互通。积极参与国际技术标准组织的工作，推动更多中国技术标准成为国际标准。

支持科技成果产业转化。改革大学、科研院所的科技成果管理体制，使科研人员能够分享科技成果转化的收益，增强推动科技成果转化的积极性。借鉴国际上比较成熟的经验，通过国家重大工程、国防采办等方式为新技术的工程化创造早期市场。通过政府采购、新型基础设施建设等方式，为数字科技的大规模产业化提供市场支持，加快技术迭代和成熟。

促进数据开放链接共享。研究制定政府数据开放制度规范，推动企业登记、交通、气象、信用评价等不涉及国家安全的公共数据向企业开放以及各地区各部门间的数据共享。推动制定数据权利归属、数据交易等相关法律制度，建立数据交易市场，鼓励企业间的数据链接与交易共享。

创造公平竞争发展环境。推动产业政策与国际经贸规则接轨，减少政府对产业发展的不当干预，避免在数字经济领域出现产能过剩和高端产业低端化问题。密切关注国外反垄断的最新动态，在坚持包容审慎监管原则的同时，加强对可能造成系统性风险的数字经济商业模式创新的事前监管，规范大型平台企业的市场竞争行为，为中小企业的快速成长创造公平的竞争环境。

完善数字经济产业生态。推动具有基础设施性质的平台模式发展，支持高等院校、科研院所、企业开展数字研发、测试、检验检测等设施和设备的开放共享，支持各类机构建立人工智能素材库、开源社区和数字服务外包平台，促进个人参与数字经济的创新创业和就业。加强对企业数字化改造的支持，鼓励行业性数字经济平台、专业化数字解决方案提供商等行业赋能型企业发展。

加强数字科技普惠赋能。加强经济欠发达地区的数字基础设施建设，通过智能终端和服务补贴、鼓励数字龙头企业履行社会责任等模式，提高低收入人群的数字服务使用率，在实现物质脱贫的基础上，推动低收入人群的"数字脱贫"。保障数字弱势群体的权利，缩小"数字鸿沟"。

完善数字经济法律体系。借鉴发达国家数字经济立法的经验并结合我国的实际情况，着眼于促进创新、产业发展和国家安全等涉及数字经济发展的关键方面，加快数字经济重点领域和重点环节的立法工作，在推动数字经济快速发展的同时，保护好人民群众和国家利益，实现科技向善。

数字经济促进高质量发展的内在逻辑

乔 岳

山东大学国际创新转化学院副院长、教授、博士生导师

21世纪以来，我国数字经济快速发展，成为拉动经济增长的重要因素。2019年数字经济规模已达358000亿元，占国内生产总值比重为36.2%，2020年数字经济核心产业增加值占国内生产总值比重达7.8%。党中央、国务院高度重视发展数字经济，2019年6月，习近平主席在二十国集团大阪峰会的数字经济特别会议上强调，"要促进数字经济和实体经济融合发展，加强数字基础设施建设，促进互联互通"。党的十九届五中全会通过的《中共中央关于制定国民经济和社会发展第十四个五年规划和二〇三五年远景目标的建议》针对"加快数字化发展"作出全面部署，要求"推进数字产业化和产业数字化，推动数字经济和实体经济深度融合，打造具有国际竞争力的数字产业集群"。

一般而言，数字经济是指以使用数字化的知识和信息作为关键生产要素、以现代信息网络作为重要载体、以信息通信技术的有效使用作为效率提升和经济结构优化重要推动力的一系列经济活动。中国信息通信研究院在其发布的《中国数字经济发展白皮书（2020）》中，将数字经济分为数

字产业化、产业数字化、数据价值化、数字化治理四个领域。数字经济的相关发展领域均具备与实体经济深度融合的潜力，数字经济的发展有利于降低社会成本、提高资源配置效率和分配效率，有利于推动我国经济模式由工业经济向信息经济的转型升级。

近年来，我国数字经济诸多领域成长迅速，技术发展水平达到世界前列，尤其在移动支付、网络零售、社交媒体等领域已具有显著规模。当前，数字经济处于密集创新和高速增长的阶段，有望成为持续提升国家竞争力、建设创新型国家的突破口和促进经济社会发展的主要推动力。与此同时，数字经济也存在着区域发展不平衡、治理体系不完善、人才结构不合理、创新研发不足等问题。如何促进数字经济高质量发展，是当前学界和业界共同关注的问题。

本文从制度经济学的视角出发，试图对以下问题进行分析和说明：首先，数字经济促进高质量发展的内在逻辑是什么，数字经济为何能成为中国经济增长的新引擎；其次，如何从规模和质量上提升数字经济的发展水平；最后，如何建立和完善数字经济治理体系。通过对以上问题的梳理，提出对现阶段我国数字经济发展切实可行的合理化建议。

▶ 数字经济促进高质量发展的内在逻辑

创新是经济持续增长的根本动因。与传统的经济发展模式相比，数字经济具有更强的创新包容性和更广的创新空间。数字经济促进高质量发展，主要体现在其进一步提高了生产效率和资源配置效率，优化了创新生态系统和促进了科学化分工等四个方面。

数据成为生产要素，改变了传统生产模式，提高了生产效率。数字经济对经济发展模式的根本性改变在于其几乎使所有产业的"生产函数"都发生了变化。生产要素的形态是随着社会生产模式不断变迁的。在农业社会生产模式中，土地和劳动力是基本生产要素；在传统的工业社会生产模式中，资本、劳动力、土地作为生产要素，通过生产技术（生产函数）进行组合，最终产生商品的形式。这一模式从工业革命开始沿袭了200余年的时间，直到计算机广泛应用后才发生变化。20世纪80年代计算机数据处理能力（算力）大幅提升后，全球范围内数据和算力的连接使数据成了一种新的生产要素。传统行业的数字化改造丰富了数据作为生产要素的功能，使数据可以直接融入产品的生产过程中，改变传统的要素组合方式，实现生产效率的提高。生产控制系统的数字化赋能，使生产体系更为科学、生产分工更具效率。以出租车行业为例，在数据成为生产要素之前，出租车主要通过巡游或在固定地点等待进行揽客；在数据成为生产要素后，行业经营模式发生了根本性的变化：首先，通过导航定位系统将车辆信息实时转换为数据，通过数据处理实现有效的路线规划；其次，通过用户数据与车辆数据的对比计算，更为快捷地匹配车辆；最后，基于大数据计算在用车高峰期和极端情形下有效调配车辆。融入数据要素后，出租车行业的效率实现了显著提升，网约车逐步发展成为重要的交通出行方式。

数字化匹配方式改变了传统市场模式，提高了资源配置效率。制度经济学将阻碍市场机制有效运行的因素统称为交易成本。交易成本较小时，虽然会产生效率损失，但市场机制仍能运行；交易成本较大时，则可能引发市场失灵，导致市场机制崩溃。最为常见的交易成本包括搜寻成本、协商成本、契约成本、执行成本，而信息不对称是增加搜寻成本和协商成本的最主要因素。在交易双方所掌握的信息不对称的情况下，搜寻交易对象、获取信任、协商交易条件等过程都需要付出大量的成本。虽然在一些特定的双边市场中平台厂商长期存在，但非数字化的平台厂商无法有效解决实时信息匹配问题。数字平台拥有海量的生产商和消费者数据，可通过大数据运算进行精准推送、精准评价和精准交易，实现搜寻成本和协商成本最小化，提高消费者剩余和生产者剩余。与此同时，配置效率的提升也带动了交易数量的增加。以网络零售为例，近5年来，我国网络购物市场交易规模的增长率始终保持在20%以上。除了商品和服务的供求端，数字平台也能够有效匹配产能，以市场化方式将企业的生产资料、创新成果、生产和服务能力等要素进行有效匹配和共享，从而进一步盘活企业的资产价值，促进企业在价值链更为有效的分工。

新的产业发展方向改变了传统产业链结构，优化了创新生态系统。信息交互技术的广泛应用促进了数字经济与实体经济的深度融合，产业发展方向从产业链增长演变为生态系统增长。数字经济的底层技术（5G 网络、卫星通信、高性能芯片和传感器等）与应用层技术（人工智能、大数据、区块链、云计算等）相结合，形成了覆盖经济社会生活各层面的创新生态系统。一方面，数字经济所形成的创新生态系统，通过人力资源、基础设施、金融服务、文化建设等多环节的协同发展和有机整合，全面提升了范围经济和规模经济发展水平；另一方面，数字经济赋能传统产业，推动农业、制造业、现代服务业之间的相互融合，推动传统产业转型升级，全面促进高质量发展。

大数据治理改变了传统管理模式，促进了科学化分工，提高了治理能力。从社会治理的角度出发，大数据和人工智能技术的广泛应用有助于更为精准地分析社会运行规律、追踪政策实施效果及变化趋势，并对其发展方向进行有效预判，实现社会治理能力的全面提升。《中共中央 国务院关于新时代加快完善社会主义市场经济体制的意见》指出，要"强化经济监测预测预警能力，充分利用大数据、人工智能等新技术，建立重大风险识别和预警机制，加强社会预期管理"。宏观治理层面，大数据应用有助于推动政府职能由社会管理向社会服务方向的转变，进一步提高治理水平，提升财富再分配效率，节约社会成本。企业管理层面，大数据和人工智能技术是推进企业数字化转型的技术支撑。根据交易成本理论，企业边界取决于企业内部和外部交易成本的比较。大数据应用能有效提升企业信息系统的分析效率，促进内部分工协作的合理化，实现企业治理结构的转变，从而进一步降低企业内部交易成本，扩大企业规模，增加产品种类和数量，有效提高生产者剩余。

数字经济发展水平提升路径

我国数字经济虽已初具规模且增速显著,但仍然存在数字核心技术不完备、数字基础设施建设不充分、数字人才体系不健全、数字经济区域发展不平衡等问题。只有全方位、多维度推动数字经济发展,才能充分发挥数字经济作为高质量发展新引擎的重要作用。

加大数字经济核心技术的研发力度。数据是数字经济的核心生产要素,现代信息网络是数字经济的重要载体。在基础研究领域,数据搜集处理、开发利用以及网络迭代更新的相关技术是现阶段我国数字经济发展的重要基础,应重点关注核心算法、芯片、集成电路、云存储和云计算、卫星通信技术、数据存储介质和传输材料等重点领域。一方面,基础研发工作具有很强的正外部性,能够衍生大量的应用型技术和产品,对技术创新和经济发展具有明显的带动作用;但另一方面,这些技术多属于急需解决的"卡脖子"关键技术,研发投入高、难度大,市场主体研发动力不足。应以政府财政投入为主,以高校和科研院所为研发主体,结合国家在科研领域鼓励"大项目、大团队、大平台"发展的契机,加大共性技术研发力度,健全研发成果全社会共享机制,提高研发和转化效率。在应用研发领域,区块链、人工智能等数字技术与市场需求直接相关,且研发周期相对较短,研发成果可直接转化为产品创造利润,企业研发投入积极性高,对研发成果的专属性要求也较高。应充分发挥市场有效配置资源的优势,推动企业建立应用技术研发中心,以市场供求关系为导向开展研发规划。

加快数字经济基础设施建设。基础设施作为公共产品和共享资源,在我国通常以国有经济为主体的方式投资兴建。数字经济基础设施作为支撑新经济持续增长的基础性投资,首先要保证其中立性和开放性,坚持以国有经济为主体的投资方式。2018年12月,中央经济工作会议提出,"加快5G商用步伐,加强人工智能、工业互联网、物联网等新型基础设施建设"。由此,数字经济基础设施被纳入"新基建"范围。2020年以来,"新基建"的界定范围进一步拓展,涵盖信息基础设施、融合基础设施、创新基础设施三大类，5G基站建设、特高压、城际高速铁路和城市轨道交通、新能源汽车充电桩、大数据中心、人工智能和工业互联网七大领域。具体来看，在信息基础设施层面，5G基站建设、大数据中心、人工智能和工业互联网是数字经济发展的基本保障，其与数字经济的结合能够有效提升数字经济效率。应加快建设国家和地区网络交互中心和数据存储中心，通过5G网络建设完善区域工业互联网和物联网体系，通过电网、高速铁路和城市轨道交通建设推动管网数字化改造，为数字经济发展构建强健的"骨骼"。其次，融合基础设施可以在应用层面为数字经济与实体经济融合铺平道路。传统的经济模式下，互联互通指物理结构上的联通；而在数字经济模式下，则更多指线上与线下、数据与物质、虚拟与现实的联通。应在传统产业中寻找与"互联网+""大数据+""人工智能+"等数字经济的融合点，完善基础设施的数字接口，为数字经济与传统产业融合预留空间。最后，创新基础设施是数字经济未来发展的有力保障。应面向数字经济的未来发展方向，通过建设标准化、通用性的平台设施，激活数字经济的创新潜能。

培育数字经济专业人才体系。目前，我国诸多地区尚不具备与数字经济发展相匹配的人力资源体系和人才培养体系。通过政策支持和全社会协作的方式提高专业人才的数量和质量，有助于提升数字经济发展水平。首先，应完善针对数字经济业态的社会保障体系。当前，数字经济发展衍生出多种形式的就业方式，灵活就业日渐普遍。然而，针对这些创新型就业方式的社会保障体系还不完善，相关公共服务尚难以全面覆盖数字经济行业从业人群。因此，应探索建立数字经济就业服务保障体系，加大政策性补贴的覆盖力度。其次，高等院校应积极培养数字经济专业人才，完善人才培养模式，重点培养兼具数字经济技术知识和经营管理能力的新型创新转化人才。同时，积极响应市场需求，深化校企合作，开展数字经济发展所急需的非学历教育和企业专题培训，让高校的创新能力和教育资源更有效地服务于社会发展。最后，通过政府与企业共同参与的方式，努力提升就业质量。政府层面，采取政策引导、税费减免、创业补贴等形式；企业层面，通过强化劳动保护、加强技术培训、完善人才激励机制等方式，共

第四章 推动数字经济 赋能改善民生

同提高数字经济就业水平。

加快推动数据开放与共享。数字经济是以数据为生产要素的经济活动。数据的开放和共享，是决定数据价值的关键。数据具有价值，通过数据采集、数据储存、数据加工、数据集成、数据分析，实现数据作为生产要素驱动经济增长。加快数据开放和共享，首先，要建立统一的数据标准体系，健全数据质量管理体系，使不同渠道不同来源的数据能够在统一标准下交互共享，从数据结构层面消除数据壁垒和数据孤岛。其次，要加快推进政府数据的适度公开及其与社会数据的融合。从数据发展的现状来看，政府所拥有的政务数据体系相对完整、数据质量也较高；而社会层面的数据主要集中于人工智能、可穿戴设备、车联网、物联网等领域。推动政府数据与社会数据的共享，能够产生规模效应，更好地实现数据价值。最后，要建立跨地区、跨行业的数据共享平台，推动社会各领域数据资源相互融合，有效减少数据重复采集，消除冗余数据，降低数据获取和存储成本，提高数据使用和处理效率。

加速推进企业数字化转型。企业是经济活动的主体，数字经济的发展很大程度上取决于企业的数字化发展状况。首先，要推动基础较好的平台型企业加快数字化转型。平台企业具有双边市场的优势，可依托大数据、工业互联网等资源带动中小厂商进行数字化转型，进一步提高数据交融的速度和广度，拓展数字经济的产业范围，推动形成数字经济新业态。其次，要推动制造类、能源类、建筑类和服务类企业进行数字化转型。制造类企业的数字化转型应以实现智能制造为目标，通过装备、工序、管理的智能化和数字化提升企业效率，加速产业链资源的共享和协同；能源类企业的数字化转型应以智能化管理和运营为目标，提升企业全业务链的协同能力，实现企业价值提升；建筑类企业的数字化转型应以智慧城市建设为着力点，推动数字化与建造全业务链的深度融合，提高劳动生产率；服务类企业的数字化转型应以服务模式和商业模式的数字化创新为主，通过数字营销、智慧物流、互联网+供应链等形式，实现实体服务向虚拟智慧服务的转变。同时，应建立与数字化转型相匹配的金融投资模式，通过市场机制的有效

- 271 -

配置资源，为企业数字化转型提供有力支撑。

促进各区域数字经济协调发展。我国数字经济的发展具有明显的区域集聚特征，京津冀地区、长三角地区、珠江三角洲城市群是我国数字经济发展的核心区域，中西部地区数字经济发展水平较低，且与东部地区的差距逐渐扩大。应积极倡导数字经济平衡发展，制定区域性发展策略，加大对中西部数字经济基础设施的投资力度，努力缩小数字经济发展的质量差异。产业政策能够有效引导企业加大科研投入的规模和力度，提高创新活跃度，从根本上提高数字经济发展质量。应完善产业政策，释放制度红利，建立数字经济引导基金，为数字经济发展提供资金支持，并通过差异化的发展策略，突破地理条件和资源禀赋的限制，为缩小数字经济发展区域差距提供新动能。

数字经济的治理体系建设

当前，数字经济发展正在从根本上改变社会运行方式。在关注数字经济带来的正向效应的同时，也要充分认识到其可能产生的社会风险和治理问题，进一步建立完善数字经济治理体系。基于数字经济的多元化发展特点，其治理体系建设需要遵循以下原则和目标。第一，明确数字经济发展规制。在市场机制下，明确的规制是市场健康有序竞争的制度保障。应从立法和执法层面完善顶层设计，制定基本制度规划，确定数字经济发展的基本框架，并通过加快基础设施建设、完善社会服务等方式为数字经济发展提供优质公共产品。第二，处理好产业发展与监督管理的关系。数字经济所带来的密集创新必然会导致新的监管问题和风险，应探索建立一套既能保障数字经济持续健康发展，又能保护企业和消费者权益的监管机制。第三，全面提升企业治理能力。企业是数字经济的主体和数字经济持续创新的动力源泉。企业通过合作或竞争的方式推出新产品、满足客户需求，并最终在下一轮的创新活动中继续配合。应充分利用企业与需求端紧密结

第四章 推动数字经济 赋能改善民生

合、反应迅速的资源优势和特点，提供有效激励，鼓励企业创新，赋能数字经济发展。具体而言，数字经济治理体系的建设应从完善相关法律规制、加强数字平台治理、优化数字经济行政管理模式等三方面入手，逐步构建完善的治理体系。

完善数字经济相关法律规制。完善的法律规制是数字经济有效运行的基本保障。第一，应建立数据标准化规则。通过制定国家标准、行业标准、区域标准等分类标准，使数据成为标准化的生产要素。数据标准化规则的建立方式，可以由行业领军企业协同制定，也可以将企业现行通用的数据规则上升为技术标准。以企业主导的数据标准化规则能够及时有效地反映市场变化，减少规则制定中的交易成本。第二，完善数据采集法律规定。数据不仅是社会治理的重要依据，也是企业的重要战略资源，往往能够通过交易直接产生利润（如消费者个人数据）。当前，关于数据采集权的相关法律规定还不完善，数据采集者和被采集者的权利义务并不明晰。要在严格保护个体权益的基础上扩大数据规模，必须先从法律的角度明确相关规则，降低数据采集双方的风险。第三，建立数据安全体系。数据安全是国家安全战略的重要组成部分，应进一步完善数据生产、储存、应用等全过程的安全管理。根据数据的安全级别和应用范围明确数据的所有权主体和使用权主体，界定数据是否可以交易、交易范围和交易类型，以及相应的法律责任，防止数据泄露和数据外流。第四，健全数据使用规则。近年来，通过人工智能技术与大数据的结合，在网络零售领域出现的"大数据杀熟"、在金融领域出现的高频交易都引起了监管机构的关注。应进一步明确数据使用的基本法律规则，对于数据的采集权、所有权、使用权、存储权、监管权、交易权、定价权等进行规范，推动数字经济良性发展。第五，完善数据交易规则。数据交易机制的完善是健全数据要素市场的重要环节。数据的特殊性在于其兼具公共价值和私人价值，因而数据的定价机制无法完全市场化。健全数据交易机制应在数据分类分级的基础上，构建数据交易平台，完善公开数据交换机制和数据隐私保护机制，逐步推进数据交易标准化、规范化，实现数据价值的增值。

加强数字平台的治理。随着数字经济的发展，在网络效应、规模经济、边际成本的共同作用下，数字平台逐渐演化为渗透社会生活各个方面的超级平台。针对数字平台无序扩张可能带来的垄断，2020 年 11 月，在主持中央政治局第二十五次集体学习时，习近平总书记指出，"要统筹做好知识产权保护、反垄断、公平竞争审查等工作，促进创新要素自主有序流动、高效配置"；同年 12 月，中央经济工作会议提出，要"强化反垄断和防止资本无序扩张"；2021 年 2 月，国务院反垄断委员会制定发布《国务院反垄断委员会关于平台经济领域的反垄断指南》，明确了数字平台治理的法律框架。总体而言，对数字平台的治理应秉持包容审慎的原则，在鼓励数字平台创新发展的同时，规范数字平台的竞争行为。在行政执法层面，要避免从不监管、松监管的极端走向严监管、过度监管的另一个极端。现阶段，数字平台治理的首要问题是防止数据垄断和滥用。数字平台拥有线上企业和消费者的海量数据，要防止平台利用数据优势进行不公平竞争，损害平台用户权益。此外，由于部分数字平台的业务与社会服务功能相融合，平台数据具有一定的公共性，不能单纯作为平台私有资产进行处理。应制定完善相关管理办法和操作流程，将其纳入有效监管，以保障数据的客观中立、公开透明。

优化数字经济的行政管理模式。政府行政管理模式的转变是数字经济治理体系建设的重要内容和标志。要结合"放管服"改革，转变政府职能，助推数字经济发展。首先，打破政府部门间的数据壁垒。目前，政府虽拥有海量的高质量公共数据资源，但在数据管理、融合和应用方面存在诸多不足。要打通政府部门之间的"数据孤岛"，建设数据实时共享的新型政府信息平台，降低政府内部的信息获取成本。同时，明确公共数据资源公开范围，助推公共数据赋能智慧城市和工业互联网建设。其次，提升管理服务能力。一方面，继续完善政务数字化系统建设，打造一体化的移动端业务平台，避免企业与政府各部门多重对接所造成的效率减损，节约政府行政成本和市场主体的办事成本；另一方面，提升政府大数据管理部门、统计部门的服务水平和能力以及对新问题新现象的反应速度和应对能力，实现数字经济下政府和市场融合发展。最后，增强科学决策能力。强化经济图谱、科技图谱、管理信息系统在政府决策中的辅助作用，提升政府决策科学化水平，有效降低政策的试错成本和执行成本。

结束语

进入新发展阶段，数字经济对经济质量的提升带动作用日益显著。《中华人民共和国国民经济和社会发展第十四个五年规划和2035年远景目标纲要》首次将"加快数字化发展，建设数字中国"单独列为一篇，指出要"迎接数字时代，激活数据要素潜能，推进网络强国建设，加快建设数字经济、数字社会、数字政府，以数字化转型整体驱动生产方式、生活方式和治理方式变革"。数字经济通过减少社会交易成本和增加经济创新能力赋能高质量发展的潜力是极其巨大的。有效提升数字经济发展水平，不仅需要多方协同，尽快完善数字经济治理体系建设，更需要有效发挥政府在数字经济发展过程中的重要作用。数字经济与实体经济的深度融合将进一步带动全要素生产率的提升，成为我国经济高质量发展的新引擎。

参考文献

［1］中国信息通信研究院. 中国数字经济发展白皮书（2020年）[R].(2020-07).

［2］唐国华,李庭燎. 数字经济助推高质量发展[J]. 光明日报,2021,09(03):15.

［3］盛磊. 以数据要素资源助推经济高质量发展[J]. 人民论坛·学术前沿,2020(17):13-21.

［4］陈春花. 传统企业数字化转型能力体系构建研究[J]. 人民论坛·学术前沿,2019(18):6-12.

参考文献

［5］戚聿东,刘翠花,丁述磊.数字经济发展、就业结构优化与就业质量提升[J].经济学动态,2020(11):17–35.

［6］李海舰.五方面理解"新基建"内涵与重点[J].经济参考报,2020,07.

［7］财新智库.中国数字经济指数[R].财新网.(2020-01).

［8］张杰,陈志远,杨连星,等.中国创新补贴政策的绩效评估：理论与证据[J].经济研究,2015,50(10):4–17+33.

［9］Moore F J. Predators and prey: a new ecology of competition[R]. Harvard Business Review,1993,71(3):75–86.

［10］王先林,方翔.平台经济领域反垄断的趋势、挑战与应对[J].山东大学学报(哲学社会科学版),2021(02):87–97.

［11］刘晓春.建议建立超级数字平台监管制度[OL].中国智库网.(2020-12-19)[2022-09-13].https://www.chinathinktanks.org.cn/content/detail/id/l48txp62.

我国数字经济发展的主要特点和突出优势

李三希

中国人民大学经济学院教授、中国人民大学数字经济研究中心主任

近年来，我国数字经济在政策扶持和市场推动下实现了跨越式发展，规模稳步扩大，占国内生产总值比重不断提升，我国全球数字经济大国的地位得到进一步巩固。中国信息通信研究院发布的《中国数字经济发展白皮书（2021）》显示，在新冠肺炎疫情冲击和全球经济下行叠加影响下，2020年我国数字经济依然保持9.7%的高位增长，是同期国内生产总值名义增速的3.2倍多，规模达到392000亿元，占国内生产总值的比重为38.6%。

数字经济作为推动经济复苏的新动能和新引擎，已经成为世界范围内最显著的新经济增长极，是当前世界各国重点关注和发展的核心领域，全球各国在数字经济领域的竞争也日趋激烈。党的十九届五中全会提出，要"发展数字经济，推进数字产业化和产业数字化，推动数字经济和实体经济深度融合，打造具有国际竞争力的数字产业集群"，这充分体现了我国大力发展数字经济的决心。基于此，有必要总结分析我国发展数字经济的前期基础性成果，客观认识今后发展数字经济的独特优势，进一步提升我国数字经济竞争力。

我国数字经济发展呈现的四大特点

数字产业化稳步发展

一是信息基础设施建设取得跨越式发展。当前,我国已经建成了全球规模最大的光纤网络和 4G 网络,全国范围内行政村通 4G 网络及光纤的比例超过 98%,固定宽带移动 LTE 网络 IPv6 升级改造也已全面完成。在数据基础设施建设方面,近年来,新一代云计算平台设施正加速构建,多方向大容量的国际传输网络架构也已基本形成,为数字经济新兴业态和融合应用提供了强大支撑与保障,有力推动了数字产业化高质量发展。

二是数字化消费新业态新模式加快形成。在抗击新冠肺炎疫情期间,数字技术和数字化服务发挥了重要作用,显示出更为广阔的应用前景以及更加强劲的增长动力,消费者的在线消费习惯也得到了进一步培养,重量级消费新形态正在加快形成。其中,远程办公、在线教育、智慧医疗、电子政务等各类线上服务在疫情期间实现了爆发式增长,数字经济的优势进一步凸显。此外,在 5G 通信等新兴数字技术支持下,数字媒体、智能家居等消费新模式也正迎来快速发展时期。

产业数字化进程提速

一是数字技术创新助推产业转型升级。近年来,我国在人工智能、深度学习、大数据与云计算等数字技术领域的研发取得较大进展,新一代信息技术为数字经济的发展壮大提供了良好支撑,对推动产业数字化转型和数字经济产业链完善具有重要作用。当前,制造业企业的数字化基础能力稳步提升,智能化、自动化水平不断增强,制造业正成为数字经济主战场。

二是数字经济融合发展取得重要进展。近年来,我国数字经济同实体经济的融合范围不断拓宽,融合程度不断深化。例如,工业互联网的创新发展带动形成了智能制造、个性定制、网络协同、数字管理等新业态新模式，推动数字经济向更多实体经济行业与场景进一步延伸。

数字化治理成效显著

近年来，数字化治理得到了国家高度重视，数字政府建设大力推进并取得了显著成效。当前，我国各地各级政府机构政务服务线上化推进程度明显提升，"掌上办""一网通办"等电子政务平台加速上线，一体化政务服务平台的服务能力显著增强，跨地区、跨部门、跨层级业务办理能力以及快速响应能力持续提升。截至 2020 年 12 月，我国互联网政务服务用户规模达 8.43 亿，占网民整体的 85.3%。《2020 联合国电子政务调查报告》显示，我国电子政务发展指数排名从 2018 年的全球第 65 位提升至第 45 位，取得历史新高，其中，在线服务指数跃升至全球第 9 位，达到"非常高"水平。

随着数字技术与传统产业加速融合，我国的国家治理体系也向着更高层级加速迈进。从治理方式来看，数字经济强有力地推动国家治理由个人判断、经验主义的模糊治理方式转变为细致精准、数据驱动的数字化标准化规范化治理。与此同时，大数据、云计算等数字技术同传统公共服务的融合应用更是增强了治理体系的态势感知、科学决策、风险防范以及应急响应能力，提升了数字化公共服务均等化水平。

数据价值化加速推进

当前，我国政府高度重视数字经济发展中数据的重要作用，先后出台一系列政策文件，加快完善"市场有效、政府有为、企业有利、个人有益"的数据要素市场化配置机制。2020 年 4 月 9 日，中共中央、国务院印发《关于构建更加完善的要素市场化配置体制机制的意见》，明确提出要加快培育数据要素市场，这标志着数据与土地、资本、技术等其他要素一起，融入了我国经济价值创造体系，成为数字经济时代的基础性、战略性资源和重要生产力。2021年1月31日，中共中央办公厅、国务院办公厅印发了《建设高标准市场体系行动方案》，明确提出要加快培育发展数据要素市场，建立数据资源产权、交易流通、跨境传输和安全等基础制度和标准规范，推动数据资源开发利用。由此可见，中央高度重视并确认了数据要素的经济价值，为我国数字经济发展驶入快车道奠定了基础。

在党中央的政策引导下，各地纷纷将政策着力点放在促进数据交易流通上，并高度重视本地的大数据交易平台建设。例如，2015年，贵阳大数据交易所正式挂牌运营并完成了首批大数据交易；此后，北京、上海、深圳也探索建立了北京国际大数据交易所、上海数据交易中心和上海市大数据中心、粤港澳大湾区大数据中心等数据交易中心，依托现有交易场所陆续开展数据交易。

▶ 在发展数字经济方面，我国有以下五点突出优势

当前全球数字经济竞争日趋激烈，我国的数字经济发展仍面临着高速增长和高质量发展的双重任务与挑战。不过也要看到，我国发展数字经济也具有制度、市场、平台企业、工业体系和人力资源等多方面优势。

优越的制度

一是有助于推动我国新型基础设施建设。中国的制度优势使政府能够在数字基础设施的建设上大有作为。新型基础设施建设具有规模大、涉及产业广、所需投资大等特点，高昂的建设成本必然需要企业和民间资本的参与和支持。我国独有的集中力量办大事的制度优势，有助于组织好各类资本力量参与新型基础设施建设，这为数字经济生态体系的发展完善奠定了基础，具有重大的现实意义和战略意义。

二是有助于形成包容宽松的政策法规体系。当前，政府、企业、民众

对发展数字经济的认识进一步得到统一，中央到地方自上而下的政策部署为数字经济发展营造了良好的政策环境，助力数字经济新产业、新业态和新模式蕴藏的巨大潜力和强大动能不断释放。中国政府对数字经济一直持包容宽松的监管态度，并在国家战略高度重视发展数字经济。近年来，推进"上云用数赋智"行动、数字化转型伙伴行动（2020）等政策行动相继推出，我国发展数字经济的制度优势日益凸显。

广阔的市场

一是市场规模优势。数字经济的典型特征是网络外部性，市场规模越大，越有利于海量数据的产生，也就越有利于数字经济发展。我国拥有14亿人口所形成的强大内需市场，网民规模巨大，截至2020年12月，我国网民规模达9.89亿，互联网普及率已经达到70.4%。强大的国内市场更有利于数字经济充分发挥降低市场交易成本和协调成本的能力，也将使得市场效率得到有效提升。

二是消费群体优势。我国数字消费者数量庞大，各种数字应用渗透率都位于世界前列。庞大的消费者群体使得消费者的个性化需求得以满足，促使各个数字经济企业不断开辟新场景新产品，以满足消费者独特且多变的需求。当前，越来越多的中国互联网公司开始采用独特的生态战略，实现线上线下全场景打通，强化与消费者的沟通，通过社会化方式完成更多新产品新服务的生产和提供。

三是消费变革优势。当前，我国消费升级趋势强劲，不仅为数字经济发展提供了多样化的应用场景，也有助于降低企业创新创业的试错成本。在数字经济相关的大数据、人工智能等领域，数字经济能够依托海量数字消费者实现快速发展。此外，中国仍有部分产业的成熟度较低，人民日益增长的美好生活需要难以被传统行业满足。未来，数字经济将提供更具创造性的解决方案，直击消费者痛点，有望实现跨越式发展。

领先的平台企业

一是市场主体优势。近年来，中国在电子商务、移动支付、共享经济等数字经济核心领域已经培养出了一大批走在世界前列的数字平台企业，在这些龙头企业的带动引领下，一批中小企业得以集聚，同时，在市场和政府的共同推动下，以人才、金融、新型基础设施、制度等多要素为支撑，形成了一个大的数字产业生态，为传统产业转型升级带来积极影响。此外，全球领先的龙头企业能够充分发挥国际话语权优势，深化对外经贸合作与技术交流，通过参与电子商务、移动支付、数字内容等领域的国际规则制定，为更多中国数字经济企业"走出去"奠定良好的规则基础。

二是协调配置优势。在数字经济时代，我国的互联网平台正逐渐成为协调和配置资源的基本经济组织，成为推动我国经济发展的重要加速器。众多平台企业通过打造共创共赢的生态系统，推动整个社会数字化转型，为中小微企业提供可负担的、世界级的数字基础设施，促使更多资源实现高效集聚，从而让整个社会的信息成本大幅度下降，让更大范围的协同合作成为可能。一方面，数字经济能够依托平台的组织减少信息不对称性，避免生产要素多余投入或闲置造成的浪费；另一方面，互联网平台能够通过技术和模式创新打破各类要素投入生产的时间和空间约束，扩大生产要素的资源供给。

完整的工业体系

一是产业优势。我国已成为制造业大国，是全球唯一拥有联合国产业分类中所列全部工业门类的国家，拥有世界上最完备的工业体系，在工业互联网快速发展的今天，这将为数字经济的发展带来更多红利。例如，借助完整产业链的优势，可以打造完善的供应链体系，从而为各个产业中数字技术的更新迭代及应用实验提供便利和成本优势。

二是技术优势。信息技术的持续迭代为数字经济增长增添了全新活力，近年来，我国在 5G 通信、人工智能、量子计算、物联网、区块链、大数据等信息技术优势领域持续形成突破，并加快推进产业化应用，为数字经济的蓬勃发展提供了强大支撑。与此同时，数字技术突破和融合发展的赋能成效正在快速呈现，"创新红利"持续释放，有力地实现了对传统经济的渗透补充，并推动传统经济转型升级。

三是后发优势。总体来看，我国产业数字化转型仍处于起步期，传统产业数字化水平还有待提高。与此同时，数字经济在不同区域间发展不平衡的问题日益凸显，偏远落后地区、农村地区还有大量的数字化需求未能满足。我国数字化发展潜力巨大，有利于加快培育数字经济新增长点，形成数字经济新动能。此外，我国经济体系建设中仍存在一些不完善的因素，较国际先进水平有一定差距，这反而使得我国在数字经济发展中没有历史包袱，能够具有后发优势。典型的例子就是移动支付在中国的快速崛起。正是由于中国没有欧美那样发达便捷的信用卡支付体系，移动支付反而在中国异军突起。中国不必完全遵循西方国家数字化、网络化、智能化的顺序发展路径，可以充分发挥后发优势，实现并联式跨越式发展，推动产业技术革命，打造中国"智能制造"新模式。

丰富的人力资源

一是人才质量不断优化。随着人才强国战略的深入实施，我国教育体系日益优化，科技创新人才队伍建设取得积极进展。近年来，我国人才优势不断积累，"劳动力红利"逐步向"工程师红利"转化，为数字经济的高质量发展奠定了雄厚的智力资本。此外，我国人才整体素质不断提高，人才规模不断扩大，人才流动持续加快，人才队伍构成更加多元化，政府对各类人才服务、支持和管理的力度也进一步加大，这都为数字经济发展提供了有力保障。

二是人才吸引力逐步增强。当前，我国数字经济规模占国内生产总值比重近四成，其增速远远超出国内生产总值增速，在国民经济中的地位举足轻重，数字经济正在成为驱动经济增长、吸纳就业的新引擎。与此同时，我国还积极营造有利于人才成长的外部环境，提供研究经费、个人税收、签证、户口、子女教育等优惠便利条件。从全球人才转移趋势上来看，来华工作的国际人才日益增多，为提升我国数字经济国际竞争力奠定了基础。

中国人民大学经济学院博士研究生武玙璠对本文亦有贡献。

参考文献

［1］中国信息通信研究院.中国数字经济发展白皮书（2021）[R].(2021-04).

［2］中国互联网络信息中心.第47次中国互联网络发展状况统计报告[R].(2021-02-03).

推进数字经济新发展面临的主要问题及对策

杨仁发

安徽大学经济学院、创新发展战略研究院教授

近年来,党中央、国务院高度重视数字经济发展,作出了一系列重大部署。2021年3月发布的《中华人民共和国国民经济和社会发展第十四个五年规划和2035年远景目标纲要》设立"加快数字化发展 建设数字中国"专篇,明确提出"打造数字经济新优势",这为我国数字经济未来发展指明方向和任务。在这一背景下,亟须分析新时期我国数字经济发展面临的主要问题,进而提出推进数字经济新发展的对策建议。

▶ 我国数字经济发展面临的主要问题

近年来,我国数字经济创新创业活跃,数字经济发展呈现高速增长。中国信息通信研究院发布的《中国数字经济发展白皮书(2021)》显示,2020年我国数字经济规模达到392000亿元,占国内生产总值的比重为38.6%,实现9.7%的高速增长,与"十二五"末期相比,数字经济规模翻

了一番，总量仅次于美国，增长速度位居世界前列。我国数字经济的发展，在增强经济发展韧性、助推经济高质量发展方面取得显著成效，但是也存在一些短板与不足，这是在新发展阶段需要着力解决的问题。

关键数字技术基础研究较弱

目前，我国数字技术应用较为广泛，但在核心技术基础研究方面短板突出，数字经济核心技术和关键领域面临"卡脖子"问题。2019年，经工信部梳理发现，我国高端芯片、工业控制软件、核心元器件、基本算法等300多项与数字产业相关的关键技术仍然受制于人，核心关键技术对外依存度高，导致我国企业更多注重商业模式创新，产品与服务创新较弱，制约了我国数字技术的产业化应用和推广。中国信息通信研究院发布的《2020数字中国产业发展报告（信息通信产业篇）》指出，我国信息通信产业领域基础技术产业体系薄弱，高附加值环节"卡脖子"问题凸显，仍未根本改变核心技术受制的局面，在生产效率、创新能力、高端供给等方面依然存在较大差距。

数字经济融合渗透深度不够

目前，我国各领域数字经济应用存在差异，三次产业融合程度的差异更为明显，数字经济已经渗透服务业消费与流通领域，高于工业和农业领域，但与世界发达国家相比较，我国数字经济融合渗透深度还不够。据中国信息通信研究院发布的《全球数字经济新图景（2020年）》报告，2019年，我国农业、工业、服务业数字经济渗透率分别为8.2%、19.5%和37.8%，融合渗透程度相对靠前。然而，农业数字经济渗透方面，我国的8.2%与英国的27.5%和德国的23.1%相差较大；工业数字经济渗透方面，我国的19.5%与德国的45.3%和英国的32.0%同样相距较大；服务业数字经济渗透方面，我国的37.8%与英国的58.1%和德国的60.4%相比仍有一定的差距。

数字经济发展的区域不平衡

目前，我国区域数字经济发展路径出现同质化现象，区域间对关键资源的争夺加剧了数字经济发展的不平衡。数字经济发展仍然没有打破"胡焕庸线"，从东部沿海向西部地区逐渐降低。《2020年中国数字经济发展指数（DEDI）》报告显示，广东数字经济发展总指数为65.3，位居全国第一，北京、江苏的总指数分别为55.0、52.2，位居全国第二、第三，而海南、吉林、宁夏、青海、西藏总指数均低于18；从数字经济企业地域分布来看，企业资源分配不均且呈现进一步集中的趋势，主要分布在北京、广东、上海、浙江和江苏。2020年，广东、江苏等13个省市数字经济规模超过10000亿，北京、上海数字经济占生产总值比重分别为55.9%和55.1%，位居全国第一、第二，天津、广东、浙江等8省市超过40%；贵州、福建和重庆数字经济增速超过15%，青海、甘肃等的数字经济增速则在5%左右。

数字领域中高级人力资本不足

数字经济融合新技术与新产业，数字技术更新迭代较快、专业性较强，使得数字经济发展对人力资本的需求从"量"向"质"转变，对人力资本的专业性、复合性和实用性水平的要求较高，同时还需具备全局视角、战略思维、深度分析能力以及敏锐的市场洞察力，由此导致数字人才特别是高端数字人才供应不足。例如，《2019年互联网人才产业发展报告》显示，2019年互联网产业整体人才供不应求，第三季度在互联网产业8个子行业中有7个的中国就业市场景气指数（CIER）大于1；再如，全球具有人工智能研究方向的高校共有367所，而我国不到30所，培养的人才数量远不能满足数字企业用人需求。

数字经济发展制度体系不完备

目前，作为数字经济治理体系重要组成的制度建设相对缺乏以及监管理念相对落后，这就使得数字经济发展中出现一些问题。例如，企业和个人获取公共数据的渠道不畅，政企数据共享权责边界模糊，数据安全监管体系不足，这将影响企业和用户对数字经济相关产业发展的支持。由于数字经济企业间采用不同的业务框架和系统，使得数据联通、整合与共享不足，导致出现较为严重的"数据孤岛"现象，例如，《广东省"数字政府"建设总体规划（2018—2020年）》显示，广东存在37个网络孤岛、44个机房孤岛、超过4000类数据孤岛。另外，我国数字领域的法律法规不完善，不利于我国数字经济企业的国际化发展，我国在制定数字经济国际规则中话语权较弱。

▶▶ 推进数字经济新发展的对策建议

强化数字经济协同发展顶层设计

数字经济是一项系统工程，包括产业生态、数据要素、技术创新、平台企业创新制度等多方面内容，因此，应加强顶层设计，推进数字经济协同发展。例如，结合京津冀协同发展、长三角一体化、粤港澳大湾区等国家重大区域发展规划，支持京津冀地区、长三角地区、珠江三角洲等区域打造数字经济发展高地；统筹布局人工智能、大数据、区块链、云计算、网络安全等新兴数字经济产业，建设数字经济新兴产业集聚区；支持探索立足地方产业基础、彰显区域特色优势的数字经济发展试点。

加大基础研究和关键数字技术创新投入

持续加大数字领域的研发投入，采取提高研发费用税前加计扣除比例等多项政策措施，推动以高校、科研院所为核心的产学研合作，集中攻关，补齐基础研究短板，开展核心技术、非对称技术、颠覆性技术等战略性前沿技术攻关，在量子计算、超导芯片、区块链等领域关键核心技术实现重大突破，推动关键共性技术攻关研究。同时，加强数字技术国际合作投入，探索与具有重要影响力的科研机构和跨国公司共建数字经济国际联合实验室、国际技术转移中心、国际科技合作基地；鼓励数字经济龙头企业跨境合作，构建海外研发中心，吸引全球高端生产要素和人力资本。

推进数字技术与实体经济深度融合

充分利用我国数字经济规模优势，推动数字技术与实体经济的深度融合，推动三次产业数字化转型升级。大力实施数字产业化和产业数字化"双轮驱动"，以市场需求为导向，采取多种措施加快提高数字技术与服务业、制造业、农业的交叉跨界融合广度与深度，打造一批拓展产业边界、面向不同应用场景的新模式与新业态。深度推进数字技术与制造业融合，全面实施"数字技术＋先进制造""大数据＋产业集群"等战略规划，支持传统制造企业向网络化、数字化、智能化转型升级，实现数字技术在生产制造环节的融合应用。依托数字产品和数字服务，延伸服务业产业链，纵深推进工业设计、金融服务、现代物流、供应链管理等生产性服务业数字化转型；加强物联网、云计算、区块链、人工智能等与生活性服务业线上线下的深度融合。探索数字农业发展模式，拓展数字经济在农业中的运用，推广数字化农业技术，重塑农村传统生产模式和经营模式。

促进数字经济区域特色化发展

根据目前我国数字经济发展的区域、城乡之间的不平衡的现状，推进数字经济领先区域的发展经验与模式向落后区域辐射，强化区域数字经济产业对接和平台建设，带动落后地区共享"数字红利"。加大对中西部落后地区 5G 基站、大数据中心等新一代信息通信网络基础设施，为数字经济发展奠定基础。支持各区域基于优势产业，立足发展区域特色数字经济产业，优化数字产业化产业数字化区域布局，延伸区域特色的数字经济产业链，打造具有区域特色的数字经济产业，形成区域特色明显的数字经济产业集群。

加强数字经济领域复合型人才培养

支持高校科研院所围绕数字经济领域基础研究、技术创新等设置新兴专业，增加云计算、人工智能等数字人才培养规模，加强数字经济领域前沿科学型和专业型人才培养。采取数字经济专业站等多种形式支持重点企业参与数字经济领域人才培养，深化政企学跨界整合，提高应用型和实践型人才培养质量，强化数字经济领域应用型人才供给。完善创新数字经济领域人才评价机制与激励机制，着力打造一批基础理论功底深厚、研发技术高、应用能力强的数字经济复合型领军人才和骨干人才，为数字经济发展提供智力保障。

建立高质量的数字经济治理体系

加快数字技术标准建设，制定数字领域新技术与数据格式、互联网平台架构等标准，推进数据资源流通标准建设，重点发挥领军型数字企业在数字技术标准建设中的作用，积极参与数字经济领域国际技术标准工作。深化数字经济领域"放管服"改革，完善政府协同，推动跨区域、跨部门、跨层级、跨行业的协同联动数据治理机制，制定促进数据要素市场化交易制度，探索符合数字经济发展趋势的监管制度，实现数字经济的多方协同创新。尽快出台大数据安全保障、在线消费者保护等数字经济相关法律法规，建立权责明确、保护有效的法律体系。

参考文献

［1］刘淑春. 中国数字经济高质量发展的靶向路径与政策供给[J]. 经济学家,2019(06):52-61.

［2］郭晗. 数字经济与实体经济融合促进高质量发展的路径[J]. 西安财经大学学报,2020,33(02):20-24.

［3］李晓华."十四五"时期数字经济发展趋势、问题与政策建议[J]. 人民论坛,2021(01):12-15.

"政府+平台"双主体实现数字经济有效监管

李卫东

北京交通大学经济管理学院教授、北京交通大学中国城镇化研究中心主任

    数字经济为经济社会发展带来新动能,逐渐成为一种重要的经济形态。随着云计算、大数据、物联网等新一代信息通信技术的迅猛发展与迭代更新,数字经济迎来了新的发展契机,数字经济产业得到了进一步发展。在新冠肺炎疫情防控工作中,数字经济的优势更加彰显,其不仅克服了疫情对我国国民经济带来的不利影响,成为疫情防控期间推进我国经济发展的巨大动力,同时也调整优化了我国产业结构,确保疫情防控期间就业稳定。另外,随着疫情逐渐平稳,我国经济迅速复苏发展离不开数字经济这一强劲动力,数字经济将成为推动我国经济发展的必然选择。

    数字经济的持续健康发展离不开有效的政府监管。随着数字经济高速发展,各行业各领域都积极向数字化转型,与此同时,如网络安全、产权保护等问题也逐渐显露,对于这些问题,传统的数字经济监管体系难以实

现有效的监管和治理。因此，需要建立并完善相关治理体系，实现对数字经济的有效治理和监管，保障数字经济的发展活力与秩序。

▶ 数字经济监管面临一系列难题与挑战

纵向和横向的快速产业分化，形成了庞大的数字经济业态群落。集成电路、半导体、大数据、物联网、云计算等动力产业，智能终端、社交网络、数字内容、智能制造等先导产业，未来智能网络、卫星网络、移动通信网络等关键基础设施产业，都是数字经济产业体系的重要组成部分。"十四五"时期，我国数字经济将得到持续健康发展，新型数字消费、数字生产、制造业服务业数字化融合、数字化网链、数字化产业生态、数字化资源配置等也都将随之快速发展。

由于我国数字经济产业正处于上升阶段，在发展过程中还存在很多不确定性，面临的问题也极具复杂性，加之数字经济发展速度快、行业跨度广，数字人才不足，都为我国数字经济的有效监管带来一系列难题和挑战。

▶ 数字经济有效监管的重点

数字经济有效监管的重点在于构建创新性、实时性的监管体系。随着数字经济发展，数字化商业模式引发的用户隐私保护、数据安全、网络空间安全等诸多新的监管问题尚无有效的政策应对，同时，数字经济平台存在大量的数字经济活动，具有强烈的不确定性，迫切需要创新监管政策，构建包括技术、经济、行政等多种手段的综合性监管体系。

数字经济监管的初衷是以积极有效的制度和政策安排，推动数字经济产业结构优化升级，加快突破关键核心技术，使数字技术展现新活力。当前，各个产业的数字化转型对数字经济监管提出新要求。信息技术和数字技术的高速发展是我国数字经济得以快速发展的前提，要努力把握技术快速迭代的新机遇，扬长补短，发挥政策优势，建立有效的数字经济监管体系，推动我国数字经济的持续健康发展。

数字经济有效监管的难点

当下，产业转型步伐虽然不断加快，却仍缺乏系统的产业发展规划，而且，数字经济产业中也存在垄断现象，不利于消费者权益保护。产业转型升级需要经济监管水平的相应提升，但是政策制定及其效应的发挥都会存在一定程度的滞后性。综上可知，仅仅依靠传统的监管理论和治理方式，很难实现数字经济有效监管，也难以确保数字经济监管的及时性与动态性。

另外，数字经济具有信息交流速度快、各模块间融合性强、影响程度大等特点，数字经济中的风险经常会被快速扩大与传播，引发公共风险和公共恐慌，进而可能导致整个数字经济产业出现危机。同时，加入数字经济平台的主体越多，带来的网络经济效应越明显，风险不确定性也越大，数字经济监管体系面临的挑战也就越大。

数字经济产业还具有技术革新速度快、商业模式变化快的特点，越来越多的新技术、新产业以及新商业模式不断涌现，这些创新增加了数字经济市场的动态性和不确定性，进一步加大了数字经济有效监管的难度。传统的数字经济监管体系不适用于快速迭代创新的动态性产业，因此需要根据数字经济的特点建立一套行之有效的监管体系。

实现数字经济有效监管的建议

把握时代机遇，完善数字经济平台治理体系建设。数字经济平台拥有大量交易信息，在推动数字技术创新发展方面发挥着积极作用。因此，可以通过完善数字经济平台治理体系建设，提高交易信息的安全性与隐私性，这也是数字经济平台所独具的优势。例如，可以通过制定平台准入规则以及相关规范，对违规违约行为进行处罚，在保障交易公平和效率的同时，实现对数字经济的有效监管。同时，也要对不断出现的新技术、新模式采用积极有效的监管举措，保障我国数字经济持续健康发展。

建立健全政策体系，以政策创新推动数字经济发展。在新冠肺炎疫情防控工作中，数字经济表现出巨大潜力。但同时也需要加强对个人信息的保护，以免机密性与隐私性数据泄露。例如，通过小程序扫码，可以实时追踪人员健康信息，这既体现出数字治理的优势，但同时也存在着数据泄露的可能，对个人隐私产生威胁。因此，在数字经济高速发展时，也要注意潜在威胁。通过健全相关法律法规，完善适应数字经济产业发展的体制机制，以增强数字经济监管的程序性和规范性为重点，恪守我国数字安全底线，以法治建设助推我国数字经济发展，为我国数字经济的持续健康发展提供政策和制度保障。另外，政府也可以出台相应扶持政策，对一些重点项目加大投资，在推动数字经济产业核心企业稳健发展的同时，扶持中小微企业，促进数字经济产业的全面发展、健康成长。

推进政府监管数字化，简化监管流程，提高监管效率。政府监管的数字化转型不仅可以推进政府治理现代化，而且可以简化工作流程、提高政府工作效率。当下，大数据等新一代信息技术高速发展、数据资源日益丰富，基于此，建立数据、信息、协作、平台和安全五要素联动的协同运行机制，可以进一步推动新技术融入数字经济监管体系，提高政府部门的数字化治理水平及其监管能力。另外，政府要充分发挥市场对数字经济产业的调节作用，运用市场化手段推动数字经济产业的发展，通过大力发展科技金融，积极运用财政资源、价格杠杆、税收手段等多种渠道支持数字经济产业发展。

尽快构建多元共治的监管体系，形成协同监管、共同治理的新格局。一方面，政府要充分发挥自身优势，有效统筹、协调和引导第三方组织、企业等数字经济参与主体，激发各主体参与意识，构建多元协同共治的数字经济监管体系。要杜绝数字经济企业产生垄断等不道德甚至违法行为，树立企业的责任意识，充分发挥数字技术的积极作用，共同维护经济社会稳定。另一方面，要努力建立"政府＋平台"双中心的监管体系。传统的数字经济监管体系以政府为主体，却忽略了数字经济平台的作用。其实，数字经济平台可以通过完善相关规则，确保平台不同用户和不同主体之间的交易建立在信任基础上，同时平台拥有独特的信息优势，能克服传统政府监管单一主体所无法克服的监管信息缺乏和监管工具不充分的制度劣势。所以，数字经济监管需要由政府单一中心转向"政府＋平台"的双中心主体结构，形成与数字经济动态性、不确定性相适应的监管体制。

北京交通大学经济管理学院李记升对本文亦有贡献。

第五章
数产融合发展　打造经济优势

　　数字经济和实体经济深度融合是促进我国经济高质量发展、构建国内国际双循环相互促进的新发展格局的必然要求。二者融合发展本质上是指数字技术与实体产业的融合。只有进一步明晰数产融合发展的基本逻辑，准确把握数产融合发展过程中存在的瓶颈和挑战，才能实现数字产业化与产业数字化两个维度的携手并进。

迈向数字经济新时代的路径选择

曹和平

北京大学经济学院教授

在最一般意义上，数字经济是继农业经济（依靠人和动物的体力，对太阳、土地及自然资源的再生能力进行初级整合式生产）、工业经济（依靠化石能源和机械动力，在车间内进行精细化复杂批量生产）之后，人类向数字技术支持下的联网智能智慧经济（依靠人和联网资源的组合动力，在"空—天—地"一体化半径内，在"宇观—宏观—微观"绵密空间内进行生产）并向更高业态迈进的第三次经济革命。

▶ 数字经济孕育于大车间生产植入数字联网，带来新的生产方式和生活方式大车间经济植入数字联网

20世纪80年代以后，微机主导的初级智能机器在不到20年的时间里几乎进入了传统车间生产的各个工艺环节。随着"人—机"主体优化车间上下道工艺顺序带来成本节约和效率增加，车间和车间、车间和总部，甚

至总部和总部之间的信息传输通量和效能大大增加了。当时，人们称这种新生产方式的特征为自动化或信息化生产。

当时，过度关注车间经济向自动化和信息化过渡的学者们没有注意到，"大车间—流水线—模块化"生产不是一个新时代的到来，而是往生向一个新时代的短暂中间环节。20世纪超大企业的形成，微软、戴尔、甲骨文、思科、松下、索尼、三星、联想、方正、联发科、台积电、富士康等都是大车间制造时代的辉煌成名者，也是迈向一个全新经济时代的生产方式献祭者。

这些企业集团，也是一个个从时代引领者走向常态单元化经营的生产者，其日常运营模式逐渐积淀集聚到核心，形成了极为复杂的治理结构。巨大的车间生产方式积淀日益深入地改变着人们的生活方式。谁能完成"惊险的一跃"，满足将要占引世界主流生活方式的新消费者群体，跳上新时代核心企业的台阶呢？

随着"大车间—自动化—长流水线"生产向"信息化—短流水线—模块化"生产方式的变化，20世纪的超大企业集团进入21世纪后表现出了某种程度上的不适应。一个典型的观察事实，是大车间时代的制造经济，沿着其上下道工序顺序两两整合完备后，在车间生产的终端派生出了物流和采购（Logistic and Purchasing）、供应链管理（Supply-chain Management）和整合信息技术（Integrated Solution Technology）三个相对独立的业态环节。原来异常繁复的专业性车间工艺顺序及技艺，变成了行业常识；老八级工师傅带高徒的百年制度"敷设"，被无形的通用资源数字管理网格替代了。上述三个相对独立的生产环节，将车间内上百个甚至数百个生产环节变为一个"黑箱"，不仅车间和车间，连厂商自己在更大的全球供应链网络上，也变成了与另一个厂商联结的"黑箱"。

以电脑生产方式为例，厂商和商场之间，在全球范围内形成了一个巨大的生产网络。网络和网络之间，将原来数百万个甚至数千万个生产实体编制成一个个纵向整合和横向整合的网络网格。生产网络变得绵密化了，信息通量变得海量、天量化了。在网络网格运营管理意义上，信息的反馈速度比任何时候都变得更为重要，低时延成为共享信息的标准配备。共享的观察性特征具有了经济效益提高的经济学含义。

在数码联结、物流配送及整合信息技术加持下，厂商总部和总部集聚的产业园区，甚至跨区跨境的园区和园区之间，在出口加工区、经济开发区、物流园区、产业园区和自由贸易港口之间的业务联系，因车间后三个相对独立的业态环节连接在了一起。"连接—联结"的重要性甚至成了技术突破上的形而上学高端问题。

▶ 生产方式的改变也在相应改变着人们的生活方式

与此同时，经济观察家还惊讶地发现，生产方式变化后，人们的生活方式也变了。在 20 世纪 80 年代，车间制成品还是只有少数发达国家，以及少数发展中国家大城市的消费者才能分享得到的"奢侈品"。手表、家电、汽车、家纺、电脑、终端等主流生活用品和办公用品，对全世界绝大多数人口来说，多是可望而不可即的技术贵族物。

短短几十年间，那些昔日的工业技术"奢侈品"，纷纷"飞入寻常百姓家"了。当电脑、流水线和高速自动化技术注入流水线后，产品几乎可以超越全球人口规模地大批量制造。高效信息处理技术和数据分析，使世界各地的消费者需求，比以往任何时候都更为快捷地反馈到车间制造者的手边。投资潮涌式地迭进，消费排浪式地扑来，类似于"伦敦—巴黎—纽约"城市聚类的新城市在世界范围层出不穷。

▶ 数字经济三议：数字替代经济、数字创造经济及数字外部性公共品数字替代经济和数字创造经济

数字经济有两个方面的观察特征：一是数字替代经济（The Economies

of Digital Substitution）。这是制造经济向数字经济萌生过渡时期的特征。比如，数码照相技术出现后，传统三维物质的胶卷感光材料被数码相机中的"感光—电磁脉冲"过程转换成数码单元。照相、成像、修像、复制及获取图形的实体物质材料被替代。再比如，自然人在传统机床上同时操控两个以上方向的切削过程几乎不可能，但一个五轴联动的数控车床非常轻易地就能解决同类问题。这其中，一个具有多维传感、数据捕获输入、预设零部件图形比对、流程环节多维方向瞬时联动的，与传统车床截然不同的新数据生产过程，并行在原来的基础之上，非常高效精准地替代了原来的车削过程。

二是数字创造经济（The Economies of Digital Creation）。还以数码照相为例，当数字成像技术应用范围扩大时，巨量的电磁数码图形图像传输、编辑、制作以及动态再造，引发数码传输通道高速化需求，超出单个企业的设施传输能力。因此，整体经济范围的地下光纤互联网和地表蜂窝移动互联网通过地面关口站"超网"联结，信息通道增容及元器件单元传递通量升级变得非常必要。

对应在消费领域，类似于阿里巴巴、腾讯和头条等的第三方消费平台，替代了传统百货商场，网络预售、支付账户绑定、预付许可、路由器超高频支付、小微灵动物流中介产生，中央顶层账户系统结算以及具有价值凝聚颗粒的大数据赋值根服务器涌现。这是大车间制造经济概念所不包含的新经济成分。

▶ 数字经济的正外部性及数字公共品性质

这些数字技术成分，更多依赖的是知识和流程成分，其突破往往是积累式的、团队式的和实验室式的，都依赖公共投资。其形成的产品，也具有公共品性质，往往具有外部性，可以为大众所分享。

与"信息化—流水线—模块化"生产模式显著提高生产效率、产生巨量的商业制成品相比，更重要的是，这种生产模式内置了一种只有形而上学思考能力的学者才谙悟的物理学意义上的"场（field）—资源"，比如通过数字技术形成的联网。这种联网类似于电磁学中的"场"产生的效应，既是弥漫性的又是点滴绵密的；在经济学当中，经济人可以分享这种"场"效应，而且它的边际报酬不递减，边际成本不递增。这是一种堪比人文神话故事当中一种"取之不竭，用之不尽"的神奇资源。

还是拿微机和电脑的广泛使用来说，微型电脑类新机器大量使用，不仅替代和放大了人的脑力劳动，而且还以数字替代技术为始发点，衍生出了与替代技术完全不同的数字创造技术，对应的经济业态形式也发生了基本特征上的变化。我们称这种新的经济形式为数字经济：数字经济是指厂商不以三维物质材料，而以数码材料为对象来加工、生产、交换和消费形成的均衡收敛过程及其资源配置关系的总和。

▶ 迈向数字经济时代的路径选择和对策建议

数字替代经济和数字创造经济的定义是"种加属差"性质的，有点像动植物学上的分类概念。但是，前辈科学家对动植物进行分类的时候，地球上的动植物类别已经有足够的规模和繁多的种类了。数字经济仅仅孕育于大车间制造的数字化过程，"种加属差"的定义显然不合适，我们必须回到广义的形而上学意义上讨论：广义数字经济概念。

▶ 广义数字经济：迈向数字经济的时代路径选择

第二次世界大战以后，经济学家科林·克拉克（1905—1989年）和西蒙·库兹涅茨（1901—1985年）关于国民经济体系第一（农业）、第二（工业）、第三（服务业）产业的划分及其百分比构成的国民经济体系成长阶段论思想获得了世界性认同。对应的路径展开原理是不断调整政策性组合以促进第一、二、三产业的构成变化：让农业比重先行下降，第二、第三产业顺次增加，同时让服务业最终占有更高比例。

人类经济在 20 世纪的物理结构异常"单薄"。直到今天，经济活动的范围是个沿地表向下深不过数千米，向上高不过数万米的环状圈层空间。20 世纪的大车间经济，与地表之外的临空和深空空间，地表之内的深地空间相比，本质上是一个"球表面经济"。数字技术在世界范围的四十年拼图正在接近完成，突破这一经济薄层的技术基础，使得人们建构一种全新的经济形式不仅变得可能而且变得可行。

数字经济的阶段性展开路径机理可以这样来理解：在数字替代和数字创造二合一的意义上，数字经济不再是大车间制造经济如影随形般的因成本节约优势而出现的数字孪生（Digital Twin）式的替代式生产，而是更进一步，基于产业替代积累之后新增的经济人之间数据生成传输的需要，在始发数据凝聚区块，在人类有限但较高智慧导引下，生成动态数据"干—支"线区块链及网络网格，使万物在智能互联基础上，向"中枢—外围"拓扑互动的智慧互联、价值互联甚至美学互联等超大智能智慧网联体过渡。

▶ 我国打造数字经济新优势的对策性建议

数字经济标志着一个全新经济时代的到来。如何打造我国数字经济新优势？我们的对策性建议有 4 条。

第一，尽快完善数字经济外部性急需的数字基础设施三个群落的建设。数字基础设施第一个群落群包括数字化升级后的"公（公路）—铁（铁路）—高（高速）—高（高铁）—港（港口）—桥（桥梁）—涵（涵洞）—隧（隧道）"八大传统经济基础设施单元；第二个群落包括"网（地下光纤互联）—网（地表移动蜂窝互联）—网（星际互联）—星（授时坐标星座）—通（通信星宿）—导（导航星垣）—定（定位星河）—遥（遥感星城）—器（临空和平流层浮空、游空及滞空飞行器群）—关（地面枢纽关口站）—站（基站和微基站）"11个单元形成的"空—天—地"一体化数字传输的基础设施；第三个群包括"元（理念）—团（超一流团队）—晶（材料重构）—芯（芯片设计）—刻（实验室模夹板具）—封（工业级批量）—开（开源源代码）—源（开源操作系统）—中（中间品市场）—市（大市场）"10个单元形成的数字创造基础设施。数字基础设施的绵密性、低时延和高通量以及数字创造和智能终端的使用，更加惠及经济和人的生活，也更容易形成中介性总部经济集聚。

第二，尽快建设能够有效对接数字基础设施三个群落，又能与地方产业数字化政策指引下的各类园区有效融合的独立数字产业功能综合体。数字产业功能综合体包含七大基础单元：数字商业根服务器大楼、智慧搜索引擎大厦、数字中央顶层账户系统大楼、流量资产大楼、边缘算力数据大厦、数字机器人流程自动化（Robotic Process Automation，RPA）智造大厦和中介托管大厦。这些基础单元就像人体的五脏六腑，可使我国地方中心城市和国家超大城市国民经济体系健康运行。

第三，在全国选点建设具有地方、国家和全球影响力的科技创新中心。科技创新中心孵化赋能先进的产业集群，先进产业集群催生世界性城市形成，世界性城市群托举世纪大国崛起。未来智慧城市的主要经济构成要素，将随着科技创新带动产业升级再造，并逐渐全面覆盖社会的方方面面。这将是一场势不可挡的经济模式革命。

第四，建设第三方开源机制平台，锤炼最为广义的前沿科技人才，是打造数字经济新优势的前提条件。第三方开源机制平台是数字技术支持下的互联网规模逼近人类经济规模边界时，网资源由人的外生力量主导蘖生向网内生主导，人在其中经营逻辑的"生命蘖生之树"。第三方开源机制平台建立在存量互联网基础之上，能有效引导科技人才在存量基础上去寻求前沿科技突破，这就非常有可能使人类经济超越工业信息化经济，上升到数字智慧经济时代。因此，率先建设第三方开源机制平台是形成数字经济发展新优势的核心战略。同时，还要不断完善人才评价体系，采用定性与定量多种评估方式对前沿科技人才进行评价，为科技创新构建良好环境。

深圳市湾区数字经济与科技研究院科研助理傅晓媛对本文亦有贡献。

参考文献

［1］曹和平,何霞,李英,等.数字基础设施的建设内涵及标准体系[J].经济导刊,2020(04):64-68.

推动数产深度融合　助力经济高质量发展

贺建风

华南理工大学经济与金融学院教授

党的十九届五中全会提出，"发展数字经济，推进数字产业化和产业数字化，推动数字经济和实体经济深度融合"。发展数字经济是新时代我国经济新动能的主要发力点，其关键在于推动数字经济和实体经济深度融合发展；同时，实现数字经济和实体经济深度融合是促进我国经济高质量发展、构建国内国际双循环相互促进的新发展格局的必然要求。数字经济与实体经济融合发展主要表现为数字产业化与产业数字化两个维度的途径，二者的融合发展本质上是指数字技术与实体产业的融合，即数字经济在自身产业化的同时还要与实体经济相融合，保障数字产业与实体产业携手并进，助力经济高质量发展。

当前，我国数字经济虽发展迅速，但仍处于发展初期阶段，数字产业化与产业数字化融合发展道路上仍然存在诸多问题，较为突出的是数字经济顶层设计统筹能力偏弱、数字经济发展的营商环境不够完善、数产复合型人才较为缺乏、核心技术攻关力度不足等，进而导致区域间数产发展同质化、概念化等问题频现。因此，需进一步明晰数产融合发展的基本逻辑，准确把握住当前我国数产融合发展过程中存在的瓶颈和挑战。

▶▶ "数"与"产"之间融合发展的逻辑联系

数产融合发展主要包括数字产业化和产业数字化两个方面：数字产业化，即通过利用数字技术和信息化手段，将数据、知识以及信息转化为生产要素，并产生新的产品、服务甚至是产业，如电子信息制造业、信息通信业、软件服务业、互联网业等；产业数字化，具体是指现有的传统产业通过借助数字技术，提高其生产效率。近年来，我国数字经济稳步发展，数字经济与实体经济的融合得以持续推进，一方面数字经济逐渐产业化，推动产业结构不断升级，另一方面传统产业开始逐渐开展数字化转型，数字经济的基础支撑作用不断增强，"数"与"产"的深度融合已成为国民经济发展的重要动力与源泉。两者的深层次逻辑联系主要体现在相互依存、相互协同和相互演进三个方面，数产融合发展将协同推动我国数字经济蓬勃发展。

一是相互依存。数产之间相互依存是二者融合发展的基本前提。具体表现为两方面：其一，传统产业充分吸收新一代信息技术，借助数字技术的进步在研发、生产、管理、销售、物流等环节进行全方位、多角度、全链条的改造提升，具有改善产品质量与提高工作效率等特点。例如，在智能制造领域，通过5G、企业资源规划（ERP）以及数字工厂仿真的综合运用，助力实现柔性生产。其二，数字经济与实体产业的融合为数字经济本身发展反馈了大量的基础数据、应用场景等关键要素，反向推动数字技术实现突破性发展，促进其新理论、新硬件、新软件和新算法等方面的迭代演进。例如，制造、交通等行业数字化转型过程积累了超大场景化数据集，为提升人工智能性能提供了丰富的数据要素资源。

二是相互协同。数产之间相互协同是二者融合发展的主要表征，体现在以下方面：一方面，一些具有信息技术、网络技术基础的企业根据技术的演进，结合实际需求，将数据要素转化为商业运营中的关键产品或者服务，搭建数字化平台与网络平台，甚至聚集数字化产业集群，成为数字产业化中的新兴力量，不断推进数字产业化。另一方面，面临数字经济发展的浪潮，国有企业与非国有企业，大规模企业与中小规模企业都主动或被动地加入了数字化转型的浪潮，通过数字技术赋能传统企业，增加新的盈利模式，或者是直接打破行业壁垒，进行产业横向多元化布局，进行产业转型。

三是相互演进。数产之间相互演进是二者融合发展的未来趋势。数字产业化与产业数字化相互促进、相互协同发展的过程中，数产之间会相互刺激，量变引起质变，从而创造出新的数字技术或者新的产业。信息技术会随着算法的更新、算力的增强而不断演进，数字技术也会随着信息技术的迭代而不断创新，数字技术的不断改进会创新已有的数字产业甚至培育出新的数字产业，成为新的经济爆发点。例如，无人超市作为新一代信息技术与传统零售行业相互演进的典型案例，体现了5G、人工智能、物联网、边缘计算等一系列技术的集成演进、群体创新。另外，这些技术未来将重塑传统零售行业，彻底改变人类购物方式。

当前数产融合发展面临的瓶颈与挑战

数字规划的顶层设计有待统筹协调

一方面，各地区有关数字经济的产业发展规划同质化现象严重。随着发展数字经济的热度越来越高，各地区纷纷出台了相应的数字经济规划与措施，在数字产业化、产业数字化、数字政府、智慧城市等方面系统布局，同时配套一系列政策文件推进落实。但地区间制定的政策与规划、配套措施同质化现象明显，不具有特色化和个性化，有的甚至没有与当地的产业发展需求相结合，需要进一步优化顶层设计，在总体上统筹协调与分工协作，形成工作合力，优化资源配置。

另一方面，各地区之间数字经济发展不均衡，数产融合的基础条件差异较大。互联网平台特别是头部平台是数字经济与贸易活动中非常重要的市场主体，但头部企业大多集中于北上广深等特大型城市，其凭借地理优势、技术优势、资金优势形成了"赢者通吃"的局面。如何从顶层设计的角度来管制数字经济垄断，让更多的企业主动拥抱数字经济的发展，实现各区域数产融合的协同发展任重道远。

数字经济的营商环境有待优化

营商环境包括政务、市场、法治、人文等各个方面，直接影响着产业部门中企业主动进行数字化发展的积极性，在某种程度上决定着数字产业本身的经济活跃程度。与传统经济相比，数字经济发展特点是更加敏感，变化速度更快，对营商环境的要求更高。目前我国已在优化营商环境方面作出了诸多有益尝试，部分地区针对数字经济的发展提出了相应的优化营商环境的措施，尽可能打造高效便利的政务环境、公平公正的法治环境、利企惠企的市场环境、创新驱动的发展环境等。

但是，优化数字经济营商环境，是一项涉及经济社会各个方面与各个领域的系统工程，随着数字经济步入快速发展阶段，数据安全、隐私保护、知识产权等新问题新挑战不断涌现，法律法规体系和营商环境的优化速度跟不上数字经济发展的速度，尤其是个别地方政府仍然用旧思维在维护营商环境，没有考虑到数产融合对营商环境的新需求。如何进一步优化有利于数产融合发展的营商环境，使之成为经济发展的强劲推动力，是目前亟待解决的现实问题。

数产融合的体制机制与标准规范有待完善

我国数字经济的发展更迭速度较快，数产融合的形式愈发多样与复杂，涉及的行业部门和企业组织跨界现象普遍。部分现行经济管理部门还是站在传统产业模式的角度进行协调与监管的，通常是通过一维角度对企业进行服务与监管，跨部门的一揽子服务和协调监管仍缺乏有效的体制机制保障。在数产融合发展的情境下，现行的体制机制较容易出现缺位或错位管理的现象，体制机制运行模式的滞后已成为阻碍数产融合发展的外在因素之一。

与宏观经济管理部门相对应的是微观企业，除体制机制障碍之外，其进行数产融合时还将面临接口、技术、产品以及服务等要素的共性与个性的融通问题。有关接口、技术、产品以及服务标准规范不统一的局面是阻碍当前数产深度融合发展的重要瓶颈。对此，需要深入调研各行业进行数产融合发展面临的共性和个性问题，将共性问题的标准规范进行归一化，针对个性类的问题进行柔性化处理，进一步改进和完善与数产融合相适应的行业内和跨行业的标准规范。

数据要素的重要作用有待发挥

党的第十九届四中全会提出，"健全劳动、资本、土地、知识、技术、管理、数据等生产要素由市场评价贡献、按贡献决定报酬的机制"。2020年，《关于构建更加完善的要素市场化配置体制机制的意见》中首次将数据纳入生产要素范畴，标志着数据作为生产要素已成为数字经济时代下的关键要素。区别于以往生产要素的突出特点是，数据对其他要素资源具有乘数作用，可以放大劳动力、资本等生产要素在社会各行业价值链流转中产生的价值。

数据要素是经济长期增长的重要动力，在一定程度上决定了未来经济发展的数量与质量。当前数据要素的发展面临数据确权、自由流动、隐私安全等方面的瓶颈制约，数据要素的效率倍增作用亟待进一步发挥。在产业数字化、数字产业化的必然趋势下，要充分发挥数据这一新型生产要素对其他要素效率的倍增作用，发挥数据对经济的重要作用，培育发展数要素市场，以数据为动力源促进国民经济高质量发展。

数产复合型人才缺乏，数字核心技术有待攻关

无论是数字产业化还是产业数字化的顺利推进，均要依靠科技创新的动力，都要依赖兼具数产两方面专业技能的复合型人才。科技创新的目的是要突破核心技术，只有掌握数字领域的核心技术才能保证我国在全球数字经济发展版图上占据一席之地。我国实体经济产业基础较好，产业高技能人才众多，近年来数字技术领域也涌现了一批杰出人才，但是数产相结合的复合型人才目前较为缺乏。

另外，依托数产融合在全球数字技术版图建立起全球竞争优势是当前我国数字领域努力的方向。虽然在 5G 技术、人工智能应用、硬件制造等科技领域具备一定领先优势，但在半导体、软件等领域仍存在较大差距，数字核心技术掌握程度还远远不够。伴随数字经济高速发展，"算力时代"已经到来，算力是数产融合的关键技术，也是数字经济发展的核心动力，即便是美国等高算力国家，仍处于智能社会的起步阶段，如何将算力转换成一种新型生产力，推动人工智能、物联网、云计算等行业高质量发展成未来社会经济发展的重要问题。其中，以处理器为代表的半导体技术则是计算能力能够持续提升的关键所在，也是未来推动数字经济发展的基石。

▶ 加快数产深度融合发展的对策建议

扎实推进数产融合发展的基础设施建设与顶层设计统筹

一方面，完善的数字基础设施是数产实现深度融合发展的基本保障。当前阶段在积极推进 5G 网络、大数据技术、云计算技术、人工智能等新技

术与现有网络深度融合的基础上，要着力从现代信息网络基础设施、数字产业化应用基础设施和产业数字化改造基础条件等三个方面加强数字基础设施的建设力度。另一方面，统筹协调的数字发展规划顶层设计是数产深度融合发展的重要保障。各地在制定引导数产融合发展的顶层设计时要着重考虑当地自身产业的发展特色与发展数字经济的现实基础，要从全盘的角度以及长远的视角来制定符合当地发展实际的数产融合特色路径，避免地区内部以及地区之间存在数字经济产业同质化，促进区域高质量发展。

全面优化数产融合发展的市场环境与保障机制

有利的市场环境和健全的体制机制是数产深度融合发展的必备条件。一是更新现行的相关法律法规制度，使之与数产融合发展的导向相匹配。对于数字经济发展过程中存在的隐私泄露、网络安全等问题要加紧制定出台数据安全法、个人信息保护法，以及完善国家安全法、网络安全法、反垄断法、反不正当竞争法等相关法律法规。二是优化数产融合发展的营商环境，畅通数据要素的流通机制，坚持包容审慎监管与促进创新的管理思维逻辑。在明晰数字部门和产业部门各类市场主体的权力义务的基础上，不断完善与数产融合发展相适应的法律框架、管理体系和监督机制。三是完善数产融合发展的体制机制和相关配套保障措施。政府部门间要打破固有的行政壁垒，加强协调机制的建立，搭建有利于数产融合的体制机制新模式、新平台；同时，要用数字技术赋能政务服务，提高政府服务效率，打通政府部门之间数据壁垒，实现数据共享共治，并针对数产融合项目进行减税降负等配套保障，公开公平公正落实优惠政策，打造高效率高质量的政务环境，便利企业实现数产融合。

着力加大数产融合发展的人才投入与技术攻坚

复合型人才储备是数产融合的智力保障，核心技术攻关是数产通往融合发展之路的关键要塞。一是要通盘细化数字领域高端人才和数产复合型人才的引进政策与培养机制，将"外引"与"内培"结合。对于海外数字技术领域的高层次人才可以制定有针对性的引进方案，利用中国经济发展的优势和政策红利吸引国际化人才。对于国内的存量人才而言，坚持以"数字+产业"交叉培育为主，培养一批适应数产融合发展的复合型人才，人才政策需要统筹协调，各区域之间应避免人才恶性竞争现象的出现。二是加快技术攻坚的投入力度，积极推进数产融合领域基础性技术、前沿性技术、颠覆性技术的创新突破，促进新一代网络信息技术与现代农业、先进制造业和现代服务业的深度融合，鼓励数产融合在更多新领域推广普及，形成更多的新技术、新业态和新模式。

华南理工大学经济与金融学院博士生吴慧对本文亦有贡献。

研发、应用、治理三位一体打造数字经济新优势

栾　群

工业和信息化部赛迪研究院政策法规所所长

数字经济概念早先发端于美国，1998年美国商务部正式提出数字经济，经过20多年的渗透发展，数字经济已经成为一种新的经济形态，代表和引领着未来的发展方向。特别是近几年来，随着云计算、大数据、人工智能、工业互联网等领域的新一代信息技术不断取得突破，数字经济产业规模也不断发展壮大。据中国信息通信研究院测算，2019年，全球数字经济平均名义增速达到5.4%，高于全球2.3%的生产总值名义增速。美国、中国、德国等47个国家的数字经济增加值规模为318000亿美元，较2018年的302000亿美元增长了16000亿美元，这些国家的数字经济在国内生产总值中的比重达41.5%。信息产业研究机构国际数据公司（International Data Corporation，IDC）报告显示，到2023年数字经济产值将占到全球生产总值的62%，全球将进入数字经济时代。

近年来，数字技术也在我国飞速发展，并深入渗透到各传统产业，数

字产业化、产业数字化、数字化治理成为各地发展重点和主攻方向，数字经济领域的新产品新模式新产业新业态不断涌现，数字经济的活跃创新力和广阔发展潜力日益彰显，已然成为我国国民经济的重要组成部分。中国信息通信研究院 2021 年发布的《中国数字经济发展白皮书（2020）》显示，在 2015—2019 年期间，我国数字经济增速每年均保持在 15% 以上，远高于国民经济增速；即便是在新冠肺炎疫情全球肆虐的 2020 年，我国数字经济表现依然亮眼，增速高达 9.7%，在国内生产总值中的比重为 38.6%。可以说，我国之所以能够在抗击疫情的同时保持经济建设稳步前进，成为全球唯一实现经济正增长的主要经济体，在很大程度上得益于数字经济的技术研发、产业推广应用和现代化治理水平提升，正在逐步形成数字经济时代的竞争新优势。

加快发展数字经济是我国在高质量发展阶段适应新一轮科技革命和产业变革趋势，加快构建现代产业体系，满足人民日益增长的美好生活需要的必然要求。加快发展数字经济，也是更好践行新发展理念，更好推进供给侧结构性改革，更好深入实施创新驱动发展战略的重要内容。加快发展数字经济，更是构建新发展格局、推动经济社会高质量发展和提升治理现代化水平的战略抉择和必由之路。党的十九届四中全会明确将数据列为"生产要素"，全要素数字化转型将成为各领域建设的共同选择。《中华人民共和国国民经济和社会发展第十四个五年规划和 2035 年远景目标纲要》也专门设有"加快数字化发展 建设数字中国"篇章，迎接数字时代的到来。

数字经济对产业融合及其治理提出新要求

我国数字经济发展迅速，产业规模保持了较高增长率。根据中国信息通信研究院发布的数据，我国数字经济产业已由 2005 年的 26000 亿元增长到了 2020 年的 392000 亿元，规模扩大了近 15.1 倍。但整体而言，仍然存在一些制约数字经济高质量发展的因素。特别是在新一代信息技术、关键零部件和基础软件、数字化融合应用、数字经济监管机制和治理体系等方面，同国际先进水平依旧存在差距。

▶ 数字产业基础和技术支撑不够坚实

我国的核心基础零部件、关键基础材料、先进基础工艺、产业技术基础、工业软件等工业基础领域，相较于发达经济体仍然较为薄弱、缺乏竞争力。如我国集成电路、操作系统和基础软件等产品具有较高对外依存度，大部分芯片、核心工业软件、工业机器人需要进口。在不够坚实的产业基础和技术支撑下，数字经济发展难免缺乏安全稳定性，面临着被外部势力制约、冲击的风险。2020年的新冠肺炎疫情对全球供应链网络布局造成冲击，美国对华断供芯片，还将多家中国企业和机构列入"实体清单"，限制这些企业进口和使用美国原产软件等现实，反复警醒着我们要重视数字技术创新，不遗余力解决关键核心技术"卡脖子"问题。

▶ 产业数字化和数字政府建设尚有发展空间

近些年来，产业数字化和数字政府建设深入推进，但我国数字化在第一、二、三产业的渗透深度同德国、英国等发达经济体相比仍然较低，融合应用也有待进一步提升，且数字政府建设仍存在较大的发展空间。《中国数字经济发展白皮书（2020）》显示，2020年，我国第一、二、三产业的数字经济渗透率分别达到了8.9%、21.0%和40.7%，较2019年分别提高了0.7、1.5和2.9个百分点；但发达国家在2019年农业、工业和服务业数字经济渗透率就已达到了13.3%、33.0%和46.7%的水平，均高于中国经过一年迅速发展后达到的数字经济渗透程度；其中，德国第一、二、三产业数字经济渗透率更是高达 23.1%、45.3% 和 60.4%，英国农业、工业和服务业数字经济渗透率也达到了 27.5%、32.0% 和 58.1% 的水平。另外，"放管服"改革的持续深化和全国一体化政务服务平台的建设使我国数字政府建设取得明显进步，《2020 年联合国电子政务调查报告》显示，2020 年我国电子政务发展指数排名较 2018 年上升了 20 名，但在全世界范围内也仅位列第 45 位，仍存在很大的进步空间。

▶ 相关制度建设较为滞后

近几年，以大数据、云计算、物联网等产业为代表的数字经济发展迅猛，但相应的制度建设和治理体系却未能跟上，出现了制度建设与数字经济发展不相适应的情况。一方面，数据归属、采集、开发、使用、收益等在各相关主体之间的界限仍在探索之中，数据的评估、定价、交易等行为有时难以顺利进行，数据资源向数据资产的转化面临阻碍，数据作为新型生产要素的作用不能得到充分发挥。另一方面，虽然数字经济以新业态新模式融于国民经济的各主要领域，产业间的联系互动通过数据要素也在迅速增强，但同时，用户隐私保护、数据安全、平台反垄断等传统监管方式无法高效解决的负面问题也开始出现。

▶ 如何"三位一体"打造数字经济竞争新优势

构建数字经济新优势，可以以发展现代信息网络和信息通信技术、推广数字技术应用、保障供给与使用数据生产要素为基本思路，在研发方面提高关键数字领域创新能力，在应用方面加快推动数字产业化、产业数字化和数字政府建设，在治理方面加快构建适宜数字经济发展的规则体系。

研发：提高关键数字领域创新能力

提高关键数字领域创新能力有助于解决我国数字经济相关核心技术、关键零部件和元器件、重要工业软件受制于人的问题，夯实数字经济发展基础。具体来说，一是要聚焦云计算、大数据、物联网、人工智能、区块链等数字经济重点产业的关键技术、核心零部件和基础软件"卡脖子"问题，加强高端芯片、操作系统、人工智能关键算法、云计算系统、基础算法、传感器、通用处理器、装备材料等重要领域的研发，补齐技术短板。二是要前瞻性布局量子计算、量子通信、神经芯片、DNA存储等前沿技术，努力抢占未来数字产业发展制高点，避免再次出现关键核心技术受制于人的情况。三是要加强新一代信息技术与生命科学、材料、能源等领域先进技术的交叉创新，带动多领域、系统性、群体性的技术突破，为新产业新产品新业态新模式的持续出现奠定基础。四是要支持数字技术开源社区等创新联合体的发展，灵活运用众包创新、产学研协同创新、新型举国体制等创新模式，进一步提高创新效率。

应用：加快推动数字产业化、产业数字化和数字政府建设

加快推动数字产业化、产业数字化和数字政府建设，充分利用好国内国际两个市场，推动国内国际双循环相互促进，在更多领域、更大范围内发掘数字化应用需求，拉动数字经济发展。

在数字产业化方面，培育壮大云计算、大数据、工业互联网、人工智能、虚拟现实等新兴数字产业，并逐渐将数字技术全面融入人民群众的日常生活中，大力开发智慧交通、智慧医疗、智慧教育、智慧文旅、智慧社区等应用，使民众畅享数字经济带来的便利高效生活。

在产业数字化方面，我国需在智能制造、服务业数字化转型、智慧农

业等领域推广设备联网和应用自动化智能化产品，使数字化应用融入研发设计、生产制造、经营管理、市场服务等环节，提高全要素生产率，实现数据赋能全产业链协同转型。与此同时，鼓励产品个性化定制、柔性制造、服务型制造等新模式的开发利用，加快数字工厂、智慧车间等建设，提高传统制造业信息化、数字化和智能化水平。

在数字政府建设方面，我国需加大政务信息化建设统筹力度，推进数据跨部门、跨地区、跨层级的安全流动和深度应用。推动企业登记监管、卫生、交通、气象等信息数据安全有序开放共享，逐步挖掘释放数据作为新型生产要素对产业发展的影响力。

治理：构建适宜数字经济发展的规则体系

构建适宜数字经济发展的规则体系有助于提升我国对数字经济的监管和治理能力，营造公平公正、规范有序的发展环境。首先，要明晰数据归属、采集、开发、受益等相关问题，加快建立数据资源产权、交易流通、跨境传输、数据保护、网络安全等方面的制度标准和法律法规，推进数据安全、个人信息保护等领域的基础性立法。其次，要建立健全数据产权交易、争端仲裁等机制，推动数据资产评估、交易撮合等市场运营体系的健全发展。再次，规范互联网平台、数据交易平台和相关市场主体行为，避免垄断、不正当竞争、数据滥用等不良现象的发生。最后，积极参与数据安全、数字货币、数字税、电子商务、移动支付等方面的国际规则和数字技术标准制定，提高我国在全球数字经济治理中的话语权，推动建立多边、民主、透明的全球互联网治理体系。

总结而言，数字经济将会进一步渗透到国民经济的各个领域之中，推动产业数字化转型、提高全要素生产率，成为新时代挖掘经济社会发展新动能的关键一招。如今，我国已取得全球第二大数字经济体的成绩，多家中国企业也跻身全球互联网企业前列。未来，在面向"十四五"和2035年远景目标的新征程中，要致力于解决数字经济相关技术研发突破、数字融合应用推广、数字治理规则体系等方面的各种问题，研发、应用、治理三位一体，打造我国数字经济竞争新优势。

工业和信息化部赛迪研究院政策法规所助理研究员林佳欣对本文亦有贡献。

数据要素视角下的科技成果转化与数字经济产业发展

梁平汉

中山大学中国公共管理研究中心研究员、政治与公共事务管理学院教授

在国家发展改革委、科技部、工业和信息化部、财政部等四部门联合印发的《关于扩大战略性新兴产业投资 培育壮大新增长点增长极的指导意见》中列出的八大战略性新兴产业中,新一代信息技术产业、智能及新能源汽车产业、数字创意产业均与数字经济有着直接和紧密的联系。数字经济战略性新兴产业的发展离不开相关科技成果的产生和转化。

2020年12月召开的中央经济工作会议将"强化国家战略科技力量"作为2021年要抓好的重点任务之一。充分发挥科技创新力量,关键环节之一是科技成果转化和产业化。在数字经济相关产业的科技成果转化中,尤其需要注意把握数据要素本身的特征,促进相关科技成果转化,发挥市场机制作用,提升数字经济产业发展水平。

第五章 数产融合发展 打造经济优势

▶ 数据要素的产生者和拥有者分离

数字经济是以数字技术为基础的经济形态，在用户、组织和设备通过因特网、移动技术和物联网构成的相互连接基础上运行。因此，数据是数字经济的关键生产要素，数字经济所具有的高渗透性、规模经济等性质也来自数据本身的非竞争性。经济学理论告诉我们，基于生产要素的分配规则影响着生产要素的提供，进而影响生产要素的使用、积累和创新。所以，数据要素的高效配置，是推动数字经济产业发展的关键一环。

数据作为一种生产要素，有着与其他生产要素不同的特点。与劳动、资本、土地等传统生产要素不同，数据本身具有非竞争性，因此理论上可以无限复制而不降低自身价值。知识、技术、管理等生产要素虽然具有类似性质，但是这几种生产要素与产生者之间有着紧密的联系，需要产生者运用其进入生产过程，创造价值，因此要素的产生者也是拥有者，可以将生产要素转让给使用者。而数据要素的产生者和拥有者则是分离的，数据资源来自千千万万的用户行为记录，经过数据采集、清洗和加工后成为数据要素，而产生数据的用户不再是数据要素的拥有者。

数据要素产生者和拥有者的分离是其他所有要素所不具备的特征，对于价值分配和激励机制的设计带来了挑战。对于其他的生产要素而言，通过向要素的拥有者提供激励，就可以鼓励生产要素的创造和积累。而对于数据要素而言，仅仅向数据科技公司等数据要素的拥有者提供激励，只能够促进现存数据资源的分享和利用，并不足以支持数据要素动态的生产和积累。这是因为，作为数据资源的产生者，用户具有主观能动性，可以选择向数据要素的拥有者提供或者不提供数据资源，甚至采取策略性行动，如更换应用程序、使用不同用户名、减少数字设备使用等来规避数据采集。这样，即使数据要素拥有者获得了海量的数据资源，只要不是社会整体意义上的"全量数据"，仍然无法解决"自选择问题"，不但无法形成可靠的因果推断，反而可能误导决策。因此，在源头上支持数据要素的生产，就不仅要采取立法和监管措施保护个人隐私、商业秘密，防止诈骗，还要由数据的拥有者和使用者向产生数据的用户提供适当的激励，促使其愿意提供和分享其行为数据。

▶ 数据要素的价值实现特征

生产要素在价值实现中的作用决定了其在收入分配中所应占有的份额。劳动、资本、土地、知识、技术、管理这几种生产要素直接进入产品和服务的生产环节，然后产品和服务通过市场销售实现其价值，各种生产要素相应获得报酬。而数据作为一种生产要素，实现价值的途径有所不同。

首先，数据要素的价值派生于决策的价值。"信息论之父"香农认为，"信息就是能够用来消除不确定性的东西"。因此，数据要素的价值来自减少不确定性，提升要素使用者的决策质量。数据要素本身并不具有价值，对其的需求是由对于高质量决策的需求所派生的，其价值也派生于决策的价值。而决策具有相当的主观性，决策的价值也因人而异，不同主体的决策之间可能还相互关联，这都导致了确定数据要素价值的难题出现。

第二，数据要素通过其他生产要素间接实现价值。诺贝尔经济学奖得主赫伯特·西蒙认为，"管理就是决策"。所以数据要素可以通过提升管理这种生产要素，对于价值创造作出贡献。此外，人们可以基于数据要素，形成新的知识，提升技术水平。因此，数据要素也可以通过影响知识和技术这两种生产要素而对价值创造作出贡献。在国民经济核算体系中，知识、技术、管理这几种生产要素对于经济活动的贡献，通过全要素生产率体现出来，而全要素生产率本身则是经济活动中扣除劳动、资本和土地的贡献后所得到的统计学上的"残差"。数据要素通过知识、技术、管理这些生产要素作用于全要素生产率，从而影响经济活动。从这一角度看，衡量数据要素价值不仅要看其数量，数据本身的质量也非常重要。只有准确理解数据资源的产生过程和特点，才能形成高质量的知识、技术和管理。这种价值实现的间接性使人们常常低估数据本身的价值。

第三，数据要素的价值通过数据产品和服务实现。一方面，数据要素本身具有非竞争性，其使用并不因为他人的使用而受到影响，可以说在价值创造环节具有规模经济这一性质。另一方面，数据要素的排他性主要来自人为的技术限制和制度规定。这导致了数据要素本身具有公共品或者自然垄断的特征，理论上边际成本为零，可以无限复制。但是，由于广大用户是数据的提供者，出于保护个人隐私等考虑，对于数据要素本身的市场交易必须加以限制。所以，数据的需求者不能也不应直接获得数据要素，而是通过"订制"基于数据要素开发的产品和服务满足其需求。数据要素的价值需要通过这些产品和服务实现。由于使用者的决策环境和目的千差万别，数据产品和服务需要数据要素的拥有者和使用者共同开发，共同生产，其市场环境也更多呈现为不对称信息下的"一对一讨价还价"场景，而不是传统商品市场的竞争形态。这为数据要素的市场监管也提出了新的挑战。

▶ 把握数据要素特征，支持基于数据要素的成果转化

数据要素支持了数字经济产业等战略性新兴产业的发展，但数据要素的特征也影响了基于数据要素的科技成果转化。因此，我们需要把握数据要素的特征，提升基于数据要素形成的科技成果转化，从而促进数字经济战略性新兴产业的发展。

基于数据要素形成的科技成果既包括数据产品和服务，如订制的数据库等，也包括主要基于数据资源形成的算法等发明专利。一方面，我国科技成果转化总体状况尚不理想；另一方面，发展战略性新兴产业、构建现代产业体系，均对科技成果转化提出高要求。科技成果转化问题的本质是不同主体之间的利益分配。根据新制度经济学中的科斯定理，在产权明晰，交易成本为零的条件下，不同利益主体之间可以形成最有效的分歧解决方案。因此，科技成果转化的"中梗阻"问题，从本质上看就是转化过程各环节参与者对于相

对贡献无法形成共识,而制度性交易成本过高,因此无法自发解决分歧。

因此,要促进基于数据要素的科技成果的转化,首先就需要明确成果形成过程中不同生产要素的贡献程度,明晰科技成果所有权问题。我国高校、科研机构的科技成果作为无形资产纳入国有资产管理范围,科技成果的收益必须上缴国库,而对科研人员的奖励支出又要挤占事业单位的工资总额,从事科技成果转化不仅没有效益,还面临国有资产流失的风险。这种权益的配置特别不利于基于数据要素形成的科技成果转化。基于数据要素形成的科技成果,如各种算法、数据库、集成系统等,其价值来源主要在于数据要素,以及科技工作者提供的知识、技术、管理和劳动。其中数据要素或者是通过科研人员的主动收集或者是通过订制数据产品和服务而进入生产。而主动收集数据所耗费的劳动和资本已通过设备费、使用费和劳务支出的形式获得相应报酬,数据产品和服务通过数据使用费的方式支出,所以科研人员的贡献在剩余的价值形成中占据主要的地位,理应获得主要的收益份额。

第二,切实降低制度性交易成本,简化成果转化环节。现阶段我国科技成果处置不适应发展需求,高校、科研机构对成果使用、处置要严格履行审批手续。依据新制度经济学的理论,交易参与者过多,难以协调解决分歧,是科斯定理失败的一个重要原因。而且,过多的审批环节还产生了"行政负担",给科研人员带来了高昂的学习成本、遵从成本和心理成本,大量占用他们的时间和精力,挫伤他们进行科技成果转化的积极性。因此,我们需要在教育和科技领域进一步贯彻落实"放管服"改革精神,增强对于科研人员的信任度,大幅度简化审批环节,充分利用各种数据资源进行精细化、敏捷化监管,减少各种"一刀切"的举措,营造良好的科研成果转化环境。

第三,鼓励科研人员生产和积累数据要素。数据要素的价值也来自其质量,高质量的数据要素对于后续高品质科研成果的形成具有重要作用。但是,现行的科研评价导向对于高质量的数据要素生产关注不够,对于其成果的价值认识不足。我国高校、科研机构形成了以承担政府科研项目数、发表论文数论"英雄"的评价导向。而很多学科项目和期刊论文强调"问题导向",非常强调问题和方法的创新性,而对于实验复制、研究重现、多源数据融合的数据库建设、基于更新更高质量的数据进行的"传统问题"研究缺乏重视,甚至不认为这些研究具有创新性。数据要素是科研成果形成的基础,我们需要改进科研成果评价体系,建立调动科研人员收集数据资源的动力机制,促进数据要素这种公共品的生产、积累和分享。

最后,促进数据产生者、拥有者和使用者共同参与科研成果的生产,使科技成果适应市场需求。长期以来,政府管理部门主要依赖高校和科研院所的专家对科研项目进行立项评审,不可避免地导致"重理论研究和技术开发、轻成果转化和市场应用"的现象,其考核评审是单向的,造成很多科研项目结题验收时,各项技术指标都达标,但取得的技术成果只能"躺在实验室里睡大觉"。而数据要素实现价值的特性决定了其成果的形成必须是多方参与的,数据要素使用者与拥有者的联合生产形成满足使用者需要的订制数据库,可以说并不存在成果转化问题。而公众作为数据的产生者,参与科研成果的生产则可以减少科技成果可能导致的风险,约束成果的发展方向,如人工智能、人脸识别技术、用户画像等的应用场景等,避免产生"大数据杀熟""二选一"等行为,从而使科技成果更好满足市场需求,提升人民群众的满足感和获得感。因此,可以借鉴生物和医学研究领域的伦理审查模式,设计相关的数据要素使用准则,要求在使用数据要素进行科研前提交使用计划以报请审批。

数字经济带来的就业挑战与应对措施

黄　浩

中国社会科学院财经战略研究院研究员

世界范围内，信息技术已经广泛渗透到经济与人类生活的每一个角落，形成了数字化的全新经济形态，它给社会发展带来了巨大的效益，如生产力和生产效率的提高、经营效果的改善、服务质量的提升等。但是，数字经济的发展也面临着个人隐私保护、就业总量和就业结构变化的挑战，尤其是与就业相关的负面效应不容忽视，需要政府改变传统的经济政策，以应对数字经济带来的就业变化。

▶ 数字技术的发展对于就业具有促进效应和替代效应

从18世纪的纺纱机到20世纪50年代的装配流水线，再到如今的人工智能，技术进步无不改变着工作和职业的性质，引发了人们的就业焦虑。在这一点上，信息技术并非特例，工业革命是体力活动的自动化，是对人体力活动的替代和增强；信息技术、人工智能本质上是部分类型脑力劳动的自动化，是对脑力劳动的替代和增强。自动化技术对于就业具有促进效应和替代效应两种作用。在中国，数字技术的发展促进了创新和经济发展，对于扩大就业具有积极的效果。2007年以来，我国数字经济的就业规模不断增加，占比从9.7%提高至2016年的16.5%。但是，数字技术在提高劳动效率的同时，也会减少传统经济劳动对劳动力的需求。

2007—2012年，国内由于数字技术的应用，传统经济的劳动生产率提高了6.8%，大量的工作岗位被自动化技术替代。中国的制造业与数字经济的融合度已经超过了30%，因此，制造业就业岗位的流失也是最严重的传统行业。美国具有相同的情况，麻省理工学院著名经济学家在分析了1990—2007年美国的事实基础上，发现企业投入的机器人虽然有助于提高劳动生产率，但是，其提升水平并不足以创造更多的就业岗位。其研究显示，每增加一个机器人将取代3.3名工人，在机器人的冲击下，美国就业人口下降了0.18%～0.34%。影响最大的可能还不是美国等西方发达国家的劳动者，因为他们的劳动力成本早已过高，大量的工作岗位已经转移到发展中国家，当自动化和人工智能高度发展之后，以中、低成本劳动力作为竞争优势的发展中国家受到的就业冲击更加明显。虽然，从历史上看，无论是第一次工业革命，劳动从家庭和农村转移到快速发展的城市工业，还是第二次工业革命带来的工厂自动化，造成大量工作从工业向服务业转移，技术进步在淘汰大量传统就业岗位的同时，都创造了更多的新就业岗位。但是，在人工智能的广泛冲击下，目前我们依然没有看到能够吸收大量劳动就业的岗位在哪里。而且，即使长期乐观，短期来看，技术型失业体现为结构性和摩擦性失业都是不可避免的，政府必须未雨绸缪，为潜在的风险做政策准备，缓解新旧经济形态转换过程中的就业阵痛。

▶ **数字经济环境下的就业特点**

就业岗位的行业差异。信息技术、人工智能对就业的冲击具有行业或岗位的差异，这是由数字技术的特点决定的。数字技术能够通过软件编程实现脑力工作的自动化、程序化。我们可以利用二维矩阵对工作岗位进行分类，第一个维度是认知类的工作（类似脑力劳动）和体力类的工作；第二个维度是程序性工作和非程序性工作。数字技术对程序性工作的替代性更强，不论是认知类的工作（如出纳、银行柜员、速记员），还是体力型的工作；而对非程序性的认知工作（如财务分析）和非程序性的体力劳动（如剪发等具有创意性的工作）替代性较弱。麦肯锡公司分析了11个大类行业就业岗位的需求变化，发现创意工作、技术类工程师、管理类以及社会互动类工作的就业需求增长明显，因为人工智能在这些领域更多的是辅助而不是取代人类。在一些相对低收入的岗位，如水管工、园艺工人、儿童或老人护理等，这些职业受到的智能化、自动化冲击较低。一方面是因为他们的工作技能实现自动化难度大；另一方面，由于岗位成本较低，智能化成本相对较高，因此推动这类就业岗位自动化的经济动力较小。制造业受到的数字化冲击最大，在机器人和人工智能的双重影响下，包括汽车制造、化工行业、冶金制造业、电子行业、食品和饮料等制造业吸纳就业的能力大幅萎缩。建筑、零售和个人服务领域的就业也受到了人工智能的负面影响。数字经济的发展引起了就业需求在不同行业之间的流动。比如，在中国，电子商务已经成为提供商品和服务的主要渠道，传统线下商贸和服务业的萎缩使就业岗位大幅下降，但是，电子商务的发展带动了快递行业的兴起，创造了新的就业岗位，大量从工厂失业的劳动力进入了快递行业。

岗位与收入的高低分化。数字经济发展造成了岗位分化和收入分化，主要体现在三个方面。第一，就业岗位形成高端和低端两极分化。由于人工智能的特点，无论是体力劳动还是脑力劳动，中层白领和蓝领的重复性、机械性劳动更容易被机器和软件替代，造成中层白领和蓝领岗位大幅减少。原来从事中等技能知识工作的人开始向下寻找更低技能（不易实现自动化）的工作，或者向上进入高等知识技能的工作岗位。造成白领或蓝领中产工作岗位的持续空心化，劳动力市场形成两极分化。第二，产业变革的过程中财富向少数人群倾斜。比如，柯达公司曾经雇佣过145300名员工，带动了相机的生产、销售、摄影服务、相片冲洗等相关行业的发展，容纳了大量的就业岗位，但是数字摄影的发展彻底改变了传统摄影产业。虽然数字摄影也创造了新的就业岗位，但是完全不能弥补其淘汰的岗位数量。第三，资本替代更多的劳动力，劳动获得的财富减少。为了追求效率和效益，几乎每一种经济体系都试图通过技术手段达成用资本替代劳动的目标。数字经济的发展依然遵循这种规律，当工厂里的机器人替代了人力，呼叫中心的自动语言系统取代人工接线员时，资本要素正在替代劳动要素，以获得更高的效率和更低的成本。机器、软件与人的竞争也促使劳动要素的工资所得不断下降，从而改变了资本与劳动之间的财富分配比例。

就业机会的教育水平差异。总的来说，数字经济的发展对劳动力的教育水平提出了更高的要求。统计数据显示，20世纪70年代之前，美国几乎所有学历层次的劳动力都享受着工资的增长，但是，从20世纪80年代开始，计算机逐步普及应用，岗位工资的增长与学历呈现出显著的正相关，无学历的劳动力面临的失业风险更大。1986—2016年，就业市场对于本科学历人群的需求增加了一倍，本科劳动力的供给增加却不到50%，相对短缺；与之相反，对本科以下学历岗位的市场需求不断降低，但是，低教育水平的劳动力供给大于需求，造成失业率剧增300%。数字技术的变革对人力资本提出了更高的要求，但是，我国现有的劳动力教育水平的结构与数字经济对于劳动力教育水平的需求不匹配。劳动力的教育水平也影响着摩擦性失业。据麦肯锡预测，到2030年，中国将至少有1.18亿人被人工智能或机器人替代，他们需要学习新的技能，适应与人工智能协作分工，另外大约有700～1200万人转换职业。新的岗位需要新的技能和知识，因此，更高的教育水平能够帮助劳动力顺利度过摩擦性失业的阶段，降低造成永久性失业的可能性。

▶ 缓解数字经济就业压力的政策建议

第一，调整税收政策，充分发挥政府的资助功能。数字经济带来了更多的社会总体财富，但是，它们并不能平等地惠及社会各个群体，而且，信息技术的广泛应用造成了失业，增加了数字转型时期的贫富分化。因此，可以考虑对于占有行业领导地位的大型数字企业征收庇古税，用于失业人员的保护和创造新的就业岗位。针对数字企业，以及这个行业的高收入群体增加边际税率，从而提高政府的收入，增强保障数字化失业人群的能力。数字经济引起的失业不是因为经济发展放缓或需求不足造成的周期性失业，仅仅依靠市场的力量无法实现充分就业，因此，政府可通过财政资助的方式创造新的就业岗位。由于数字技术、人工智能的发展越来越依赖基础科学与核心技术的突破，政府应当扩大从事基础研究的高等院校、研究机构的人员编制，缓解信息技术对于原有中等白领阶层的冲击。

第二，加强现代化社保体系建设，适应新型就业形式。数字经济的发展带来了工作方式的变化。按照就业合同，劳动者可以分成两类：一是受用人单位长期聘用，提供长期服务的劳动者，被称为雇员；二是按具体合约提供货物或服务的劳动者，比如按需劳动或共享经济中的劳动者等。数字经济环境下，长期雇员的岗位减少，但由于信息沟通更加便捷，大量失业人员可能通过独立承揽人、共享经济、个体劳动等形式就业，数字经济环境下各种短期、灵活的就业形式逐步增加。然而，目前它们并没有受到传统劳动法、工资工时法，医疗保障、社会保险等福利政策的保障，不利于缓解数字经济发展中造成的就业转型问题。为了促进创新，同时改善就业状况，必须明确政府、企业和劳动者的责任和义务，调整相关的法律法规，使其能够覆盖各种新型的就业人群。另外，工作方式的变化也增加了人员的流动性，为了促进流动、鼓励创业，保证福利的随迁性至关重要。确保劳动者在多个单位、地区之间流动时，能够保留医疗和养老保险等福利。完善的现代化社保体系能够为失业者提供保护，也为新的工作形式提供充分支撑，最大限度地发挥人力资源的潜力。

第三，改革教育体系，加强数字技能与知识的培养。要适应自动化与人工智能时代的就业，劳动者的教育和培训是重中之重，良好的教育和培训体系不仅有助于学生应对未来的职业挑战，提升人力资本的质量，增强国家经济的竞争力，而且能够帮助劳动者应对数字经济的转型，减少摩擦性失业。在数字经济时代，各个层次、不同专业的学生都应得到数字技术基本知识和技能的教育，但是，目前中国教育体系的学科设置、课程内容、教学方式较为陈旧，依然具有浓厚的工业时代特点，缺乏数字技术相关知识、技能的普及以及创新能力的培养，尤其是对于高端数字技术人才的培养，与美国仍有差距。数据显示，全球高层次人工智能研究者中超过50%在美国接受研究生教育，中国大约三分之二的人工智能本科毕业生去美国接受研究生教育，其中，88%毕业后留在美国工作，占美国高水平人工智能研究者的27%。可见，中国高等教育对于数字技术人才的培养和吸引力不足，造成高层次人才的流失。因此，要继续深化教育改革，加强数字技术人才的培养，要将市场需要的数字技能加以整理，建立通用的数字技能分类，根据技能分类和劳动力市场需求的指导，制定和实施劳动力培训计划，鼓励民营机构和非营利组织参与，帮助工业时代的劳动力适应数字技术的工作环境。

数字经济就业的特征、影响及应对策略

龚六堂

北京工商大学副校长，北京大学数量经济与数理金融教育部重点实验室主任、北京大学光华管理学院教授

进入"十四五"时期，实现更充分、更高质量就业是我国经济社会发展的重要目标，数字经济将在产业链、供应链、价值链和创新链的高质量就业格局中发挥重要作用。一方面，数字经济的快速发展会催生出大量灵活就业人员和多种新就业形态，为保障城乡劳动力就业创业创造出更大的发展空间；另一方面，数字技术作为一项新兴技术将对部分行业产生冲击，尤其是对劳动密集型产业、非技能密集型产业等领域形成一定的负面影响，给我国就业市场带来新的机遇和挑战。

▶ 我国数字经济的发展总体情况

近年来，我国数字经济的总量规模持续增长，从总体上来看，呈现下面的特征。

第五章 数产融合发展 打造经济优势

我国数字经济的总体规模、总量占国内生产总值的比重持续扩大，但是相较发达国家而言还存在一定差距。首先，我国数字经济的总量和规模不断增长。2005—2020年，我国数字经济增加值从26000亿元增加到392000亿元，数字经济增加值在国内生产总值中的比重从14.2%上升至38.6%。其次，数字经济对我国经济的贡献率不断增加。2014—2019年，数字经济对经济增长的贡献率均超过50%；其中，2019年数字经济对我国经济增长贡献率更是高达67.7%，成为拉动我国经济的重要引擎。最后，我国数字经济在世界的影响力不断增强。2017年，我国数字经济规模超过日本和英国的数字经济规模之和，成为全球第二大数字经济体，在世界数字经济发展中占据重要地位。但是，与美国、德国等发达国家相比仍有一定差距，发达国家数字经济在国内生产总值中的比重保持在60%以上，而2020年我国数字经济占国内生产总值的比重不足40%。

我国数字经济基础设施、技术创新不断加强。一方面，我国数字经济基础设施建设处于世界领先，已经成为全世界最大工业机器的使用市场。到2020年，我国已经建成全球规模最大的光纤网络和4G网络，网民规模达到9.89亿，互联网普及率提升到70.4%，已建成5G基站71.8万个，5G终端连接数据超过2亿，互联网协议活跃用户数达4.62亿。据国际机器人

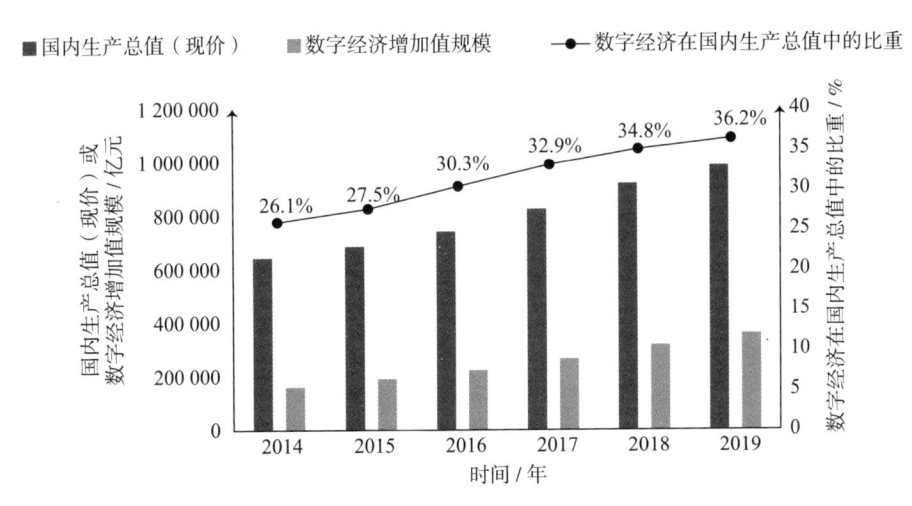

图 5-1 2014—2019年我国数字经济增加值规模以及数字经济在国内生产总值中的比重

学联合会（IFR）测算，我国目前工业机器人存量已经位列世界第一。另一方面，支撑我国数字经济的信息技术创新能力持续增强。我国在全球创新指数排名从2015年的第29位跃升到2020年的第14位，是全球最大的专利申请来源国。随着人工智能技术的快速发展，相关领域专利申请总量快速上升，2019年底首次超过美国成为世界第一。有研究显示，截至2017年，中国的人工智能人才拥有量达到18232人，占世界总量8.9%，仅次于美国。

我国主要地区数字经济发展稳步上升，但是呈现较大的地区差异，而且这一差距还将持续扩大。据《中国数字经济发展白皮书（2021）》显示，2020年广东省、江苏省、山东省等13个省（直辖市）数字经济规模超过10000亿元，过万亿的省（直辖市）数量比2019年增加了3个；北京市、上海市数字经济在生产总值中的占比超过50%，广东省、浙江省、江苏省、福建省数字经济在生产总值中的比重超过40%。此外，数字经济的发展规模呈现地区差距，且这一差距有扩大趋势。从区域经济发展的情况看，2018年经济发展水平较高的长三角地区数字经济规模最大，总量规模高达86300亿元，珠江三角洲地区为43100亿元，京津冀地区为34600亿元；相对而言，东北老工业基地地区和西北地区的数字经济发展速度相对缓慢，分别为16000亿元和12600亿元。从发展速度来看，2018年长三角地区数字经济增速为18.3%，排在首位，珠江三角洲地区17.6%，西北地区16.7%，京津冀地区14.2%，东北老工业基地地区仅为11.3%。

我国数字经济发展侧重于产业数字化，在产业数字化中第三产业的数字化发展水平显著高于其他行业。2020年我国数字经济规模达到392000亿，其中产业数字化规模达到317000亿，占我国数字产业规模的比重从2015年74.3%上升到2020年的80.9%。另一方面，我国产业数字化侧重于服务业的数字化。2020年，我国第一产业、第二产业和第三产业的数字化规模占行业增加值的比重分别为8.9%、21%和40.7%，分别比2019年增长0.7、1.5和2.9个百分点，可见，第三产业的数字化程度大幅领先于第二产业和第一产业。

数字时代我国就业发展的新趋势

数字经济创造了新的就业机会和就业形态

其一,数字经济的发展创造了新的就业岗位,产业数字化带来的就业增加更大,成为新增就业机会的主要来源。数据显示,2018 年我国数字经济领域就业岗位 1.91 亿个,占全年就业总人数的 24.6%,同比增长 11.5%;其中,数字产业化就业岗位约 1220 万个,同比增长 9.4%;产业数字化就业高达 1.78 亿个,同比增长 11.6%。从数字经济就业结构来看,2020 年我国数字产业化领域招聘岗位占总招聘数的 32.6%,在总招聘人数中的比重达 24.2%,产业数字化招聘占比仍然高于数字产业化占比。

其二,新技术的应用使得数字经济时代下生产效率提高,提高劳动者收入,增加产品市场需求,从而增加了企业的劳动力需求。有研究表明:机器人的使用使年劳动生产率提高了大约 0.36 个百分点,同时也提高了全要素生产率,降低了产出品价格。这种情况下,一方面会刺激社会需求,另一方面会提高劳动者收入,使产品市场的需求增加,从而会增加企业劳动力需求。有机构预测,到 2035 年中国整体数字经济将创造高达 4.15 亿的总就业容量。

其三,数字经济将催生新的企业生产组织方式和新的就业模式。依托互联网平台的新就业形态,具有容量大、门槛低、灵活性强等特征,如外卖骑手、在线医生、"到家老师"等,为人们创造更多的就业机会。以电子商务行业为例,2019 年我国电子商务直接吸纳就业和创业人数达 3115.08 万人,电子商务带动信息技术、相关服务及支撑行业从业人数达 2010.57 万人。

数字经济就业的总体特征

一是数字经济就业者受教育程度明显高于其他行业。根据 2019 年中国社会状况综合调查数据（见图 5-2），计算发现数字经济从业人员的受教育程度普遍高于非数字经济部门。在数字经济部门大学专科、本科和研究生以上学历占比达到 56.43%，而非数字经济部门仅为 17.87%；而非数字经济部门的小学及小学以下受教育占比达到 32.06%，在数字经济部门这个比例仅为 4.95%。

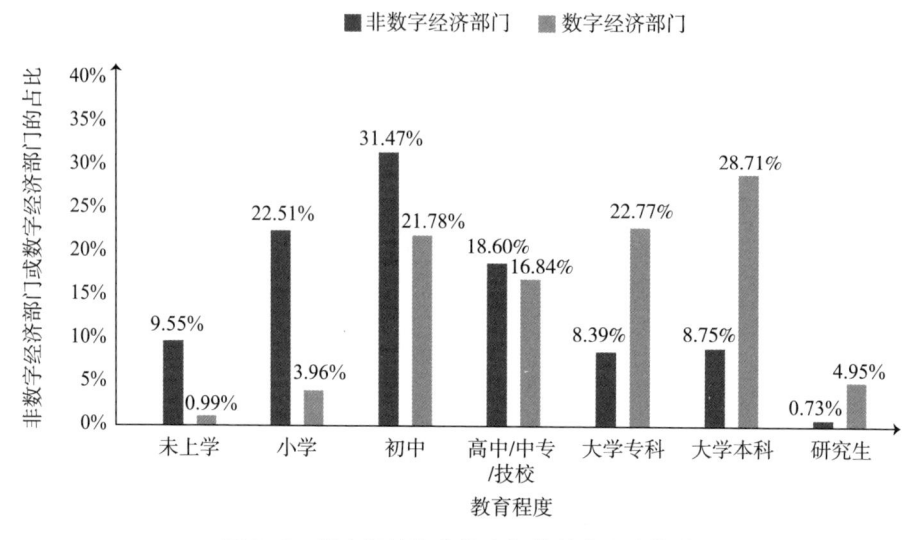

图 5-2 数字经济和非数字经济教育程度构成

二是数字经济就业呈现年轻化趋势。据《2019 数字经济人才城市指数报告》显示，京津冀地区、长三角地区和粤港澳大湾区三个主要的数字经济发展的区域，30 岁以下数字经济的从业人员占比均超过 40%，分别为 44.85%、48.28% 和 48.58%，数字经济人才整体呈现年轻态特征。

三是数字经济就业需求存在明显的地区差距。有数据显示，全国数字经济人才城市需求前 20 位的城市中，多数为京津冀地区、长三角地区和粤港澳大湾区三个经济区域的城市。在这 20 个城市中也存在巨大差异，北京市数字经济人才需求占全国比重为 22.06%，分别比深圳市和上海市高出 7.53、7.78 个百分点。

四是数字经济就业人才类型存在差异，数字经济技术型人才需求在不同地区出现不同的特征。粤港澳大湾区、长三角地区和京津冀地区，数字经济技术型人才不可或缺，需求占比分别为 46.18%、45.01% 和 48.02%。其他类型的数字经济人才呈现多元化的需求，京津冀地区产品经理和运营经理需求分别为 8.29%、6.49%，均高于粤港澳大湾区和长三角地区。粤港澳大湾区中，产品经理职能需求居首，占比为 4.27%。长三角地区数字经济人才中，对 Java 技术人才需求最高，占比为 4.85%，产品经理次之，占比为 4.75%。

▶ 数字经济将对不同技能的劳动者产生不同的影响

一方面，数字经济增加了高技术、高技能工人的就业。据研究，数字经济对不同技能的劳动力的影响是有差异的，对高技能的劳动力具有互补作用，因此，随着数字经济的发展，高技术产业的就业占比也越高，数字经济的发展将推动就业结构向高技术化、高技能化发展。根据中国高技术产业统计年鉴分析，随着经济发展水平的不断提升，高技术产业就业占比的比例会不断提高，数字经济的发展程度也会更高。

另一方面，数字经济减少了低技能劳动力的需求，降低了劳动密集型产业就业。研究发现，数字经济对低技能劳动力具有替代效应，因此，数字经济的发展对劳动密集型产业就业人员产生较大的负面冲击，资本要素替代劳动要素，获得了更高的效率和更低的成本。相关学者把美国劳动力市场的职业分成 702 类，发现未来 20 年会有 47% 的职业处于被人工智能替代的风险之中。据世界银行 2016 年的发展报告估计，未来 20 年经合组织国家 57% 的工作将被人工智能替代。

▶ 数字经济对就业的影响将扩大不同群体的收入差距

与其他新技术的特征相似，数字经济作为新技术革命产物，不仅推动了生产力的发展，也将改变不同群体的收入分配结构。

数字经济的发展增加了对高技术人才的需求，增加了高技术人才的就业，提高了技能溢价，低技能人才就业数显著降低。根据《2019全球人力资本报告》，随着自动化和人工智能不断引入到企业中，全球对劳动力的需求特别是对白领和蓝领技工的需求将减少700万人，劳动要素的工资所得不断下降，扩大了高技术人才与低技术人才的收入差距。同时，数字经济的发展使得越来越多的资本替代劳动，使得财富在资本和劳动的分配不平衡，加剧了拥有不同资产人群的财富不平等。有学者研究了自动化替代对劳动者报酬的影响，指出尽管人工智能增加了劳动生产率，提高经济增长，但是其替代效应会降低劳动在经济增加值中的份额，从而增加劳动者之间的不平等。

▶▶ 数字经济对就业的主要影响

数字经济的快速发展为经济与社会发展带来了巨大的效益，但是也面临着就业总量、就业结构等方面变化的新挑战，亟须密切关注该领域与就业相关的主要问题。

数字经济会加剧数字人才流动，产生的"马太效应"需要关注。我国经济发展不平衡，城乡之间、区域之间发展不平衡，区域之间的数字基础设施存在差异、受教育程度也存在差异，这种差异会加剧人才的跨地区流动，特别是数据人才的流动，这种流动呈现巨大的地区差异。有数据表明，2019年京津冀地区、长三角地区和粤港澳大湾区数字经济人才的净流入都在15%以上，其中长三角地区最高，达到20.15%，京津冀地区为16.7%，粤港澳大湾区为16.17%。数字经济人才的流动会进一步扩大地区发展不平衡。

数字经济的人才供给存在较大缺口。数字经济的发展对劳动者的教育水平提出了更高要求，我国现有的教育水平及结构与数字经济对于劳动力教育水平的需求不匹配，数字化人才供给显著不足。根据《全球数字经济竞争力报告（2020）》，全球 30 个主要城市中，北京市竞争力排第八，是中国唯一进入前十的城市，但是其数字人才竞争力排在第 23 位（得分 48.22，是纽约市的 71%），数字人才短板明显。

第二产业的数字化转型升级不够，就业供给结构调整滞后于产业结构调整。我国产业数字化中，第三产业数字化专业人才供给结构调整步伐相对较快，因此进一步促进了我国第三产业的数字化，2020 年我国第三产业的数字化规模占行业增加值的比重为 40.7%；而第二产业数字化转型升级更多地遭遇了数字化专业人才匮乏的瓶颈，2020 年第二产业数字化规模占行业增加值的比重只有第三产业的一半，这与我国发挥制造业优势产业升级是不匹配的。因此，要密切关注我国就业结构中对制造业，特备是高端制造业的数字化人才的供给。

数字化人才的产业分布不均衡，数字化人才集中于第三产业。我国数字化人才的产业分布呈现较为明显的不均衡现象，大部分数字化人才集中于第三产业。2018 年第一产业的数字化就业岗位为 1928 万个，在第一产业就业总人数中的比重为 9.6%；第二产业为 5221 万个，占比为 23.7%；第三产业为 13426 万个，占比为 37.2%。可见，第三产业的数字化人才占比远远超过其他产业。从产业吸纳的数字化人才来看，第一产业吸纳 9.4%，第二产业吸纳 25.3%，第三产业吸纳了超过 65% 的数字化劳动力。

▶ 促进我国数字经济就业的政策建议

完善数字财税体系，出台数字税，解决数字经济对区域发展不平衡和收入分配不平等的影响。我国经济发展存在不平衡问题，数字经济发展也存在不平衡。2018 年珠江三角洲地区数字经济占比高达 44.3%，长三角地区和京津冀地区分别为 40.9% 和 40.7%，而东北老工业基地和西北地区数字经济占比仅为 28.2% 和 25.6%。数字经济发展的差异会加大区域不平衡和收入分配不平等，应该探讨出台数字税来纠正数字经济发展所带来的不平等问题。

完善数字基础设施建设，促进数字基础设施均等化。我国数字经济的基础设施区域发展不平衡，要加大数字基础设施均等化的建设，扩大中西部地区的数字经济基础设施建设投资，不断壮大中西部地区数字经济规模，努力缩小其与东部地区发展差距。在中西部地区设立数字发展基金以及实施数字人才战略，缩小区域就业质量差异。

完善货币政策的目标设定，提高货币政策中就业的权重。数字经济下传统的奥肯法则会发生改变，就业与产出的关系不再是一致的，同时传统的菲利普斯曲线也会发生变化，会改变传统货币政策目标之一的通货膨胀与就业的关系。因此，货币政策要关注以自动化和技术进步为基础的数字经济对就业的影响，货币政策的目标要加大对就业方面的权重。

完善社会保障制度，适应数字经济下的新型劳动关系的变化。在数字经济环境下，由于信息沟通更加便捷，岗位流动性会增加，各种短期、灵活、跨区域的就业形式会逐步增加。社会保障制度要调整适应数字经济下的新型劳动关系，明确政府、企业和劳动者的责任和义务，适时调整相关的法律法规，覆盖新型的就业人群；同时，解决社会保障的跨地区流动，适应数字经济工作方式变化带来的人员流动。

加快建设数字经济多层次人才培养体系，提升数字经济劳动供给水平与质量。在初等教育中引入数字经济技术方面课程，培养下一代数字化应用与创新能力，保证数字经济技术在初等教育均等化。在高等教育领域，持续加大数字经济科研投入，加强数字经济的关键技术的研发与人才培养，实现关键技术与人才培养的自给。在职业培训领域，推动民间资本积极参与人工智能、大数据、区块链等职业培训。

继续出台政策壮大新模式新业态，规范市场，吸纳带动更多就业。坚持"鼓励创新、包容审慎"的原则，培育壮大基于平台经济、共享经济的新型就业模式。支持传统就业岗位转型，促进就业线下模式转化为线上模式，利用弹性化、多元化、灵活化的就业方式化解失业风险。建议扩大从事基础研究的高等院校、研究机构的人员编制，支持数字技术的基础科学与核心技术突破，同时缓解信息技术对于原有中等白领阶层的冲击。

推进产业数字化转型,以产业结构优化带动就业结构升级。从国际经验来看,以美国为代表的服务数字化领先型发展模式,更侧重于服务业的数字化发展;德国和英国属于均衡发展型模式;韩国和爱尔兰属于工业数字化领先型发展模式。我国经过改革开放四十多年的发展,第二产业还保持相当的规模,而且未来还会保持第二产业特别是制造业的合适规模,这是我国产业结构的优势。可以通过制造业企业数字化转型的税收优惠政策来鼓励制造业企业通过数字化提升竞争力,从而优化我国产业结构,吸引更多的制造业部门就业。

参考文献

[1] Carl Benedikt Frey, Michael A. Osborne. The future of employment: How susceptible are jobs to computerisation？[J]. Technological Forecasting & Social Change,2017,114.

[2] Acemoglu D, Restrepo P. Low-Skill and High-Skill Automation[J].Journal of Human Capital,2017.

[3] Restrepo P. Automation and New Tasks: The Implications of the Task Content of Production for Labor Demand[C].2019 Meeting Papers. Society for Economic Dynamics,2019.

数字经济转型中的就业群体分化及多维治理

张　顺

西安交通大学人文学院社会学系教授、实证社会科学研究所研究员

▶ 数字经济的内涵及其转型方式

自 20 世纪下半叶以来，以集成电路、计算机为代表的信息技术成为经济发展的重要驱动力，信息经济浪潮扑面而来。改革开放以来，我国顺应信息经济发展潮流，结合自身社会主义制度优势，开创了人类历史上经济长期快速增长的奇迹。特别在进入 21 世纪的短短 20 多年时间里，以互联网、移动通信技术、大数据、人工智能为代表的数字技术，进一步推动现代经济数字化转型，推动信息经济步入数字经济发展阶段。数据是传统生产要素土地、资本、劳动、技术之外的新的生产要素，甚至是决定现代经济发展水平的关键性生产要素。从这个意义上说，数字经济就是以数据为重要生产要素的信息经济新的发展阶段。

数据作为数字经济核心要素，它既与传统实体性生产要素相互联系，具有渗透性，又兼具备独立性。因此，数字经济转型包括产业数字化、数字产业化转型两种方式，前者体现与实体生产要素的联系性，后者显示其

作为基本生产要素的相对独立性。产业数字化转型以传统实体性生产要素为基础，通过产业数字化推进传统产业在生产、管理、销售等环节升级，实现传统产业数字化转型，提高劳动生产率，扩大市场竞争优势，如传统商业与服务业的数字化转型，催生了数字平台商业模式；现代农业、智能制造、智能建筑等均为传统产业数字化所催生的新产业。数字产业化转型则以海量数据为基本生产要素，以互联网为依托，为广大用户提供数据与信息产品，如网络游戏产业等新兴的信息化产业。产业数字化与数字产业化相互交融、协同发展，共同推进人类步入数字经济的新时代。正如历史上所有新经济形态一样，数字经济在改变经济发展模式的同时，将对劳动方式、社会分层产生重要影响，并对现有的社会治理模式提出诸多挑战。

▶ 数字经济转型推动就业群体分化的经济社会逻辑

数字经济上述内涵与转型方式决定了新时期劳动者群体分化的经济社会逻辑。这一逻辑可以分为相互关联的两个阶段：数字经济转型下的劳动生产率两极化与就业群体分化。

第一，数字经济转型推动劳动生产率两极化。从经济发展的历史演进看，所有新技术均会引发相应产业转型，产业转型的共同特征就是创造性破坏，通过破坏旧的生产方式，进而提高劳动生产率。数字经济转型也不例外，产业数字化是把数据通过算法逻辑改变为制造工艺与生产流程，改造传统产业的是生产过程，实现生产过程的自动化与智能化，以达到提高劳动生产率的目标。根据产品及其生产过程的经济特征，经济领域可划分出第一、第二、第三产业，经济学家发现这三大产业化数字转型的后果有较大差异，引发经济学界出现了"生产率悖论"的讨论。经济学家发现在信息技术大幅进步的同时，整体生产率却没有得到显著提高。这一现象可以从结构性视角进行解释，数字经济确实从整体上推动了产业变革，但产业数字化转型对不同产业或者对同一产业的不同类型行业的影响是不同的，甚至有着巨大差别。第一产业农业的劳动生产率主要取决于生物的生长过程，数字经济虽然能够影响农业销售与规模，甚至优良品种的培育，但难以通过算法或数据大幅改变生物有机体的生长过程。因此，农业产业数字化对第一产业的生产率影响相当有限。但是数据要素对工业或制造业的影响是相当巨大的。智能制造能够通过数据算法不断快速更新产品，优化生产流程与销售过程，实现持续的技术创新，不断提高劳动生产率。第三产业数字化转型也有不同的演化路径。高端服务业如金融、证券等行业可以通过产业数字化，运用数据算法优化服务流动，快速降低交易成本，同时产业数字化创新所产生的创造性破坏减少就业岗位，快速提高劳动生产率。但是，对于大量的一般性制造业或低端服务业，如小商品制造、餐饮业、旅游业、家政等行业，数字经济转型对这些行业劳动生产率影响较小，甚至高端产业革新所产生的剩余劳动力会涌入低端服务业与制造业，降低该行业劳动生产率。可见，产业的属性与行业不同，产业数字化对劳动生产率的影响具有较大差异，并且会随着时间的推移逐渐深化，进而出现产业两极化现象，抑制整体劳动生产率提高，并导致数字经济转型出现"生产率悖论"现象。

第二，数字经济转型驱动劳动力市场就业群体分化。从经济资本的理论逻辑来看，产业数字化转型所导致的劳动生产率分化必然带来劳动力转岗流动，进而导致收入分化与群体分化。经济学理论认为，收入最终取决于劳动者的边际产出，边际产出持续增加的根本原因是劳动生产率的提高。在产业数字化推动产业升级的背景下，创造性破坏使得制造业中的低人力资本岗位减少，高人力资本岗位增加，减少的岗位往往多于增加的岗位，使劳动生产率提升，高人力资本劳动者的收入水平将会持续增加。与此同时，大量被淘汰的低人力资本劳动者进入低端服务业，边际产出的增量少于劳动者人数的增量，甚至平均边际产出相对下降，导致低人力资本劳动者的收入维持不变甚至相对下降。收入分化加剧的社会后果就是社会群体分化，不平等加剧，社会冲突的可能性增加。美国的发展已经印证上述发展逻辑，给我们提供了反面教训。全球化与产业数字化引发美国民众收入两极分化，收入差距持续扩大，基尼系数增加。当经济上处于两极，人们的价值观就会变得对立，社会分化、政治分裂就是必然结果。

▶ 我国劳动生产率两极化及就业分化趋势

中国制造业比重下降及其数字化转型，共同促使部分劳动者转岗就业并发生职业流动。这些被高端制造业淘汰的转岗者能够流向哪里呢？答案是大多流入低端服务业。进入 21 世纪以来，我国经济结构表现出制造业比重下降，服务业比重快速上升。与此同时，数字产业化转型推动现代通信技术、移动互联网与物联网快速发展，数字产业化与商贸服务业数字化深度融合，平台数字商业模式应运而生。从网民数量、应用广度、移动互联网渗透率等多维度指标衡量，我国数字经济已经成为全球领头羊，全球十大平台经济中，中国的阿里巴巴、百度、腾讯占据三席，数字产业、共享经济、在线商业平台模式的创新激发了大批创业公司。在平台数字商业模式迅猛发展的背景下，出现了外卖骑手、快递小哥、滴滴车主、阿里巴巴的生态化就业等大量新业态。因此，在我国的数字经济转型过程中，制造业的产业数字化与数字化产业、商贸服务业同步发展，制造业转岗的劳动力主要流向数字平台商业与服务业的新业态。

我国就业分化对收入不平等的影响呈现出独有特征。从基尼系数的变化来看，1990—2000 年，我国基尼系数由 0.3 攀升至 0.4 以上，但近 10 余年来基尼系数基本在 0.45 左右波动，在较长时期内保持稳定。我国数字经济转型并未带来收入不平等加剧，其原因何在？我们认为就业分化与转岗流动增加了收入不平等，但数字产业化催生的新业态在很大程度上消解了收入不平等的上升趋势。从微观机制上来看，近 10 年正是产业数字化与数字化产业的快速发展期，制造业数字化造成收入分化加剧，但平台经济模式下的新业态，不但消化了制造业淘汰的转岗者，还吸引了许多原来低技能、低收入工作者，也为许多低收入劳动者提供兼职与多份工作的可能性，提高低收入者的收入水平，从而缓解收入分化的趋势。可见，劳动者收入不平等的程度取决于劳动生产率分化与新业态就业机会上升两种力量的相对大小。我国数字经济转型的实践表明，数字经济转型会加大高收入与中等收入之间的差距，但能够在一定程度上缩小中等收入与低收入之间的差距，从而将我国收入差距维持在较为稳定的状态。

▶ 数字经济驱动就业与劳动方式变革

在数字经济转型中的产业数字化与数字产业化，不但引发了就业群体的岗位流动与收入分化，也极大地改变了劳动者的就业与劳动方式，对雇主与劳动者之间的权利配置产生了深刻影响。

首先是管理方式数字化。管理方式数字化是产业数字化与数字产业化转型的重要维度之一。数字经济转型不但深入渗透原有产业的生产过程，也融入企业管理过程，推动企业管理方式数字化。管理方式数字化主要包括管理流程数字化与沟通方式网络化。管理流程数字化就是运用现代信息技术，建设企业运行与员工行为大数据，运用新的算法再造企业管理流程，设计管理过程的系统软件，降低企业管理成本，进而提高生产效率。沟通方式网络化就是通过建立各类微信、QQ工作群，导致工作关系网络化，工作网络与生活网络高度重叠，劳动者随时可以接到雇主的工作指令，造成工作"如影随形"，工作可以随时侵入劳动者家庭生活，雇主对劳动者的隐性剥夺程度加深。可见，管理方式数字化虽然在一定程度上提高了劳动生产率，但雇主对劳动者控制能力增加，加大劳动者工作压力，影响劳动者的身心健康。

其次是劳动方式平台化。基于互联网的平台经济是服务业数字化与数字产业化最典型的商业运营模式。新型商业模式主要涉及三类主体：平台经营者、平台企业、平台劳动者。平台经营者主要提供信息沟通、财务结算等一般性服务，平台企业、提供服务的劳动者、消费者均通过平台互动，通过互联网完成工作或劳务的预约、实施与结算。平台劳动者是数字经济转型中形成的典型新业态，平台化的劳动方式呈现三大特点：其一，工作地点的分散性与随机性，平台运营者通过互联网寻找商品与劳务需求者，并与供给者快速匹配，满足消费者需求。消费者居住地高度分散，平台劳动者服务对象高度不确定，工作任务具有随机性。其二，工作流程算法化与工作指令数字化。互联网平台通过消费者行为大数据，通过数据挖掘与设计算法，匹配供求双方，通过数据算法控制、监测劳动者的工作时间，实现对劳动者劳动过程的强控制。其三，劳动者人力资本的非专有性。平台经济模式下的劳动者主要从事为消费者提供送货、维修的等简单的时间密集型劳务，任务量巨大，工作简单，人力资本专有性需求低。这一特征决定了平台经济劳动者进入门槛较低、对劳动者吸纳面广，对促进人口大国的更充分就业意义重大。

再次是就业方式灵活化。数字平台商业模式的劳动雇佣方式具有对劳动者劳动过程的强控制与劳动关系弱化的双重特征。前者基于平台经济的数字化本质，后者则由平台经济的劳动性质所决定，人力资本专有性低，缺乏累积性，多数企业不愿意签署正式的劳动合同，大多数属于非正规就业。对于劳动者而言，进出都很容易，工作流动性强，风险较高，企业社会福利少。就业方式高度灵活化还体现为劳动者既可以专职，也可以兼职，还可兼职做多个工作，可以获取较高的收入水平。

最后是就业质量两极化。在产业数字化与数字产业化转型推动下，劳动生产率有两极化趋势，劳动者就业质量呈现两极化。对于数字化转型中生成的高人力资本专有性岗位，这部分岗位主要集中在高端制造业与高端服务业，有助于提升企业劳动生产率，工资收入将会持续提高，工作福利、社会保障水平同步升高，工作环境舒适，工作满意度高，就业质量升高。但在数字经济转型中被淘汰以及新进入的低人力资本劳动者，只能进入低端服务业，这部分岗位数量巨大，易进易出，主要集中在平台经济商业模式所产生的新业态，对劳动生产率贡献较小，收入水平相对较低，竞争性强，社会保障水平低，整体就业质量较低，逐渐成为数字经济时代劳动力的蓄水池。

数字经济时代就业群体分化的多维治理路径

数字经济转型已成为现代经济不可逆转的发展趋势。数字经济转型不但带来持续的经济发展与经济结构转型，导致新业态层出不穷，也会进一步助推就业群体快速分化，深刻影响我国的社会分层结构与社会运行状态。为此，要充分重视数字经济转型带来的诸多挑战，优化政治社会政策设计，进行多维治理，维护弱势就业群体的合法权益，实现我国经济社会高质量发展。

一是鼓励创新创业活动，保证就业稳定与持续扩大就业。现代经济学认为，就业总量从根本上取决于经济长期增长水平。总需求包括投资需求、消费需求等，只能影响经济短期增长，对就业数量的影响也是短期的，对长期稳定与扩大就业的贡献更是相当有限。就业的长期稳定取决于经济的长期稳定增长，经济长期增长的根本动力是科技创新以及基于科技创新的创业活动。数字经济转型为大众创业、万众创新提供了新的契机，以人工智能、第六代移动通信技术（6G）为代表的新一代数字技术，将产业数字化与数字产业化相互贯通，开拓新的经济发展潜能，推进我国经济长期稳定增长。因此，要进一步降低创业政策门槛，优化创业政策，通过创新创业实现就业长期稳定与扩大就业。

二是优化社会保障政策，强化政府兜底思维。数字经济转型必然加快职业流动，带来更多的新业态，非正规就业与灵活就业的比重还会增加，甚至成为未来就业的常态。如现有的劳动法规及社会保障政策不能及时革新和跟进，将会大幅提高创新创业企业成本，打击小微企业创业的积极性，弱化经济发展活力。此外，新业态具有高度灵活性与多样性，工作流动性强，规范劳动关系难度极大，监督成本过高。为此，应优化社会保障政策设计，树立政府兜底思维，为劳动者提供基本的社会保障，提高劳动者的就业质量。

三是充分发挥工会职能，让劳动者通过组织化方式维护自己的合法权益。新业态中企业对劳动者的算法控制，可能损害劳动者的合法权益，第三方的监督成本过高。应该积极探索平台经济下工会的组织方式，明确劳动者的基本合法权益，在各级党组织的领导下，地方总工会指导各类新业态建立工人的工会组织，利用组织力量维护自身的合法权益。

四是激活社区的社会管理职能，关心劳动者的合法权益与身心健康。新业态就业方式与工作方式的灵活性与分散性，使得劳动者维护合法权益成本较高。管理数字化、新业态的高强度劳动还会导致劳动者身心疲惫，身心健康受损。新时期应该强化社区的服务功能，以社区为地理边界，扩大社区公共空间，引进社会服务组织，建立社会工作者机构，强化社区心理服务，为劳动者提供心理咨询服务，全面提高劳动者的身心健康水平。

五是深化教育改革，提升劳动者学习意识与学习能力。在数字经济时代，人力资本折旧或贬值速度加快，人们可能难以一辈子只从事一个职业。为应对数字经济下劳动力市场的快速变化，要优化好教育的人才培养功能。教育具有为社会输送合格的劳动者的重要功能，教育改革要与数字经济转型相匹配，数字经济时代应强化基础教育与通识教育，提升人们的数字经济素养，提高劳动者获取知识的能力而非知识本身。对于劳动者而言，要树立终生学习的意识，善于在工作与实践中学习，更好适应数字经济对劳动者素质的要求。

参考文献

[1] 蔡昉. 数字经济发展必须具有分享性 [J]. 中国中小企业，2021(07):63-64.

[2] 平新乔. 互联网的经济影响与市场结构 [J]. 世界经济，2001(02):52-53.

[3] 苏丹妮，邵朝对. 服务业开放、生产率异质性与制造业就业动态 [J]. 财贸经济,2021,42(01):151-164.

[4] 于萌. 在灵活性与保障性之间：平台劳动者的社会政策保护 [J]. 南京社会科学,2021(08):76-83.

疫情防控常态化下的数字经济治理机遇与挑战

程絮森

中国人民大学信息学院教授、国家发展与战略研究院研究员

新冠肺炎疫情暴发后，我国社会发展、经济态势、对外关系等都经历了严峻的考验，而线上交易、电子商务、远程医疗、在线娱乐等数字经济新模式和新业态却蓬勃发展，并在疫情防控及后疫情时期的复工复产过程中发挥了重大作用，有力推动了我国社会经济率先复苏。宏观数据显示，2020年中国数字经济规模已达到392000亿元，在国内生产总值中的比重为38.6%，数字经济增速为国内生产总值增速的3倍以上，成为稳定我国经济增长的关键动力和新引擎。但必须看到，我国数字经济发展仍存在一系列问题，如新基建供给水平较低、数字化发展面临资源约束、数字资源分布不均衡、数字经济与实体经济融合程度较低、数字经济治理体系不健全等等。如何对数字经济发展进行有效治理，保障数字经济稳步增长，促进数字化转型，成为目前我国亟待解决的问题。

目前，新冠肺炎疫情还在全球范围内扩散，在全球疫情危机的倒逼下，

第五章 数产融合发展 打造经济优势

我国数字经济发展将面临更大的机遇及挑战。党的十九届五中全会提出，要"发展数字经济，推进数字产业化和产业数字化，推动数字经济和实体经济深度融合，打造具有国际竞争力的数字产业集群"。在疫情防控常态化背景下，探索数字经济治理的"中国方案"，对实现我国经济社会高质量发展具有至关重要的意义。

▶ 数字经济发展及其治理面临新挑战

数字经济已经成为带动我国经济发展的新引擎，但在当前的发展态势下，数字经济发展及其治理仍然面临诸多问题和挑战。

支撑数字经济发展的新型基础设施建设供给不足

新型基础设施是数字经济发展的"先行官"。随着数字时代的到来，传统产业、行业的数字化转型步伐不断加快，新型基础设施建设也应运而生。正如传统产业及行业的发展离不开铁路、公路、桥梁、机场等传统基础设施建设的支撑，数字经济也无法脱离新型基础设施建设独立发展。但是，当前新型基础设施建设却存在如下问题：一是新基建规划尚未成熟，其投资布局、相关规划等仍处于初步研究阶段，且大多已经规划在建的项目规模体量较小，未形成规模效应。二是新基建涵盖领域较广，而当前的体制机制建设相对落后，政府、企业、投资主体等的职责划分和相应的配套政策尚不清晰。三是新基建在要素、成本结构、质量控制、功能、运维等方面与传统基建差异较大，但目前尚未形成可供参考的建设模式，与传统基建之间的衔接也尚未形成。

数字化发展面临多方资源约束问题，呈现发展不均衡局面

由于相关资源的约束，目前数字经济发展存在一些不对称问题。一是地

区间数字经济发展不对称。新冠肺炎疫情防控期间，数字基础设施建设程度高的地区能够充分利用大数据、数字化平台等助力疫情防控并实现精准复工；而数字化水平较低的地区则只能依靠传统的手动记录、广播宣传等方式进行疫情追踪及防控，难以保障疫情防控工作的高效开展。二是行业间数字经济发展不对称。由于数字技术、数字资源在行业间的分配不均衡，传统产业与新兴产业之间的数字化发展水平呈现较大差异。在线购物、在线医疗等数字化水平较高的行业受到疫情的冲击相对较小，甚至在"无接触"服务时代拥有得天独厚的发展优势。而传统制造业、服务业等智能化、数字化程度较低的行业则受到较大冲击，出现了上下游供应链受阻、销售停滞、劳动力缺失等问题。三是数字经济领域人才结构性短缺。数字经济的快速更迭发展带来了相关领域人才需求量的高速增长，与此同时，相关人才需求门槛也逐步提升，人才供给出现较大缺口，特别是科研类、经营管理类等方面的人才相对较为短缺。此外，数字经济领域人才主要集中在数字资源、城市资源等相对丰富的一线城市以及新兴行业，呈现出地区间、行业间分布不均衡等问题。

数字经济与实体经济在融合过程中内外部问题凸显

数字经济的发展给实体经济造成了较大影响，这在新冠肺炎疫情防控期间表现得尤为明显。比如，在线购物、社区团购等新业态的快速发展给传统零售业、线下商超等带来冲击；基于数字平台的互联网约租车模式也在一定程度上挤压了传统巡游车的顾客份额。党的十九届五中全会提出，要"推进数字产业化和产业数字化，推动数字经济和实体经济深度融合"。当前，为加快推动数字经济和实体经济融合发展，应着眼解决以下三方面问题：

一是产业数字化建设缺乏明确导向。数字资源在不同产业、行业、地区分布不均衡，加上针对各类型企业的数字化转型成功案例以及标杆企业较为稀缺，很多传统产业在数字化转型的道路上缺少参考。

二是传统实体经济缺乏核心技术、资金、专业人才。虽然工业互联网、大数据等新一代信息技术能够赋能实体经济的数字化转型，但相关技术赋能后的企业如何进行价值创造的问题仍在探索中，尤其是企业在核心技术掌握，自主创新能力提升，产品功能实现，产品稳定性和成熟度保证等方面与国际水平仍有较大差距。此外，数字建设高端领域的人才结构性短缺也成为制约实体经济数字化转型的关键因素。突出体现在深入掌握工业大数据分析、数字化战略转型管理、制造业企业全周期数据挖掘等关键技术和管理经验的人才总量较少，限制了实体经济数字化转型进程。

三是数字经济与实体经济的融合程度较低。新兴数字化企业平台与传统企业存在较多观念上的差异，导致二者未能实现深度融合。比如，传统制造业企业存在重硬件、重制造、重规模，轻软件、轻服务、轻质量等观念；而新兴技术企业则又在一定程度上对于传统制造业企业的业务流程、工艺流程、运营需求等实践问题缺乏全局性认识。

数字经济治理面临数据安全治理、竞争治理、生态和责任治理等问题

目前，数字经济在发展中面临一系列治理挑战，需要高度重视监管和治理问题。一是数据安全治理的系统化建设尚不健全。数据信息安全存在隐患，数据过度采集、数据信息泄露等问题频发，数据安全保障能力不足。同时，针对不同类型的数据安全事件缺乏分类处理体系，未能对多样性的风险采取针对性措施。相关数据安全保护政策缺位，尚未对数据安全威胁等进行有效震慑，一定程度上影响了数字化进程的推进。

二是存在头部平台垄断等现象，反垄断等竞争治理体系亟待完善。由于网络外部性的作用，数字经济领域可能会存在"赢者通吃"的现象。互联网头部平台由于资金、技术等优势快速崛起，占据了数字经济市场规模的主要份额，极大提升了社会经济效益。崛起的头部平台虽然能对中小平台起到一定的引领作用，但它带来的市场结构垄断也会损害市场竞争机制，成为当前数字经济发展中的一大问题。

三是数字平台生态和责任治理缺失。与传统经济相比，数字经济具有智能化、生态化、平台化等特征，强化数字经济平台主体责任、关注平台

生态协同治理是数字经济治理的焦点之一。后疫情时代，环境、社会和公司治理开始受到越来越多的关注。此外，也应当关注数字经济发展中的员工权益、环保、可持续等问题，不断改善治理模式。

后疫情时代我国数字经济发展及治理新机遇

数字经济作为新一代技术革命的产物，将成为未来的发展趋势。后疫情时代，恰逢《中华人民共和国国民经济和社会发展第十四个五年规划和2035年远景目标纲要》提出"打造数字经济新优势"，必须充分把握这一战略机遇，加快完善数字经济治理体系。建议优先从以下四个方面进行重点突破，持续推动我国数字经济高质量发展。

加快新型基础设施、战略性网络设施等重大项目的投资建设

新冠肺炎疫情防控期间，在线娱乐、在线购物、在线订餐催生出了一系列新的就业方式和就业岗位。后疫情时代，社会经济恢复、企业复工复产等对我国数字经济的发展提出了更高要求，应聚焦以下三方面推动新型基础设施建设，夯实数字经济发展基础。一是增加专项债规模、赤字规模等，重点投入5G建设和新基建等，优化我国数字经济生态环境，扩大智能化、数字化项目建设布局，形成新基建规模效应。二是各级政府、城市分工协作，健全相关体制机制建设。具体而言，中央、省级政府或大中型城市应着力推进大型新基建项目；市、县级政府则应在保障完善传统基建项目之余，再去规划新基建项目；大中城市等应率先加大对智慧城市、物联网等的投入力度，侧重投入产业互联网、制造业大数据等设施建设，起到"先行先试"的作用。三是统筹发展新基建与传统基建。传统基建在较长时间内仍将在我国经济社会发展中发挥重要作用，在资源有限情况下，应当统筹传统基建与新基建项目之间的资源配置、建设时序、重要性等，合理

安排新基建与传统基建项目投入和建设。

统筹数字经济建设资源，缓解资源分布不均问题

针对数字经济发展中面临的一定程度上的资源分布不均衡问题，建议从以下三方面进行突破。一是推动地区间、行业间数字资源合理分配及共享，弥合数字鸿沟。目前，我国地区之间的数字资源鸿沟突出表现在城市与农村、中西部地区与东部地区之间，行业之间的数字鸿沟则突出表现在新兴行业以及传统制造业、资源性行业之间。对此，应从数字化相对落后地区的硬件设施部署建设、软件服务优化、数字化人才教育培养等方面进行突破。二是深化数据要素的市场化配置。应更好地发挥政府作用，推进政府数据开放共享，同时积极培育数字经济发展新模式，挖掘和提升社会数据资源价值。三是破解数字经济领域人才结构化缺失难题。在强化高等学校、科研院所等研究机构对于前沿科学领域、数字经济专业领域人才培养的基础上，应建立健全数字化人才社会培训体系，鼓励开展专业性人才培养项目，积极探索人才激励、人才保障机制。

进一步推进传统产业数字化转型，实现数字经济与实体经济的深度融合发展

针对当前数字经济与实体经济融合程度不高的问题，建议从以下三方面发力。一是挖掘树立数字化转型成功的典型标杆。目前很多企业在数字化转型方向上缺乏参考依据，应注重挖掘行业内的相关成功经验，并以此为典型标杆，聚焦同类企业的共性问题，对通用型路径等进行有效梳理，提出系统性的数字化转型方案。此外，应通过行业协会等相关组织加大宣传，强化同类企业的数字化转型意识，为企业提供有效参考。二是鼓励企业积极探索适合自身的数字化转型路径。在借鉴同类企业数字化转型成功经验、聚焦共性问题的同时，也要重视差异性的存在，鼓励企业结合自身

发展需求，准确把握数字化转型阶段的关键环节，进行特色化的路径设计。包括企业定位、商业模式、核心能力等在内的战略设计路径；企业文化与品牌提升路径；适应数字化战略和业务的管理机制、人力资源规划、企业绩效管理体系等在内的组织结构设计；企业架构及运营规则设计等。三是加强政策支持引导，扶持各类企业实现数字化转型升级。针对企业面临的能力、资源、人才及技术限制等，政府可以通过提升公共服务水平、加大补贴力度、税收优惠等多种方式对企业进行针对性扶持。其中，对于大型企业，应重点扶持其在工业互联网、工业大数据分析、人工智能、物联网等领域的应用突破；对于中小企业，应通过5G等相关应用部署，推广适合中小企业的工业软件。同时，引导企业建立互助合作机制，共同解决转型升级中的难题。

提升数字经济治理能力，完善治理体系建设

随着数字经济成为经济发展的新引擎，数字经济治理也成为国家治理体系建设的关键内容之一。为充分保障数字经济发展的活力和秩序，应从如下两方面完善数字经济治理体系建设。一是加强顶层设计，完善数据安全治理、反垄断治理等体系建设。保障数据安全，构建安全、高效的防护体系，已成为实现数字经济健康发展的首要问题。为此，应健全相关法律体系和制度体系，推动个人隐私安全、数据共享及使用安全、网络安全、市场垄断等相关法律法规和标准规范建设，谨慎识别和有效防范各类潜在风险，并针对不同类型的风险建立相应的应对体系，实现从事后处置到事前预防的转变，为数字经济发展保驾护航。二是强化平台主体责任，完善数字经济平台企业生态协作治理机制。首先，数字经济平台企业应利用平台数据积极与外部监管主体进行对接，推进数字化监管。其次，数字经济涉及众多参与主体，因此，要完善政府、行业协会、平台企业、网络舆情等多元主体参与的平台企业生态内部协同治理体系，打造利用技术、经济、法律等多种手段的综合治理格局。

参考文献

[1] 胡继晔. "十四五"时期数字经济发展的挑战和机遇[J]. 国家治理,2021(13):13-16.

[2] 欧阳日辉. 新一轮科技革命下的数字经济治理[J]. 国家治理,2020(22):36-39.

[3] 欧阳日辉,刘健. 数字经济治理是国家治理体系重要内容[J]. 国家治理,2017(46):14-20.

[4] 邵春堡. 数字经济发展与数字中国建设[J]. 党政干部论坛,2021(03):9-12.